U0035639

黑牆裡的倖存者

父女囚徒鎮反文革記事　上

齊家貞 著

謹將此書

獻給專制祭壇的犧牲——

我的父親齊尊周、母親張則權，
兩位平凡的偉人；

獻給熊與珍、牟光珍、劉伯祥、王大芹……，
我的同犯們；

獻給與國、安邦、治平、大同，我的弟弟，
四個活著的祭品。

推薦序

狂風掀破船、蒼天噬嚎啕

我拿到任何一本書——無論作者是否名家——的基本反應是：先讀一至兩頁，它若抓不住我，我就放下；它若抓得住我，我就讀下去；它若緊緊地抓住了我，我就要一口氣讀下去。齊家貞的《黑牆裡的倖存者》無疑屬於最後一種，當你接下來落眼本書正文時，當知我所言非虛。

這是中國兩代人悲慘命運的故事，從中華民國講述到中華人民共和國。齊家貞的父親齊尊周一生縱跨中華民國和中華人民共和國，他是一位胸懷大志要以整個的身心和本事報效國家社稷的理想主義者，是那種傳統的知行合一、先天下之憂而憂的民族先行者。他因了自身的過硬本事而顯得自強自信，無可遏制地出椽於國之大廈的青灰瓦沿之下。為了這個龐大而積弱國家的鐵路交通事業，他嘔心瀝血、勤懇發奮、任勞任怨，從跟車實習的基層工作到中層管理的白領階層到美國留學歸來的高級人才到大陸淪陷前放棄赴海外發展的機會，前往重慶參加成渝鐵路建設到後來被共產黨兩度抓捕入獄，經歷了令人扼腕的跌宕人生。

讀完這本書，直感到齊尊周以及他們同時代的優秀人物只能在中華民國這樣的自由體制下踐行理想（儘管那時的制度並非完美），倘落進共產專制統治之下，非但不能報效國家，自己連同家人的命運還要一落千丈、備受煎熬，過著熱來熱得蒸籠裡坐、冷來冷得冰窟裡臥的不可自主的日子，且隨時可能掉頭殞命。

齊尊周的遭遇不但是毀滅性的，還有著持續的慣性。他的女兒齊家貞天資聰穎、心性開朗，對任何的人和事都以充滿陽光的心態去理解和信任。她繼承了父親求知向學的秉性，成績優異，因為立誓做中國的居禮夫人，在報考大學時，三個志願毫不妥協地全部填上原子專業。她哪裡知道，原子專業是中共控制的高敏感專業，是千裡挑一的保送就讀，保送的首要條件是政治上可靠，當其時，齊家貞的父親因為歷史反革命的由頭被囚於中共大牢，齊家貞的絕途霉運由此降臨。讀原子專業的保送路徑是獨一無二且保密的，然卻列示於普通考生報考的專業目錄裡不加以任何說明，共產黨拿莘莘學子開涮的本事天下無人出其右。

接下來的故事是齊家貞步入社會後求學深造之心不死，獨自闖蕩廣州想蹚一條出國求學之路，然後被公安局線人設局陷害，被捕入獄，重判十三年徒刑。父親齊尊周因為鼓勵女兒出國求學而再次被捕重判十五年。就這樣，共產黨以它的階級鬥爭學說與實際相結合，活生生地製造了一個西南內陸的反革命大案，其審訊檔案和判決書言詞入扣、煞有介事。讀完這本書，你會豁然明瞭，中國監獄裡的許多罪犯其實都是無辜者，許多罪犯獲判的刑期水份很重。辦案的人是黨的翻砂工，他們做好模子把人抓進來高溫熔化，澆鑄成型，以為鎮壓對象。

作為一部紀實文學，我必得介紹本書的寫作特點。一個流產的原子科學家原來竟是一位寫作天才，齊家貞對本書結構性謀篇佈局和章節營造得心應手，由頭至尾自然流暢不顯突兀或凹陷；她對歷史事件和時空背景的正敘倒憶、往復穿插均拿捏得當；對各色人等的出場描寫及相應的自然筆法令人嘆絕。她的文采沒有雕飾的做作，全部來源於豐富多彩的生活，她有一套獨一無二的捕捉、概括、歸納和再現能力，她的感嘆和表述句式常常富含哲理、不乏幽默，令人深思；她那恰到好處的著墨分寸是自己獨特審美觀和行文風格的體現；即或是信手拈來的他人絮叨，也有一種潛在的價值暗示，以至於我在一邊閱讀時一邊要陷入兀自延展的思緒中。這裡，我忍不住要摘錄她書中一些妙不可言的表達：

「人的頭腦是兩根鐵軌，我的思維是鐵軌以外的荒野，無規矩可循。」

「像汽車開進死胡同，此路不通，只有一個出口，這個出口就是死，你別無選擇。」

「幫媽媽掃地，會突然對自己說：『掃快點，你會死，不要浪費時間』。」

「結果板斧還是高高舉起，還是說你『反動』。」

「黑色的夜幕正一寸一寸地包抄過來，在這蓋了個章的白紙比一個實在的人更重要的時候，在這陌生縣城的冬夜，我有多餘的十個小時，像一大堆垃圾不知道該怎樣處理，真正手足無措了。」

「社會對夢的責任是呵護，而不是斷送。」

「小鎮裡的人或許會對我傷害行兇；大路上的鬼倒可能同我相安無事。」

「中國人在吃食面前再也瀟灑不起來。」

「孟姜女哭長城，飯總是吃飽了的嘛，不然，哪個把長城哭得倒耶。」

「此時，所有雨果『乞丐王朝』的成員都抬起頭來，用針芒似的眼光追隨著饅頭，假如饅頭有感覺，它一定感到痛。」

「『傷心』與『不滿』並非同義。共產黨不承認潛意識、無意識，你得給他們穿衣戴帽使之上升到主觀意識。」

「和所有的時髦人一樣，我做了好事，也找一段相關的語錄『對號入座』，把功勞歸給偉大領袖毛主席。頭髮長得茂盛，給帽子記功。」

「我碰了鼻子會轉彎，迅速建立起一套無懈可擊的囚徒語言體系。」

「官方宣佈『自然災害』已經過去，其實它還在監獄裡繼續，像多米諾骨牌，最前面的已經倒下，最後面的還要站一陣。」

「發言很踴躍，我的總印象是許多正常發生的事情，被不正常地赤裸出來，其實也是人類自身受辱。」

「一碗白水，要深究，也可以究出無數名堂。」

「這些沒有第三者知道的事，永遠不會有第三者通過我知道。」

「當時，臺灣同美國一樣，不要說那裡的人，連那裡的一草一木都是敵人。」

「字字如雷為自己作了辯護。」

「毛主席八次接見紅衛兵，提著他飯瓢似的帽子在天安門城樓上向下揮動。」

「她對什麼事都漫不經心、無所其謂的態度，令人懷疑她不是來這裡坐監，而只是找到了一份新的工作。」

「假如有人給你畫了一幅洗不掉的眼鏡，久而久之，你會認為自己的眼睛不管事，多虧這副眼鏡，否則你什麼也看不清。」

「好像風也參與了告密，幹部的消息非常靈通。」

「總不能為了體會殺頭的滋味去挨刀吧。」

「改造得不好是個包袱，改造得好其實也是個包袱。」

「經過審訊，我發現『原來是這樣一回事』。不是我自己清楚我是怎樣一回事，而是別人告訴我『你是這樣一回事』。」

「在中國，人比竹筍還要便宜。」

「即將離開這塊既不可割捨，又難於和解的土地。」

……

一個正常國家的法律對疑似精神病患者的犯罪嫌疑人要做神經專科檢查，然後根據實情進行判決，在這本書裡，有好幾名精神顯然不正常的人被普通罪犯一樣地奴役著，服著刑期，甚至被執行死刑。對此現象，齊家貞作了深刻而精準的總結：「似乎中國人，特別是犯人，每一根神經都是鋼絲做成的，肯定不會出問題，出了問題，那個問題一定有問題。所以，任何反常的表現都是『不認罪』、『思想反動』所致，都是『半天雲吊麻袋——裝瘋（裝風）』。假如有人講了真話，指出她（他）『神經病』了，那就是同情、包庇反改造，所以，大家噤若寒蟬，久而久之，還可能想：『哇，她（他）的瘋裝得真像啊。』讀著描寫精神病患者的狀況及其處境的文字，我的心緊得難受，有些患者很可能是在特殊環境的高壓下精神逐漸失常而出現了言行不能自主的病態反映，而這些又恰恰被獄方認為是恣意頑抗，進一步的鎮壓便順理成章了。

我認為，齊家貞這本書堪稱大家之作，特別是經歷過波瀾人生、去掉了五光十色淺薄浮躁的讀者更能體味其深刻思想巧植於淺白語言的高妙。這宛若一只土碗裡盛著不起眼的陳釀高粱白酒，會品酒的人自然會在舌尖咂蘊出特別的醇厚味道。難能可貴的是，齊家貞坐牢十年，一點沒有形成對社會和他人的陰暗心理，直到步入老年的今天，她的性格依然陽光、開朗，她不拿姿態、不裝深刻、不對人設防、由自己的天性支配自己的語言，總是自稱小草而把自己看得微不足道。她一點沒有要「撈回來」的報復性生活享受，她的物質生活馬馬虎虎、簡單潦草，吃飯總是胡亂應付，然而，對「齊氏文化基金」的運作卻是全身心投入，每一分錢都放進去擴大規模，年年頒出「推動中國進步獎」以促進中國的文明進步並告慰家父齊尊周的在天之靈。

齊家貞在這本書裡只是忠實記錄而非著意發揮自己的個人遭遇，然而，她卻撥出了大量筆墨描述了別人的不幸遭遇，對因自己的牽連而受難的家人及朋友的每一筆帳她都記得清清楚楚。時至今日，因心底深處的歉疚、自責和煎熬常常令她說道出來時依舊淚水撲面、肝腸寸斷。齊家貞的坦白和誠實正如她的案件平反複審法官孫庭長所說：「齊家貞，你的案子有爭議，但是，你的誠實拯救了你。」齊家貞是誠實的，我覺得這是終生難改的胎中帶，這樣的誠實也體現在了她的文字上，在「寫什麼」和「怎樣寫」上，這本書有它毋容置疑的現實和歷史的存在價值。正由於齊家貞摒棄了一般坐牢者趁寫書之機掩飾自己曾經的懦弱、膽怯和無知的通病，堅守了自己的真率，故而，在通篇文字裡，我們有幸看見了那段歷史的真實細節和許多了不起的普通人物的言行命運的公正紀錄。齊家貞慷慨地、無比崇敬和欽佩地復原了她（他）們難得的勇敢、不屈、堅毅和聰慧。這或許是齊家貞坐牢十年之後最了不起的自我報償。

老樂於澳洲

二〇一三年八月十日

推薦序

一顆悲愴的靈魂

小澤征爾說：阿炳的《二泉印月》是應該跪著聽的啊！讀書也需要環境。

我無法想像假如我是在地鐵上、在咖啡館裏讀齊家貞的《黑牆裡的倖存者》的話，將會有怎樣的一種心情。

在這個世界上，好書不多，就像我們一生中也寫不出幾個好作品。記得我剛到美國時，從圖書館裏，讀到三本讓我無比激動的書：一本是《自由神的眼淚——父女兩代囚徒的真實故事》、一本是《靜水流深》、另一本是英文書《To the Edge of the Sky》，寫的東西都和監獄有關。當我偶然獲知這三位女作家都是我們筆會成員時，我是多麼為獨立中文筆會驕傲。

後來我成了筆會獄中作家委員會的一員，關注中國的獄中作家，還與前筆會成員黃河清一起編了一本《獄中作家文選》。站在文學角度上，中國的獄中作家大多文學造詣不高，有些人幾乎就不會寫作。但他們卻「因言獲罪」，這是一個多麼殘酷的現實世界！

張林把他的自傳名為《悲愴的靈魂》，他代言了所有的中國獄中作家們。《黑牆裡的倖存者》就是這一本我在很久前讀到的《自由神的眼淚》。齊家貞，這是有著一顆悲愴的靈魂的人。

讀這樣的書，我要在黑夜裏讀，慢慢地讀，慢慢地想。生命是短暫的，但這一條生命之河，流逝得也非常緩慢。《黑牆裡的倖存者》是《自由神的眼淚》第二版。

但第一眼是多麼的重要，就像初戀、會寫第一個字，會讀第一本書時的激動。貝多芬不改自己的即興曲，歌德認為最好的就是即興詩，因為這是自然的氣質和情緒的流露，我所說的原生氣息。

在黑夜中，對著《黑牆裡的倖存者》，我害怕無盡的黑夜會奪走我當年讀《自由神的眼淚》的最初印象。

我走在紐約的街頭，這已經是紐約的第二場雪了。

照片上的齊家貞看上去不洋氣，有些土，但從字裏行間，我聞到了一絲美國氣息。

齊家貞的父親早年遊學、考察美國。當百萬雄獅猛撲南京前夕，作為一個國民黨的政府官員，齊尊周先生有機會逃往美國，但他卻留下來了，從此是漫長的監獄生涯。

共產黨統治的紅色中國，其實就是一部流不盡眼淚的歷史。起先是反動派，後來就是他們自己。從少女時代起，性格倔強、富於浪漫想像的齊家貞就想、多麼地想逃出中國，逃到彼岸的美國去！

有一天她終於逃了，逃到了廣州。被抓，再一次逃到廣州，哪怕到不了美國，就是香港也好啊！

最後，竟然被一判就是十年。

青春的十年！這是怎樣的鐵窗十年！

齊家貞的故事感動了我。

六、七年前，作為編輯，我向她約稿。她很快就寄來了稿子，以後又陸陸續續地寄來了幾篇，但不多，我都把它們發了。

編輯和作者有一種奇怪的感情。假如這個編輯還是一個作家的話，他會把本該留給自己的、在繆斯拜訪中留下的閃亮句子和辭藻全都無私地奉獻給作者，因為這也是他自己的作品啊！

許多編輯，尤其是大編輯，漸漸地自己就枯萎了，他們自己再也寫不出任何東西了。

就像口若懸河的教授，講完了，就不再寫了。

但我沒有改動齊家貞文稿中的任何一個字，我只是讀。我恐怕改動任何一個字，就會遠離了我們淒美的記憶、還有苦難的本來真相。

今夜，我孤獨地站在窗口。明天，我就要離開這個異鄉他國的城市，再去另外一個陌生的城市。故鄉，是回不去的，就像我們永遠也回不到青春一樣。

這一生，我們來到這個世界上到底為了什麼？

齊家貞當年為了一個美國夢，坐牢十年。齊老先生因為一段美國經歷，就像女兒一樣，面對鐵窗，遙望星斗。

一些作家後來成為了戰士。

本來，他們可以哼哼唱唱，活著就是花開花落、春華秋實，盡享天年。

後來，齊家貞成為了獨立中文筆會的領導者之一，成為了齊氏文化基金會的領導者之一，成為一個文學和人權的戰士。

一個活潑、調皮、一個未來的中國居禮夫人——她不知人間有多少坎坷正在等待著她，正穿過山花爛漫向我奔跑過來。這就是文學的魅力，似乎時間從來就沒有流逝過。她跑啊跑啊，終於從山裏跑到了大海邊，只要縱身一跳，游啊游，前方、再前方……彼岸就是自由的世界。

當我們的記憶凝固了，時間也停止了，流淌著的只是自由神的眼淚。

我喜歡《自由神的眼淚——父女兩代囚徒的真實故事》（香港版，二〇〇〇年）這本書的最初名字，但這本再版的《黑牆裡的倖存者》（二〇一三年，臺灣版），更為完整、坦率地還原了歷史的真實，像本來一些化名，就一一說出了他們的真實名字。

這是一本關於紅色中國的殘酷故事，一本關於父女兩代人為了奔向自由，付出了多少眼淚的書。這是一本令人回腸蕩氣的書，父女倆最後終於分別到了自由世界。這是一部細膩的書，作者以她傑出的文學才華，把四川方言寫得就像普通話一樣。這是一本永遠把我最初閱讀的印象銘記在心裏的書。

是為序！

王一梁於紐約家庭旅館

二〇一三年十一月二十八日午夜

作者再版
前言

本書原名為《自由神的眼淚——父女兩代囚徒的真實故事》，香港明報出版社二〇〇〇年五月出版；今年臺灣再版，書名改為《黑牆裡的倖存者》。特此說明。

由於諸多顧慮，初版時書裡的有些人我沒寫出真名實姓。在新版裡，無論地位高低、人性善惡，除非記憶不清，多數姓名均已復真。比如審訊員王文德，當時懼怕他在公安局當局長掌握實權的兒子報復，我把他的姓改成了黃。

每個人書寫自己的歷史，好歹都得面對；每個人都是歷史的碎片，早遲都得較真。杜絕造假，人人有責。

齊家貞

這裡，我要特別講一下本書第三十一章「這女人是公安局派來的特務」中，一位「陌生人」為了說服我懸崖勒馬避免「二進宮」，他和盤托出蔣忠梅的真實身份。三十八年過去，我不再年輕，必須在有生之年說出這位「陌生人」究竟是誰——蔣忠泉。蔣忠梅的親弟弟，一位難得的忠勇之士，彰顯著中國人不死的仁義道德精神。

香港初版十三年後，在臺灣再版之前，我詳盡認真反覆閱讀、修正全書，發現時間的淡化效應，幫助我在閱讀過程中與書裡的齊家貞拉開了距離，成為一個普通的讀者，從遠處一步一步走進了這個家庭：一股敬佩、讚美齊尊周之情油然而生。這位不可多得的優秀的中國人，他正直無私的品格，滿腔熱血報國報民的理想，被殘酷的極權制度踐踏成泥成漿，他無辜的妻子和五個兒女，承受了一波又一波的人生苦難。我悲從中來，為齊姓一家放聲痛哭，難以自持——添了年歲，個人情感竟至如此急劇地脆弱下去。

噩夢回來了。

看守所、勞改隊裡那些親愛的囚徒們，一個個生動活潑地朝我走來，包括瘋子及殘疾人，包括我曾經與之作鬥爭的「反改造」，她們以自己特有的說話腔調，老少各異的走路姿態，帶著笑聲帶著淚光，坐在我的身旁拉著我的手：「噯，168……」，「哎，齊家貞……」，叨念著我們逝去的度日如年的時光……。她們是我血肉相連不可割捨的親密夥伴，是我蹲十年監獄最有價值的記憶。無情的歲月帶走故人獄友，她們之中的大多數已經離世永遠沉默，賴著不肯走的齊家貞，有責任把她們的故事記錄在案，立此存照。

我是如此欣喜，再次遇見了我曲折淒苦的人生旅程中，那些理解我可憐我援救我喜歡我臨死前想到我，包括把我當男人愛上，包括當時澳大利亞駐中國大使館姓周的中文祕書，所有的朋友們。你們是我的救星，我的恩人，你們搭救了我的靈魂。在無邊苦海的風浪中沉浮掙扎，在無盡屈辱的泥濘路上翻爬滾打，我之所以沒有隨波逐流沉淪墮落，最終保持住了內在的傻氣、乾淨與善心，全靠你們的良知真誠正義感和憐憫心，全靠你們的器重支撐和托舉。我無與倫比的幸運，我無時無刻無窮無盡地感激！

嘿，久違了的齊家貞，你也出場了。

你好，齊家貞！

你幹的好事！

在勞改隊裡，你也參與檢舉她人！還「翻譯」了歐文芳的幾篇文字——幾乎可以肯定，這成為她不被釋放的主要根據。「檢舉」，這個人類感情中最卑鄙最低劣最黑暗最見不得人的角落，當面是人背後是鬼比畜生不如，我也參與了卑劣！我痛恨齊家貞，我一點不想原諒你。以至於在重讀這些內容時，我老有一種刨根究底挑找自己惡行毛病的衝動，沒找到，算你運氣，一旦給我逮住，我就有狠命抽打齊家貞的強烈願望。加倍懲罰，毫不手軟。

在我的潛意識裡，我希望將功贖罪，從不可挽回的做人過失中挽回。

一八六二年一月一日，雨果在他《悲慘世界》的序言裡說：「只要因法律和習俗所造成的社會壓迫還存在一天，在文明鼎盛時期人為地把人間變成地獄並且使人類與生俱來的幸運遭受不可避免的災禍；只要本世紀的三個問題——貧窮使男子潦倒，飢餓使婦女墮落，黑暗使兒童羸弱——還得不到解決；只要在某些地區還可能發生社會的毒害，換句話說同時也是從更廣的意義來說，只要世界上還有愚昧和困苦，那麼，和本書同一性質的作品都不會是無用的。」

雨果此話一個半世紀後的今天，他提及的所有災禍，在中國大陸隨處可見持續了六十多年。強權者們禁止提及、迴避面對、編造篡改這些歷史。那麼，「和本書——《黑牆裡的倖存者》——同一性質的作品」，對再現歷史的真實「都不會是無用的」。

齊家貞

二〇一三年二月十五日

目次

序幕

時間：一九七〇年六月上旬，一個春夏交接涼爽的清晨。

地點：重慶，四川省第二監獄，女犯三中隊。

不等女看管隊長重重的開門聲和「起來了」的吼叫聲傳進監房，女犯們早已悄悄起來，不吭聲不出氣地忙著什麼了。

要是平時，我會生氣地喊：「政府都寬大我們多睡一陣，你幾個鬧啥仔？」可是今天，沒人在這個時候真正睡得著了。

劉伯祥的床位和我頭頂頭，中間只隔了一尺多寬的過道。平日她瘋瘋傻傻好像五分錢都數不清，今天也湊熱鬧，正在窸窸窣窣翻她的枕頭。對她而言，枕頭套就是她的私人保險櫃：幾封用布捲了又捲包了又

今日東印農場監獄總部大門：「監獄是國家的刑罰執行機關」，書中女犯從重慶轉移至此。

包數年前丈夫的家信，一塊綠葉牌香皂，巴掌大的新布塊和說不出名堂的「油渣」，都是她的財富，都在收藏之列。監牢裡每年國慶和春節前兩次徹底的大搜查，犯人的財產：瓶瓶罐罐、箱子、被蓋、針錢盒、臭襪子、衣褲口袋，全部兜底翻了個轉。劉伯祥總是抖抖顫顫一次再次地把她那推垃圾寶貝耐心地一件不漏地收撿好。現在，她正把一塊舊布撕成條，用以加固她的「保險箱」。嚯聲嚯氣的撕布聲像有人在我頭邊打悶屁，塵埃灰粒紛紛揚揚往我臉上掉，弄得我癢嗖嗖的。我生氣地蹦起來，順手把破布條抓過來扔在地上。

「劉伯祥，你缺德，撕破布撕到我這半邊來了。」

「你沒想，」劉伯祥說，「你沒想」三個字是她講話的老八股，開場白，「你才缺德，」她用她的關節粗大並有點彎曲的指頭狠狠地指著我鼻子回答：「你人都是政府的，哪半邊地方是你的？把我的東西撿起來，你這個打短命的！」

我們幾個青年犯人最喜歡和劉伯祥吵架，與其說是吵架，不如說是逗她好耍乘機開懷大笑，因為她常常可以說出連世界文豪也未必能創造得出來的警言妙語。對於犯人，一年三百六十五天，天天是昨天的翻版，明天和今天一個樣。三年五年十年八年，每天都是一個模子倒出來的實心磚頭，毫無新意。於是，爭吵便成為犯人生活中的亮點、高潮和色彩。爭吵，是一種特殊的智力競賽，是自衛能力的短兵相接，是五花八門生活信念的展示，是民間諺語、歇後語、污言穢語的大傳播，是天才、口才、歪才的各顯神通，是最原始最說不出口的閨房祕事的大見天日。總之，酸甜苦辣麻，五味俱全。只要出現爭吵，犯人們便趨之若鶩，神經高度興奮昂揚，大腦因緊追不捨相罵雙方磚子來瓦子去而快速運轉。所有的不快，所有的焦慮，所有的壓力，所有對親人的思念，所有的思想包袱都拋到九霄雲外，大家痛快地飽耳福，痛快地享受，痛快地笑，痛快地痛快，唯恐這場架吵得不精彩不徹底，唯恐這場架收場得太快。

只有這個時候，我們才多麼開心地感覺到，自己還活在陽世間。

可是今天，沒有人有興趣爭吵，也沒有人有興趣觀戰，隨著張隊長一聲「起床了」的吼叫，女犯們湧出牢房，朝著每人發一瓢洗臉水包括漱口水洗碗水在內的地方百米衝刺。

我顧不得回劉伯祥的嘴了，忙著料理那個坐了九年牢，也瘋了將近九年的重慶建築工程學院的大學生王大芹，一起去倒值日馬桶。看來，我們女犯中，只有她一個人還不明白也不可能明白什麼事即將發生。抬著那大半桶黃湯，她不肯與我配合，口沫子翻翻地述說著重複了一千遍的被人強姦的故事。無數次失敗的教訓告訴我，同她說得越多，她越有理由與你糾纏爭吵，最好的辦法就是沉默。我把槓繩往我這邊抹過來，將就著她的步伐，一扯一蕩地把馬桶抬到路口停下。廁所就在坡底，幾十級陡峭殘破的石梯很難走，即便空手下去也要多加小心。我比王大芹矮，下坡應該走後扛。此時，我把槓子打橫，壓在頸彎下面那塊殺頭挨刀、四川人叫做「槽頭肉」的上面。我的槽頭肉經過七、八年的勞動改造，越來越發達，雄赳赳地突兀在那裡。

我說話了：「王大芹，抬橫槓，下坡兩個人要橫起走。」

她用唱女高音的假嗓音尖叫：「為啥子？」不等我給她解釋，她突然湊近我耳朵神祕地說：「不可以，不可以，你要知道，我沒有自由。」然後仰頭大笑：「你不曉得呀？我沒得自由。」她的臉瘦成一張皮，笑的樣子猙獰恐怖。

我又氣又急：「哪個跟你扯這些！現在是做值日倒馬桶，不橫起走，後槓看不到路摔了跟頭，滿身都是糞，你我都逃不脫。」我不耐煩了，「快點，快點」地催她，同時把槓子放在她肩上。

她不動，做成蘭花狀的手指在槓子上敲打，慢條斯理地哭唱起來：「我是王大芹，王大芹是我的名字。報告，報告，這個壞東西，」她憤憤地指著我，眨著眼裡的淚花花，「強迫我的意志。」

小時候聽大人說過，夢見米田共（糞），那就是有財喜，要是灑弄在身上了，那就更好，就要發大財。可是，在現實生活中，沒有人真正歡迎這份「財喜」，特別是今天。我忍住氣，把王大芹請到一邊去唱她的經，叫住剛好路過的樊雲軒，請她幫忙。她是個五十多歲的反革命，滿臉橫溝豎壑的皺紋，她面頰深凹，一張口就顯出黑咕隆冬的幾粒稀牙，講話時腮幫像拉風箱鼓出來收進去。樊雲軒在農村種地，後來進監獄勞改，年紀雖大，擔重物時樁子還很穩。她頂王大芹，幫我做完了在四川省第二監獄最後一次值日馬桶，用革命人民的話說就是站完了最後一班崗。

中央大人物的言行是如此深刻地影響著我們階下囚的命運，他們在那邊打個噴嚏，我們此地就山崩地裂，大難臨頭；他們說話濺出點唾沫星子，我們這裡便洪水泛濫，禍從天降。毛澤東要全國「深挖洞，廣積糧」，我們犯人便白班夜班累死累活地挖地洞；林副統帥一聲令下，全國就進入了一級戰備。說是為了備戰，我們三中隊一百多號女犯和就業隊（犯人滿刑後在監內勞動）近五十名女就業員，統統從重慶掃到農村。

今天我們就要上路。機靈的犯人們，幾天前就從廚房犯人嘴裡傳出來的「司務長只買了很少的口糧，其他副食品一律不採購，將就庫存對付」的話中，嗅出了這次大遷徙。

十點鐘，一聲集合哨子，每個人端上自己的兒童牌矮板凳，規規矩矩坐在隊部門前的壩子上。長得圓圓胖胖油光水滑的夏鈺欽監獄長對我們作最後一次訓話：國際國內省內市內監內革命形勢大好，不是小好，你們要離開此地到新的地方，都是共產黨領導。在這裡認罪服法表現得好的犯人，到新的地方要表現得更好，更上一層樓，爭取寬大處理；表現差的要在新的環境裡有新的開端新的起色努力趕上。改惡從善，前途光明，抗拒改造，死路一條……，老調重彈，千篇一律。至於，我們將要轉移到何處，他沒有講，我們沒有問，也沒有權利問。進監獄時間稍久，大家都習慣唯命是從，絕不發問。我們只是個東西，把東西放在這裡放在那裡，那是主人的安排，與自己無關。

馬上要走了，大家對這個待了數年十數年的地方既無多少留戀，對新去的將要待數年，十數年甚至餘生的地方也無任何嚮往。沒有感情波瀾，心，只是一口枯井。

那天，天氣涼涼的，我穿一件深藏藍色的毛衣，它是我每個月一元五角零花錢加五角錢衛生費積攢起來，請事務長花六塊錢買的一斤二兩化纖毛線自己織的。

好像是不成文的法律，淪落為犯人就要禁慾，禁各種各樣的慾，大慾包括打牙祭吃肉慾、男人想女人女人想男人的慾不說，小慾也不允許，蓄辮子是一種慾，頭髮已經剪短，穿花衣服也是一種慾，我自覺地穿主要是青黑色的衣服。日子過得像尼姑，不張揚不炫耀，無聲無息。不過，在編織這件毛衣的時候，我還是做了一點小手腳，在翻領周圍我用桂花針打了一圈邊子，不顯眼地好看了一點。剛穿的時候，由於雜毛太粗太硬，脖子和身上被扎得起疙瘩，兩三年堅持下來，它平順軟和多了。

運載我們的大公共汽車停在就業隊的壩子前，行李已經先搬走，犯人們排列整齊魚貫而上。我是小組長兼學習記錄，是被政府信任的犯人，安排坐在車門口，不會逃跑。王大芹坐在我裡側，她是我的五固定——睡覺固定鋪、學習固定組、勞動固定隊、吃飯固定桌、行動固定人，包括上廁所，誰挨著誰，誰和誰一起，都由隊長固定，像電話號碼那樣不可隨意變動——也就是說，在各種場合下，我都和王大芹穿連襠褲，一起行動互相監督。

我們一百多號女犯分乘三輛大客車，另外一輛裝了近五十名女就業員。很不幸，她們與犯人編在一起，緊緊跟在我們的後面。整個隊列很神氣，最前面由一部軍用卡車開路，最後面有一部軍用卡車壓底，把我們四部客車夾在中間。卡車的車頂上架著三挺機關槍，車上二、三十個冰凍臉嘴的年輕軍人，個個荷槍實彈，全副武裝。押後的軍車接在就業員客車後面，機關槍不偏不倚朝著他們瞄準。奇怪的是，女就業員們並不以為然，好像青蛙與蝌蚪、蝴蝶與毛毛蟲，就業員與犯人本來就是一回事。她們一路上不停地快樂歌唱，好像是去赴宴。盛行一時的文革歌曲她們翻箱倒櫃找出來唱，「北京有個金太陽」、「毛主席的光輝」、「我們走在大路上」……，唱完了一支又一支。不少過路村民駐足觀望，奇怪這支不尋常的隊伍，機關槍押著嘹亮的歌聲。

我二十歲進監，如果不算七年前判刑之後押解途中對社會短暫的一瞥，已經快九年沒有坐過車，沒有看過外面的世界了。今天，穿著自己織的毛衣，長短大小正合身，感覺特別愜意。既不勞動改造也不政治學習，坐在車上靜靜地東張西望，像一個瞎子突然張開了眼睛。青山綠野像箭一樣朝後面射去，又有新的景色迎面撲來，清新迷人。忘記了自己的身份，忘記了要去什麼地方，但願車子就這樣開下去，永遠開下去。

可能一車人的感覺大同小異，個個都坐得端端正正，吊起精神專心致志像在看全方位的立體電影。連平時叨叨唸唸的王大芹也裂著大嘴巴伸長瘦脖子安安靜靜看新鮮。

突然，樊雲軒走到我面前耳語：「劉伯祥要解溲了。」我驚了一下，回到現實世界，回到犯人組長的位置。水火不留情，怎麼辦？像古代沒有「珍珠嫩膚霜」給女人擦臉一樣，當時的公共汽車沒有廁所給乘客解急。

「大溲還是小溲？」「大溲。」

這可難辦了。要是小便，不得已求其次，照我九歲那年之例如法泡製拉在褲子裡。可是現在……，這個劉伯祥真搗蛋，走之前屎尿不興擠乾淨。

我弓著腰朝坐在司機旁的左司務長走去，報告劉伯祥的事情。幾個犯人使勁用手指頭指著自己鼻子向我暗示，她們也等不住了。左隊長轉過頭看了看我們，再望望窗外逐漸多起來的商店和人群，她說：「不行，現在不行。」

一會，左隊長命令我們把窗簾放下來，是為了防備有人乘機破窗而逃，混雜在集市人群之中，抓起來不那麼容易。

有人小聲說：「墊江，墊江到了。」大家趕快把窗簾放下，以免我們自己逃跑。我們看不到外面，外面也看不見裡面，車裡一片黑黝黝。

劉伯祥挺直腰板坐著紋絲不動，正在費勁地忍住，像忍住不要把小孩生下來。她的五固定樊老太婆反而坐立不安，好像她的肚子出了毛病。

今天早上，英明的司務長吩咐廚房每個人給四兩乾飯，但是喝了一點酸菜湯，加上今天天氣涼快，又沒有勞動出汗，坐在車上三小時，大家都心往一處想了，正在集體憋尿。從此時開始，人人無心觀景，只盼著「鬆包袱」。

突然，一股惡臭從後面傳來。大事不好，劉伯祥的「孩子」出關了。她的那雙像皀角米米的黑眼珠定住了，臭味滿「屋」彌漫。樊雲軒首當其衝，多皺的臉褶得更皺了。

可憐的劉伯祥，她才一米三高，腸子太短，留不住貨。

「今天唧個囉，一早開始就是屎啊尿的搞不靈醒。」我聯想起與王大芹的晨戰。

一小時過後，在半山坡的公路上，車子嘎然停住，四部大車裡的女人們被吆喝著下來上廁所。剛剛下過陣雨，滿坡遍野半腰深的野草，給雨水沖洗得一片蔥綠。我四面眺望，上沒有村下沒有店，人影子都看不到一個，哪裡有廁所？隊長指著公路下面的山坡叫我們就地解決。

像一群從籠裡放出來的兔子，大家爭先恐後往下蹦，王大芹也在咿哩哇啦叫著像要跳河。「五固定」暫時解體。

前後兩大軍車上五六十名威武的解放軍，一個個披著外綠內灰的塑膠雨衣，端著衝鋒槍迅速從公路上跳下坎來，吼叫著要我們彼此靠緊，不准把圈子扯大了。他們握著槍對準我們，像一道鐵箍緊緊朝我們包抄收縮過來。公路旁兩部軍車頂上的六挺機關槍，轉過頭來朝坡下瞄準。

和大家一樣，我也相當緊迫。

不過，莫說當著男人的面，就是當著女人的面拉尿，也是不要臉的行為，也絕非易事。看看別的女犯、女就業員，都在心急火燎地忙忽，我只好心一橫，不要臉算了！心慌手抖，我閉起眼睛邊退褲子邊往下蹲。濕漉漉的草把屁股打濕，亂蓬蓬的草尖扎肉。好舒服舒暢呀，想不到東西進肚時痛快淋漓，排出來的時候竟也相同地痛快淋漓。

突然，我看到一對硬頭軍人皮鞋，堅定地立在我的面前，隔我只有一尺遠（合三十三公分），看著我拉尿。「天哪，」我對自己說：「你忍著點慢慢拉呀，聲音不要如此放肆嘛。」但是，想打住已不可能，連減速也辦不到，它像決堤的水，像山洪爆發勢不可擋。

事實上，草叢中近兩百個白翻翻的屁股都在幹著同一件事情，匯合出震天的喧聲，而像劉伯祥這樣

「幹大事」的人們，製造的尷尬就更加地不堪了。

我不知道現代文明是什麼時候和為什麼要把我們灌輸成這副樣子，「吃喝」是正經甚至光彩的事情，可以大張旗鼓招搖過市，而由「吃喝」帶來的直接後果——「拉撒」，卻是下作丟臉，一定要避人耳目暗中進行的。看看西方宴會上那些胸脯、屁股露得不能再露的倍受恭維的女士們，如果當眾放個響屁，她可能會難為情得跳樓自殺。實在是咄咄怪事。

為什麼貓狗畜生有權利隨時隨地當眾放屁行方便，而人類卻萬萬不能？

我感到不盡的羞辱。不爭氣的屁股們啊，還在嘩嘩嘩嘩製造出震耳欲聾的聲響。

解放軍噢，行行好，站遠一點吧！你們有機關槍，有衝鋒槍，有軍用卡車，有手銬腳鐐，就站在公路旁槍口對準坡下，這些目標們都在你們的射程內。我們不是搞越獄暴動，也不是要聚眾造反，我們只是在做一件每個人包括你們自己在內都要做的、最本能最原始最普通的事情，此時是最要專心專意，最無法亂說亂動的時刻，你們有什麼理由放心不下。你們整日價「打打打」、「殺殺殺」、實彈射擊、軍事操練，還怕對付不了這些手無寸鐵正在「拉撒」的女人？

面對這樣的窘境，你們難道覺得舒服？為什麼不站遠一點，為什麼沒有把頭轉過去？

我覺得沒臉見人，好像所有可怕的響聲都是我一個人製造出來的。我的心往下沉往下沉，我不想站起來，只想往地裡鑽，心裡難過極了。

此時，我才頓悟，我們的意識並沒有死去，我們還有靈魂。我們，不是地上的雜草；我們，不是腳下的黃泥；我們，不是畜牲；我們，也不是任何別的什麼東西。我們是人，是一群有羞恥感有自尊心的人。

這個情景惡夢般追逐了我超過四十年，在我的記憶裡積澱，我一定要把它清洗出來，才得安寧。

第一章
「居禮夫人」被捕

我坐在窗前茶几旁讀《居禮夫人》。時間是一九六一年九月二十九日上午。

這已經是第二遍了。早在高中化學老師講到居禮夫婦用極其簡陋的設備，花了超過四年的時間，從一噸多瀝青渣裡提煉出了世界上第一克鈾，被譽為「鈾」的父母的事蹟以後，我被感動得睡不著覺，到圖書館借了這套上下冊的自傳體小說，迫不及待地讀完了它。

那時候的人，特別是青年學生，一場電影，一部小說，一句偉人的話，一個感人的故事，一首動人的歌，甚至一首美麗的詩，就足夠使他們對未來編織出五光十色的憧憬，就足以使他們作出舉足輕重的決定，從而影響他們的一生。

何況，居禮夫婦的貢獻是偉業，是豐碑，是人類科學寶庫中最耀眼的明珠，我對他倆崇敬不已，想成為中國的居禮夫人。我相信在整個五十年代和六十年代早期，在中國的中學、大學校園內，無數女學生都悄悄在做著和我一樣的夢。居禮夫婦對當時中國學生的影響是太無與倫比了。

那個時代，我們崇拜毛澤東，也享有一點崇拜洋女人居禮夫人的自由。

重慶和平路112號外觀。我坐在二樓窗臺上唱歌，重溫兒時舊夢。攝於出獄後。

那天，我沉浸在悲哀之中。

也是一個清晨，彼耶爾·居禮那顆無比聰慧的頭顱被一輛馬車撞破，白色的腦漿迸裂而出，被雨天地上的黑泥污染……。居禮夫人穿著黑色的喪服，踏著沉重的腳步，走上大學的講臺，接著居禮的課講下去……。

讀到這個章節，我好像目睹了這一切。

這個一目了然的十二平方米的小房間，住著母親、我和四個弟弟。剛搬進來的時候，我們五個年齡很小，從三歲到十一歲。母親說治平睡相好選他睡媽媽的棕繃床，我同其餘三個弟弟睡靠右牆的大木板床，四隻小腦袋分睡兩頭，裹住兩床被蓋平放鋪上。開初，睡得還很鬆動，我們兩組人可以用腳打仗，或者在彼此的腋下取暖。九年後的今天，小孩子長成大孩子，睡覺的組合有了調整，我同媽咪睡那張越來越鬆的棕繃床，木板床只容得下兩個了，開闢了新大陸——地板，大弟興國、二弟安邦每晚打地鋪。

房門旁接著樓梯，上下的過路人可以自由自在地掃描我家，愛掃多少遍就掃多少遍，房內留下他們數不盡的好奇的目痕。除非天氣太冷，我家的窗戶從早開到晚，房門也總是敞開的。這不僅因為對於一個單身母親和五個還是夢蟲的孩子似乎無隱私可言，還因為媽咪說這麼多人擠在裡面需要透透氣。窗外隆隆開過的汽車卡車把房子震得沙沙響，滾滾飛揚的塵土使房間裡任何一件東西都蒙上一層灰。這是天經地義的正常人的生活。離開了喧囂和塵埃，離開了窺探的眼光，我們難以相信那是真的生活。

突然，一個縮頭縮腦的小個子男人跨進房間，看了我一眼環顧四週後，一句話不講走了出去。他大約是找錯了門，我低頭讀書，繼續我的悲哀。

兩分鐘不到，衝進來五個男人、一個女人。我驚愕地望著他們，不知道他們要找誰。

一個三十出頭皮膚白晰，頭戴白色公安圓盤帽，身穿白斜紋卡嘰制服的公安員，拔出手槍對準我的胸膛，厲聲喊道：「不許動，舉起手來，現在宣佈逮捕你！」

我曾經舉起過我的手，那只是右手，是加入中國少年兒童先鋒隊，在隊旗前莊嚴地宣誓。

我也曾經舉起過我的雙手，但那是在演戲。初中演歌劇《小紅帽》，我扮演小花狗，為了幾根骨頭，牠背棄了自己的朋友。導演老師要我模仿小狗站立的動作，自始至終雙手舉過肩頭。不知為什麼，我與生俱來地痛恨舉手投降的動作，即使是電影裡這樣的畫面，也令我為人格踐踏尊嚴掃地而非常地不快。所以，我演的小花狗，雙臂舉到胸口，雙掌下垂，只做了老師要求姿勢的一半，以示與投降有區別。

那時候，我們特別喜歡形容朝鮮戰爭中的美軍「乖乖地舉起雙手投降了」，用「乖乖地」三個字，好像他們所受過的全部軍事訓練就是如何舉手投降。

想不到當手槍對著我的時候，我也像美國兵一樣，「乖乖地舉起了雙手」，只不過比起正規訓練的他們，我舉得不是那麼高那麼直。所謂人格、尊嚴、骨氣已經像沙石一樣被颶風刮得無影無蹤。

我慶幸我的母親、我的弟弟，我的其他親戚朋友沒有看見這個場面。

我順從地按照公安的指揮，走到房間左側的櫃前，他把一張紙攤開，指著上面說：「這裡，簽下你的名字。」他沒有叫我讀一遍上面寫的什麼，我像一隻被追急的兔子心慌意亂不知如何是好，也沒看看上面究竟寫的什麼，我猜它就是逮捕證。按照他指定的地方我歪歪扭扭地簽上了我的大名、日期。他把衣袖撩起看了看手錶說：「這裡，填十點鐘。」

我一生的命運，就在這十分鐘裡完成了轉變。

「把手伸過來，」一個男的取出一副手銬命令道。我把雙手伸過去，他銬了我一隻手，把它繞到身後，「把那隻手伸到背後來！」他喝到。兩隻手一起銬在背後。後來，其他犯人告訴我，那叫「反銬」。

「你的媽媽呢？」「白制服」問。「到單位上去了。」「啥子單位？」「較場口毛衣社。」

和往常一樣，媽媽八點三刻離開家，九點鐘到達慶餘堂側邊的毛衣社上班。所謂上班，只是幾個婦女鬆散地組合在一起手工織毛衣。套衫一件二元八角，開衫三塊五。領貨後可以待在家裡，完成後交貨拿錢，也可以到那裡三五成群一起織。母親多半是去「上班」，幾個女人說說笑笑，好混日子。

媽咪平均三天半完成一件套衫，開衫要花五天以上才行，一個月可以掙二十元左右。母親常說她手腳不夠麻利，毛衣社的沈媽媽一件套衫兩天不到就織好了。她羨慕地說：「你看，她的手像在飛。」晚上，我們都睡了，媽咪一個人坐在床上靜靜地織到深夜。她在思念父親？她想了些什麼？很少與我們交談。有時候，顧客要得急，母親請我幫忙打衣袖，我理直氣壯地拒絕，「請你幫我節約時間！」

他們差遣一個跑腿去把母親從「單位」上召回來。

在中國，「單位」是每一個人的臉，生命線，腸肝肚腑，沒有臉，沒有生命線，沒有腸肝肚腑，那個人連畜牲都不是。像外國人見面就叫「好啊油」（你好）一樣，中國人一見面就問：「你是哪個單位？」或者「你爸爸媽媽在哪個單位？」我父親「解放」後一直在勞改單位，勞改就業單位，集改單位。一提起這些單位，我鼻子就要發酸，眼睛就會發紅，反動階級孝子賢孫的本性就會暴露無遺。所以，我多數只回答「媽媽在毛衣社」。「毛衣社」就是齊家的「單位」，齊家可愛的臉。

這個半小時特別漫長。那五男一女抄著手靜靜地待著，偶爾交頭接耳一兩句。我又坐回到茶几旁，《居禮夫人》還在桌上，我已經與她無緣。

雙手反銬坐在矮凳上很難受，我把兩隻腿往前伸直舒展一下，看見了穿在腳上的球鞋。這雙球鞋是興國的，上星期三他休息回家洗乾淨了，準備國慶節後帶回廠去，我的鞋髒了懶得洗，穿他的現成。我對自己說：「脫下來還給他，他沒有換的。」可是我已經沒有手了。

我良心發現地想起我欠阿弟——最小的弟弟，兩角錢。那是一週前，在通用機器廠當學徒的興國，為了慶祝他一生中第一次領工資，給我們每個人五角錢作為中秋節禮物，小阿弟在「絕交」的威脅下，借給我的。

怪不得四個弟弟不喊我姐姐，從來都是直呼我的名字家貞。

我還想起兩週前，我神經兮兮地對兩路口中學搞總務的朋友吳敬善說：「我想坐牢，體會坐牢的滋味。」他開玩笑，像做順水人情：「莫著急，有你坐的。」共產黨開恩，不失時機地急人所急，兌現了我的胡言亂語。

三天前，我心血來潮，把所有準備自學的《解析幾何》、《高等數學》等大學教材統統廉價地賣給了舊書商。我說：「現在我沒心思學，等到我要學的時候，我就有錢買。」我當時完全可以用這二元三角五分賣書錢的零頭與阿弟清帳，但是我沒有，我要賴，也記不清這些錢是怎樣揮霍掉的。十八年後，我真的需要這些書了，差點沒給書店的老爺們下跪。當然，那是後話。

別離在即，我看不見那六個公安的嘴臉，聽不到任何的聲音，也沒有想過這種禍事對我、對我家的後果將會是什麼，心靈沉浸在一片奇特的靜謐之中。這半個小時裡，我想到了我的媽媽，我的弟弟和其他一些雜事，並且自發地反省了自己。儘管這種反省相當膚淺，卻是我空前第一次。

母親回來了。她蠟黃浮腫的臉濕汗漉漉，這張臉使我想起昨天下午五點半，她從「十八梯」下面，沿著近百級陡窄的石梯匆匆走上來，一到家氣沒喘定劈頭就問：「家貞，下面那家小館子正在賣紅燒肥腸，你想不想吃？」

這還用問？媽咪知道我愛吃紅燒肥腸，愛吃除了狗屎以外的任何東西。特別是三年「自然」災害，大陸一片飢餓，莫說肥腸，就是肥肉肥板油，吃起來也像吃豆腐，還嫌它油水不夠。珍貴的情報，難得的機會，使母親黃腫的臉出現一片紅暈閃動的喜色。我這個好像沒有心肝的女兒，被母親的愛重重地撞擊了一下，很受感動。

此時此刻，這張同樣蠟黃浮腫濕汗漉漉的臉，佈滿的卻是一片驚惶。

媽咪朝我瞪了一眼，我的眼睛迎過去用愧疚的眼神說：「媽呀，我闖禍啦！」

她看著滿滿一屋的公安人員，沉默不語。

「白公安」大聲說：「你的女兒齊家貞因反革命罪被逮捕了，現在開始抄家。」

「她一個小女孩，能做什麼反革命呀？」想不到這位弱母親竟如此勇敢，敢於發問。

「這個，你還問我？你最清楚！」「白公安」生起氣來，聲音吼得很響。

媽媽像往常一樣，「上下班」總是提著她的「百寶箱」——一個大草編手提袋，裡面放著正在打的毛衣毛線、記事本記帳本、親友通訊錄、拍賣行通知書、當鋪收據、現金糧票及其它形形色色的票證，還有數封父親從集改隊的來信。儘管從「戶籍喊你回去」的話語中，聰明的母親預感到不祥，但是，她絕對沒有想到共產黨殺雞用牛刀，事情會如此嚴重，否則，她一定會把「百寶箱」寄放在毛衣社好友黎媽媽的家裡。多一事不如少一事，永遠是偉大的真理。

原來，早上最先闖進我家的小個子男人，是我們較場口十五段的「疤子戶籍」。「疤子」是他長膿瘡之後在頭上留下的記號，「戶籍」是他的職業。他是興國「官井巷民辦中學」的同學。這種讓十二至十五歲的孩子三天上課，三天上班的民辦中學，專門收兩類學生，一類是成績奇差考不取官辦中學的，一類是出身太壞沒學校肯要的。「疤子戶籍」顯然是屬於前者，不然就不可能分配他專幹管人的行當了。

「疤子戶籍」把住在樓上的黃德華叫了下來，作為群眾代表觀看抄家。黃是地段居民治安委員，人人叫她黃代表以示敬畏。

那天，天氣不冷不熱，我穿一件廉價而得體的深藍色斜紋嗶嘰的西裝外套，裡面是一件淺藍圓領薄羊毛衫。這件羊毛衫是十五年前父親從美國帶給我的禮物，媽咪說我沒有長大，又太邋遢，一直不給我穿。進高中後，儘管該長肉的地方還是不長肉，穿著它仍然空蕩蕩的撐不起來；儘管我還是邋遢不愛乾淨也愛不了乾淨，媽咪終於妥協，讓我穿了。不僅如此，她還把那磅父親同時買的，在箱子裡沉睡了十五年的粉紅色蜜蜂牌毛線，為我織了一件套衫。試過幾次，拆過一兩次，現在只剩下幾個線頭需要勾藏進去，肩頭上釘幾粒按扣，我就可以穿著新毛衣歡歡喜喜過國慶了。

女公安叫我站起來，她開始搜身。衣服褲子口袋翻遍，再解開外套，肩頭腋下順著摸下去。末了，指示我坐到房間外面等候。

跨出房間便是上下樓過道、四家人共用的廚房（我家廚房已從四樓搬到二樓）。左牆角有一個半尺見方的小木墩，因為有兩堵牆靠背，坐在木墩上面像坐圈椅，很舒服。

現在，我坐在這把「圈椅」上，即將從和平路上消失。

當然，我沒有想到，後來經常坐這把「圈椅」的兩個老人和一個五歲的「綠衣天使」也一個接一個消失，不光從和平路，而是從地球上消失。

裡面六個人踏踏實實地忙碌著，每張紙每本書每一幀照片每一封信都反覆查看著；每件衣服每條褲子每雙襪子抖了又抖捏了又捏；床單被子枕頭墊絮都翻了個裡朝外，整個房間塵埃飛揚一片狼藉。

黃代表自始至終站在門口做個好觀眾。母親不忍心目睹他們把這個清貧，但由一隻母雞和五隻小雞艱辛地築起的巢，被鼓搗得如此的不堪，她走到灶前想找點事做，撿起幾根細柴準備生火。那個「白公安」看來是個頭，從房裡衝出來吼道：「不行，你要過來看著。」

母親無奈地走回房門口，她站得離我很近。

被女公安搜身時解開的外套此時仍然敞著，我覺得看起來像個女二流子。為了表示未說悄悄話，我大聲請媽咪幫我扣釦子。母親轉過身來，一言不發，把我胸前的兩根辮子生氣地往後一甩，好像說：「家貞，你不聽我話，現在吃虧了吧！」再一顆一顆把鈕釦替我扣好。

忽然郵差高喊：「齊家貞收信！」我朝下面望去。喲，樓梯口堵著那麼多熱心的觀眾，街坊鄰裡過路行人男女老少，密密麻麻人頭攢動。要不是有人把守，他們肯定會衝上樓來看個究竟看夠稀奇。

把守人把我的信截了過去，郵差滿頭霧水不知就裡。「是哪個倒楣鬼寫來的，撞到刀口上了」，我想。

經過這六個人兩小時的辛勤勞動，他們抄走兩大口袋東西，多數是五二年抄家時的漏網之魚，包括中英文書藉，一大箱繪有故宮建築的古舊圖書，信件筆記，一切寫有黑字的白紙，還有五大本家庭相冊，三大包鼓鼓囊囊的零星照片。照片幾乎全是「解放」前拍攝的，有父親一九四五年後在美國的生活照，包括那張我印象深刻，父親與美國人家庭和他們的兩隻大狗的合影，更有許多是母親婚前的留影。母親美麗的照片是我們全家人的驕傲，每有同學朋友來訪，我們總會拿出相冊，如數家珍地請他們一起欣賞。當然，欣賞的都是夕日的影子，「解放」後家裡太窮，留下七、八年照相的空白。

臨末，他們還覺得不夠，把掛在牆上的那幅一尺二寸大的照片也取走。那是母親二十八歲時拍的，她永恆的充滿母性的微笑曾經長久地溫暖著這個失去父愛的家。還有一張放在高低櫃上的八寸著色照片，已是三個孩子的母親，微側著臉開朗地大笑，也在劫難逃。

突然，一個「公安」對走進房間並從地上撿起什麼東西的母親呵斥道：「你手上拿的什麼？快點繳出來！」母親的手不情願地攤開，手心上是一張我的一寸照片。

從小學開始，我一直留辮子。那張兩寸的初中畢業照，一對粗長辮子擱在胸前，我很得意。班上頭號美人黃有元說：「齊家貞，你的兩條辮子像兩大柱石，粗得都不可愛了。」進高中後，一個男生發表高論：「我敢說，所有留長辮子的女生都是為了好看。」我覺得「為了好看」是一種過錯，是不允許的行為，馬上衝回寢室把辮子剪了。媽媽手上捏的就是剪掉長辮子，紮了兩個「小球」後拍的，我顯得很有朝氣。母親無法阻止我同這個家庭生離，母親甚至也無能保住這張小照片。

臨走前，望著母親要哭出來的臉，我無話可說，不知道怎麼安慰她：「媽咪，請你把《居禮夫人》，還到枇杷山圖書館。」

我朝樓下走去，感覺到背後母親追隨的眼光。那些耐心等候的人群，看見女主角正式登臺，一陣騷動往前猛擠，密密實實地把路閘斷。前面一個公安為我開路，大聲喊叫：「讓開，讓開，有啥仔好看的？」二十年後，一個女人告訴我，當時她不到十歲，擠在其中看熱鬧。大失所望地吼了一聲，「哎呀，還是個娃兒！」

齊家貞高中畢業照。

我看見背著書包站在最前面的阿弟，他被阻攔在樓下。

阿弟就在街對面五百公尺遠的和平路小學讀書。後來，他告訴我，那天放學回家，剛過馬路，街上的小嘍囉衝上去向他報告特大新聞：「阿弟，你的姐姐遭逮捕了，」「滾喲，莫要亂說！」阿弟生氣了。「你看！」小嘍囉不服氣指著那堆看客說。

十年前的一個清晨，父親上班後再也沒有回家，那時阿弟才十五個月，他什麼也不懂。今天，他小學五年級，從擰緊的小眉毛看出，他明白家裡真的是出事了。這個在家裡經常把他當傻瓜逗，當小狗欺侮，也教他唱那支莫名其妙的，什麼「那青年吔划了船，來到上游找藥材；他說是想念你，想得生起大病來」

情歌的姐姐，今天要被抓走了。他擠到人群的最前面，焦急地朝樓上張望。

興國在上班，安邦、治平還沒有放學，漏看了抓我的大場面。

人牆被「公安」的吆喝撕裂出一條口，我從裂口走出去。既無「從容就義」的壯烈感，也無矮人三分的羞恥心。他們看我，我也看他們。

一輛褐色的公安吉普早已等候。我以為我會像往常那樣輕鬆地舉起我的任何一隻腿蹬上去，但是，這次不行。物體平衡的必要條件是重心線通過支持面，我的雙手銬在背後，重心後移，腿根本舉不起來。再使勁試了兩次，還是不行。一隻公安大手像抓小雞，提著我往車裡一推，「小雞」就坐進了吉普車的後座。兩邊擠著兩個結實的大漢，我夾在中間不能動彈。

有部義大利電影叫《橄欖樹下無和平》，我覺得和平路上也沒有和平。

「六人，手槍，鐐銬，聲勢天兵下轎。警車拉何人，手無寸鐵女嬌。可笑，可笑，老虎對兔威耀。」

這事發生在我們重慶的和平路上。

再見了，和平路，請你不要忘記我，你是我成長的證人。九年裡，你親眼看著我從怎樣一個野孩子、吵架王，敷衍塞責、調皮搗蛋地唸完小學初中，出乎意料地考入了人人羨慕的重慶市第一中學。三年後，像猴子變人一樣不可思議，我這隻「猴子」真的變成了人。

歷史會不會記下，一九六一年九月二十九日，有

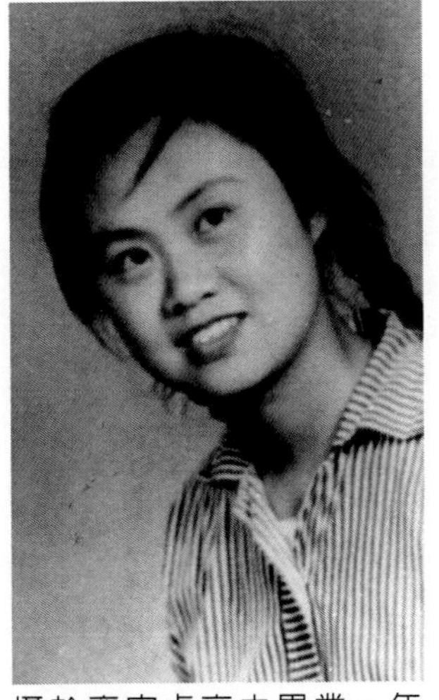

攝於齊家貞高中畢業一年後，第二年入獄。

個居禮夫人的熱烈崇拜者，一心夢想也當中國居禮夫人的二十歲的無名小卒，被關進了監獄。有人取笑有過當居禮夫人夢的女孩子：「哇，居禮夫人在搧爐子」，「看哪，居禮夫人在哭鼻子」。現在，他們可以驚叫：「哎呀，居禮夫人坐牢啦！」

我們當然不能保證，每一位有居禮夫人夢的女孩子，一定會成為「居禮夫人」。但是，難道我們因此就有理由斷定，所有這樣的夢想一定不會成真，或者一定不會部分成真，或者一定不會有一丁點兒成真？即使夢想完全沒有成真，難道我們因此就有理由否定夢想的美好與彌足珍貴？

沒有人可以擔保醜小鴨絕對地變不成白天鵝，如果牠沒有人為地被扼殺的話。

社會對夢的責任是呵護，而不是斷送。

第二章
陽光不再照耀

我但願這是在做一場惡夢，
可是一切都千真萬確。

吉普車朝七星崗方向疾馳，轉入興隆街，在陌生的疊床架屋的小路間狼奔豕突。開得太快，轉彎時幾乎不減速，好幾次我都以為車子會沿著切線方向衝出去，墜落在坡下居民的房頂上。不過，車毀人亡的慘劇並未發生，我被平安地帶到了「重慶市市中區石板坡看守所」。

像所有的監獄一樣，石板坡看守所的鐵門很寬很大，歡迎所有被抓捕的人進去；牆很高很厚，把內裡和外部絕對地分隔成兩個世界。

今日石板坡看守所，周圍正在拆建。

從背面看上去的石板坡看守所，圍牆上的電網隱約可見。

通過威嚴門崗的檢查，吉普車停在一堵矮牆門口。天外有天，牆內有牆。大牆裡面被無數矮牆圍成各自的單位，名字取得挺優雅，什麼「東莊」、「西莊」的，讓人愉快地聯想起重慶其他的著名建築，諸如上清寺軍閥范紹增的「范莊」，甚至南溫泉蔣介石的「避暑山莊」等等。

看守所裡面被一條可以開車貫通的窄路分成兩個部分，右邊是關押政治犯及所有女犯的「東莊」和關押刑事犯的「上莊」，左邊是「西莊」，它與「東莊」遙遙相望，是專門審訊和宣判的場所。看守所佔地很大，莊與莊之間保持相當的距離，彼此相對獨立。「西莊」上面便是獨一無二貨真價實的、不分階級階層不分男女老少，人心所向眾望所歸的重地——伙食團。獄吏和警衛大約住在「東莊」再往東的一隅，我們看不見。

「小雞」被提了下來，跨進矮牆，穿過種滿牛皮菜的庭院，等在隊部辦公室裡。

「站過去，臉朝牆。」一個黃軍裝士兵怒氣沖沖地喝道。

我很聽話，走到離他們盡可能遠，離牆盡可能近的地方，我雙眼視牆馬上就成為「鬥雞眼」，趕快把眼睛閉上。

他們在辦手續，像收到掛號信要簽字蓋章一樣。

之後，有人解放了我的雙手。

走出隊部，走進大樓，我正式開始在鐵窗裡生活。這個生活是如此地刻骨銘心，以至於在出獄四十多年，甚至出國二十幾年之後，我仍然無數次在夢中擔驚受怕地又回去了。

「東莊」是個二層樓的回字形建築。回字很扁，長寬的比例大約是五比二。進門，「短邊」的兩側是樓梯，中間是隊部辦公室，看守所的管理人員與荷槍實彈的解放軍，二十四小時值班於此。這裡是犯人們提審進出的必經之道，也是審訊員和管理員對犯人辦交接手續的地方。靠底的「短邊」是過道和寬大的樓梯，吃的喝的通過這裡送到樓上，拉的撒的通過這裡送去樓下。兩條「長邊」排著一間接一間的牢房，左右各十，兩層樓共四十間。樓下的十號房不關犯人，是個大洗澡間，犯人有時在這裡集體「打水仗」，對面的二十號房是廁所，所有的大馬桶每天在此報到。回字形建築的中間是個狹長的天井，供犯人走風。樓上裙邊式的寬走廊朝內伸展，成為樓下各房遮風避雨的「屋簷」，同時也使天井上方本來就狹窄的天空變得更加狹窄了。

牢房前清一色放著一個淺黃色的平櫃，櫃上是犯人們的臉盆、漱洗用品、公家發的統一尺碼的碗筷和裝著換洗衣服的小包，櫃裡則塞著犯人不常用的雜物。眼鏡手錶、現金等貴重物品，由獄方代為保存。每個房門口小山似地一堆鞋，根據堆頭的大小，可推知裡面犯人的多少。

我被喊進一號房，這是專門搜身的地方。只聽見女獄吏的大剪刀喀嚓一聲，我蓄了三年的辮子從根部剪下扔在牆腳，長短不齊的頭髮像遭狗啃過，七拱八翹地散開。

我發現公安人員講話有一個共同的特徵，他們吐出每個字時都有一股怒氣相隨，好像開了的水壺蓋一衝一衝的，使人感到他們真的很恨階級敵人，當時這個姓劉的女獄吏就是使用這種氣聲講話：「把衣服脫下來！」她說。我並不因為她的仇恨而聽不清楚，但是我不明白她的意思。我低聲下氣地問：「內衣也要脫呀？」她瞥了我一眼，沒好氣地說：「衣服褲子一起脫。」

我嚇了一跳。從我自己會洗澡開始，沒有人，包括我的母親看見過我的裸體。儘管在一中讀書洗敞淋浴，每人都自覺地一絲不掛，但那是洗澡，各忙各的，人人都脫，完全平等。可是，現在，面對一個陌生女人！

我還在猶豫，一聲「快點脫」，我只好硬著頭皮，像加入了敢死隊，死掉算了。

我周身脫了個精光，感到十分狼狽。不僅因為自己從上到下纖毫畢露，還因為我又有好幾個星期沒有洗澡，身上的汗漬垢斑處處可見。

幸好，她感興趣的不是我的身體，而是我的「皮」——一堆脫下來的衣褲——它們被再一次仔細地反覆地擠捏翻查。然後，她扔給我一套深藍色的囚服，外加一條內褲。它們洗過，但沒有擦肥皂，領圈周圍的油漬把經紗緯線浸成一板，特別是內褲的襠，白翻翻的像長了霉。我把內褲裡朝外反過來穿，迫不急待地用囚服把身子包裝起來，冷得不住地打抖。女獄吏瞅了我一眼，從一大堆衣山裡扯出一套灰色棉衣褲扔在我面前。那是公安制服，他們以舊換新，舊的給犯人禦寒。

給我的這套是男公安穿的，尺碼是如此的巨大，我必須把衣袖捲三圈，手才能伸出盡頭，褲腳也必須捲三圈，雙腿才能邁步。我整個身體大大膨脹，只有撐在外面的小蘿蔔頭才是真實的尺碼。

剛才還在外面的秋陽下穿薄毛衣單外套，人模人樣地過日子，現在這套大棉衣把我從下巴到腳背嚴絲密縫地蓋住，熊似地在過隆冬了。

「監獄」就是森嚴、陰冷和蕭殺，陽光不再照耀。

「拿去，今後你就叫這個名字」，劉管理遞給我一張紙條，上面寫著１６８。

已經是中午十二點半，女獄吏吩附犯人給我中飯，端來的飯盛在痰盂盆裡，這種痰盂盆九天前我在父親的集改隊見過。不是因為痰盂盆令我產生敗壞胃口的聯想，食慾是當時中國人唯一的堅不可摧的慾望。不知為什麼面對冒著熱氣的親愛的白米飯，我居然嚥不下去，再試了幾口還是不肯吞，只好遺憾地退了回去。

我被帶到樓上，劉管理警察告我嚴格遵守監規，不准同其他犯人交談案情，然後從鞭炮似的一長串鑰匙中抽出一把，打開了二十一號房門。

她們正在睡午覺，我驀地看到了這麼多女人，老的少的像兩排篾齒，頭頂頭睡在地板上，秩序井然，覺得很稀奇。

原來，看守所吃兩餐，午飯時間，犯人戒飯，集體睡午覺。我在樓下看見的中飯是給吃三餐的病號和特殊犯人的。

真所謂「飽懶餓新鮮」，多數女犯並沒有睡著，她們喜孜孜地翹起頭來打量我，就好像後來我成為老犯也喜孜孜打量其他新犯一樣。無聊至極的監獄生活，使我們對任何事情都有興趣，對於帶來熱鬧的新夥伴加倍歡迎。

我高興地發現三個長得漂漂亮亮的女犯把頭髮紮成馬尾式。

數年來，我一直打心眼裡喜歡從外國電影裡看到的這個髮式——把長髮高高地紮在腦後，使它像馬尾巴似地往上翹一翹再軟軟地拖下來。我一直不敢模仿，怕別人議論我愛漂亮。想不到機會出現在監獄裡，她們可以紮，我也可以紮。我下意識地攏一下我的辮子，攏到的是空氣，才想起辮子已經不存在了。

劉管理員指示靠門這排最後三名犯人往裡移，騰出一個位子給我。「１６８你睡中間」，她規定。

「報告劉管理員，這個新犯沒得鋪蓋，她跟哪個合鋪呢？」一個把頭髮紮在頸後，像拖尾巴病鴨子的紅鼻子瘦女人問道。我猜她是犯人領導，這有什麼好問的？豈料劉管理又作了規定，她認真地看了看我的兩旁，指著左邊的女人說「跟她」，那女人趕快挪出她「床」的一半，我就「跟她」了。

我和衣躺下，一點沒有睡意。牆上，我的「１６８」名字按照睡覺的秩序士兵般地站進了隊伍。監房約有二十平方米，門開在左端，右邊牆角放著個直徑約兩尺的馬桶，馬桶的旁邊是茶桶。一個為「進」效勞，一個為「出」服務，一大一小，一高一矮，無言地立在那裡。門的中間有個可以開合的小口——風門洞，獄吏警衛通過它，可以觀察到房間內除馬桶之外的任何地方，為了省事不開門，有時候它也權作送水遞物的孔道。

我去的時候，房間擠得滿滿的，裡排睡九個人，外排有兩個桶佔了地方只睡六個，由於我的加入，這排最末的犯人離馬桶更近了。後來，那個紅鼻子女人告訴我，她數過，每人可以睡三根巴掌大的地板木條。她說：「有啥仔關係，皇帝再行事（能幹），還是只睡得到那麼寬。」

我睡在地板上，木然地盯著天花板，既不難受悲哀，也不浮躁焦慮，沒有思維的流動，也沒有感覺的浮沉。

盛滿了水的杯子，倒進再多的水，對於它，都是一樣。

據說這兒解放前就是關押犯人的地方，赤色革命並未改變它的風水，它仍然擔當著相同的角色。大約因為年久失修，它曾經漏過雨，雨水在房間的天花板上留下足印，就像尿床的孩子在床上畫下的尿跡。

突然，我發現了一個「尿跡」，一個偉大的「尿跡」！

它是一幅線條分明，輪廓準確，形狀像公雞的中國地圖：東北三省是公雞的頭和頸高高昂起；朝下凹進的雞背是內蒙古；新疆西藏組成的雞尾巴屏風似地展開；飽滿的雞腹囊括了廣大的西南、南方、東南和東部各省；海南島則是「金雞獨立」中的雞腳。

這幅素描的中國地圖是如此地維妙維肖，即便是天天看地圖當飯吃的專家也未必能挑出疏漏。可是，令我驚心動魄的不是這張幾乎佔據整個天花板的中國大地圖，而是站在地圖上的警察！

這個警察背朝觀眾，叉開的雙腿站在廣東廣西兩省上，肥胖的身軀向東傾斜，大圓盤帽遮掉東北三省的大部分。你看不見他的臉，但是，你可以看見他抄在身後的雙手攫住一根粗大的警棍，你也可以感覺到他的雙眼正虎視眈眈地監視著中國大地。

經過五七年封民口的反右鬥爭，中國萬馬齊喑，噤若寒蟬，沒有一個作家，一位詩人，一名畫家膽敢像天花板上的漫畫那樣，一針見血地點出中共政權法西斯獨裁的實質。

現在，無畏的大自然，站出來替中國人講話了！

它出現在共產專制最徹底的地方——監房裡，實在是妙不可言。相信許多坐過二十一房並且發現這幅傑作的囚徒，從中受到極大的鼓舞，看到光明的希望。大家聰明地心照不宣，使其得以保存至今。

我不知今夕何夕，不知身居何處，整個身心沉浸在驚詫、驚嘆、驚喜之中。我不僅被這幅畫激勵起來，還像被歹徒莫明其妙地毒打了一頓，又戳了數刀，突然碰到俠客義士拔刀相助，懲罰邪惡伸張正義之後感到的痛快淋漓。

我全神貫注地欣賞這幅傑作，讚嘆它的構思，品味它表達的真理，一遍又一遍，整個身心從裡到外輕鬆愉快極了。

一聲長而尖利的鈴聲像匕首扎破我的思緒，並且帶我回到現實。

午覺結束起床了。

被蓋還沒褶好，鑰匙的叮噹聲已經到了門口，一雙眼睛由風門洞朝裡望一眼，喊道：「168」，門被推開了。

「快點，168，提你的審了。」一個老犯催促我。

我無條件地放棄用了二十年的名字齊家貞，輕易地接受了這個與爹媽無關的號碼，慌慌張張地在鞋堆裡找到自己的那雙，老老實實跟在管理員後面下樓，進了他的辦公室。他轉身對我說：「以後進來之前，要先喊報告。」

一個瘦高三十多歲的男人正在等我，他就是我的審訊員王文德。他爹媽取的名字真好，又有文化，又有道德。

王文德蠟黃乾瘦的臉，板得硬綁綁的，像什麼人借了他的穀子還了糠。他緊皺著眉頭斜眼藐了我一下，我奇形怪狀的頭髮和過於寬大臃腫的衣褲，使我自覺不像人。

我跟在他後面經過庭院，跨出莊門，穿過小路，走進「西莊」右排第三間，一個年輕男人靜坐在審訊桌後，他是書記員。

王審訊員的鼻子朝一把小鐵椅嗤了一聲，我明白這是示意我坐下。

例行公事地審問了戶口本上早就記載得詳詳細細，明明白白的姓名、出生年月日、祖籍、住址等等之後，王審訊員嚴肅認真地開始了他已經講述過百次千次的，像機器零件合乎部頒標準一樣的開場白。他薄薄的嘴唇講話咬牙切齒，眉間深深的豎褶和冷冷的三角眼充滿了恨意，頭斜愣著說話。看見他，我感到害怕。

他開腔了：「齊家貞，你犯了罪，罪行之嚴重你自己最清楚。政府坦白從寬，抗拒從嚴的政策是一貫的。我們說話算話，實事求是……」，「你犯下的反革命罪行是明擺著的，我們早已掌握你的大量材料，否則就不會逮捕你。」他用眼睛掃視了一下桌子，好像所有的罪證已經一一陳列在上面。然後說：「你現在唯一的出路就是徹底交待自己的罪惡，爭取政府對你的寬大處理。任何的頑抗抵賴，都是死路一條。」

我一下子成了犯人，聽著這些從未聽過的話語，周身發冷。我下意識地用手挪動椅子，以調節我的身體，平衡我不安的心理。可是椅子巋然不動，原來，它早就同三合土混凝為一體了。

我發現設計這把椅子的人是天才。一則材料選的好，是鐵的，坐在上面硬逗硬頂得你屁股生疼——「自然災害」下，犯人的屁股是不會有幾兩肉的，讓你嚐嚐如坐針氈的滋味。再則椅子的規格只適合五六歲的兒童，我這個一米五二的五短身材，坐在上面尚嫌蹩著腳難受，個子高的犯人則真是活受罪了。因此，相信不會有幾個犯人為了多享受幾小時的痛苦，賴在這個座位上與審訊員軟纏硬磨討價還價的。椅子矮折磨犯人，但對審訊員好處奇大，它可以使放在桌上的任何物件都成為有用的道具，他拍拍這個，翻翻那個，再煞有介事理直氣壯地詰問你：「你以為我們不知道你的底細，你到底幹了些什麼勾當，要你來講？那才是怪事，我們是留機會給你自己坦白，爭取從寬處理。」你坐在矮處，看不見桌上放的甚麼東西，驚惶地想：「那肯定是我的罪證啦！」二十年後，我當時的反革命集團成員尹明善告訴我，當王文德大發雷霆拍桌子打巴掌審問他，他還是不明白自己罪在何方時，王審訊生氣地從桌子上拿起一個小日記本揮動，再狠狠地擲在桌子上。吼道：「你還要狡賴到幾時？」尹明善惶恐地站起來，弓著腰朝前移了半步，請求道：「審訊員同志，謝謝你，能不能叫他們把眼鏡還給我，讓我讀一讀那個小本子上面究竟寫了些啥子。」王審訊員氣得臉色都變了：「滾回去坐下。你囂張，哪個是你的同志！」

這把特矮的椅子還有一個驚人的優點，那就是心理上的威壓作用。審訊員坐高你坐矮，這就坐出一條楚河漢界，他高高在上，堂堂皇皇地代表著人民，代表著真理，你屈膝佝背蜷縮在低處，你是罪犯代表著邪惡。坐在這把椅子上，自然而然地產生自慚形穢低人一等的感覺。

此時正是這樣。坐在這把椅子上，處於這樣的地位，我覺得自己非常卑微非常渺小，不可能有任何可愛的想法，不可能做出任何正確的事情，即使有過，講出來也絕對無人相信。一句話，我覺得理虧心虛，一無是處。

二十年後，我偶然讀到一篇關於法律的文章，上面講到「有罪推定論」、「無罪推定論」的概念，這才恍然大悟，成百萬上千萬的冤案是如何出籠的。

我在解放後的學校裡讀了十年書，十年裡，沒有學過一個有關法律的字；我在紅旗下長了十二年，十二年裡，沒有聽過一句有關法律的話。我們的字典裡沒有自由平等民主人權法制的詞句，這樣的詞句，連想一下都是罪惡。我們不懂得每個人，哪怕已經坐在被告席上，都有捍衛自己清白的權利。我們意識中的法律就是「毛主席萬歲」、「共產黨萬歲」，懷疑他們，批評他們，說了他們的壞話就是犯罪，罪不可恕。公安局前來逮捕你，逮捕你行為的本身就證明你有罪，不然，你就不會被逮捕。可悲的是，我自己就是這樣認為的。

當一個政權把你教育得使你不會對它的正確性產生任何懷疑的可能時，你便開始懷疑起你自己。你被抓了，你根本沒有想過抓錯了，而是竭盡全力從心的角角落落翻出「反動思想」，從生活的飲食起居各個方面搜尋出「犯罪的事實」，以證明他們把你抓對了。老百姓看見公安局逮捕了我，認為我是個反革命，我自己和他們想的一樣，也認為自己被抓了，所以我是個反革命。我們被塑造成這樣的坯子，被這種畸形的觀念武裝成一把雙刃劍，既能傷害別人，也隨時會對自己戳一刀。

「齊家貞，前途掌握在你自己手上，你願不願意走坦白從寬的道路。」王文德問我。

「願意」，我囁嚅地回答。

這就是說，我承認自己有罪，願意坦白，對著自己「戳一刀」。

「好，那你就老老實實交待吧！」他的口氣緩和下來。「這個小毛頭，如此地不經一擊」，我猜，他心裡一定是這樣想的。

好像跳進了大海，四下無邊，四顧茫然。我腦袋裡空空蕩蕩的，罪惡都躲到哪裡去了？剛才在監房裡欣賞傑作的興奮被沮喪徹底取代。活了二十年，我從來沒有想過自己有什麼長處，從來不說自己的好話，不說自己聰明，不說自己有抱負，不說自己長得順眼，不說自己歌唱得好聽，不說自己……；也從來沒有想過自己有什麼過錯，從來不說自己的壞話，不說自己不爭取入團不求上進，不說自己只專不紅灰色人生觀，不說自己和媽媽頂嘴不做家務，不說自己不愛乾淨不洗澡，不說自己……。別人誇獎我的好話，我這個耳朵進那個耳朵出，一絲不留；別人指責我與反動父親劃不清界限，我痛哭三分鐘便忘得一乾二淨。我好像是個沒有心肝沒有心思的野人，枉做了二十年女孩子，臉沒紅過一次，哪怕老師當眾「刮我鬍子」（批評）。

我始終懷疑上帝在創造我的時候取錯了材料，給了我一個女性的軀殼，卻裝進了男人的德性。父親長期在共產黨監獄裡討生活，手長袖子短，無法對子女履行嚴父之責；母親為生計為五個子女操勞，終日累得不亦樂乎袖子短手長，也管不了我。我一直活得自由自在，沒有人想到過要對上帝的失誤來一次矯正。

現在，這一切已經不必。我既不能算女性，也絕不是個男人。我只是一隻被王審訊幾個牙牙呸就嚇得發抖的小兔子。

我要設法交待自己的罪行。

坐在這把小鐵椅上的我，吃了一驚，平時伶牙利齒的齊家貞，現在講話吞吞吐吐，像爬了山喘不過氣。而且，第一句，就情不自禁地重複了長期以來別人強加於我的話：「我出生於反動階級家庭……。」

第三章
鐵路夢牽紅線

我究竟出生於怎樣一個「反動」的家庭呢？

父親齊尊周，一九一二年十月十一日，出生在廣東省海南島文昌縣第田村，我和弟弟們填報祖籍，就是寫的這個地方。其實，我們這族並非輩輩代代土生土長在這裡。

先祖在明末清初朝代更替的時候，集體從福建亡命逃荒到海南島文昌縣。隨著時間的推移，他們搬遷到別處，主要散居三地：面海傍山出海打漁為生的後港村；商貿發達生意人居多的新田村；只有我父親這一房留在第田村，數輩人當官，最終只剩下父親和他的後代。父親幼年離鄉，「解放」後發生的故事，已經與這塊土地肥美椰影婆娑的地方沒有太多的關係了。

幾輩先祖到底官位有多高，父親也弄不清，只記得每逢過舊曆年祭祖的時候，他們身著滿清官服，正襟危坐在楠木椅上的畫像，一張一張按輩份掛在牆上，父親畢恭畢敬地依次跪拜磕頭。所有有關他們的經歷，已經被時間的風吹散得無影無蹤，但是公私分明、清廉自守的家風卻一代一代傳揚下來。到祖父門下，仍舊是舊屋幾間，薄田數畝，僅夠養家活口而已。

我祖父叫楨芝，父親叫祥應，後來用的齊尊周是學校老師為他取的，表示齊桓公尊周室而霸諸侯。齊繼桓是父親表示要繼承齊桓公之業，自己取的名字，一般不大使用。

父親有個早夭的哥哥祥慶，他倆從未謀面。祖父在廣西某縣城當官時，把不滿十歲的祥慶帶在身邊。該縣城郊外是極不開化的少數民族地區，祖父叮囑他不得隨意出門。大約是他獨自在家太悶，出去走走，無意中離開縣城，深入鄉間，迷路後被老百姓送回。雖經祖父警告，他又再次離家，再被送回，大大觸怒了祖父，他把祥慶打了一頓，用鐵鐐鎖起。想不到祥慶竟一病不起，就此喪生。祥慶伯伯的早夭，使後來出生的父親佔了很大便宜，他不僅有極大的行動自由，而且享有說服教育的優待，即使有時的確調皮搗蛋，也沒受過皮肉之苦。

父親的天性自然地成長，好像沒有纏過的腳是自然人的腳一樣。他弱者不欺強者不怕，鄰居四兄弟倚仗人多勢眾，欺侮單槍匹馬的父親。他們一人任指揮，其餘三人一湧而上，踢腳拉手抱腰前後圍攻尋釁打架，父親堅決反抗絕不示弱，雙方打得難分勝負。回到家中，頭髮蓬亂，木履丟失，祖母非常失望痛心。祖母陳氏出身詩宦之家，是個典型的賢妻良母，她一生對人和顏悅色，講話柔聲細氣，與鄰裡鄉親笑臉相迎和睦相處，鄉裡無不譽之。她要求父親做到打不還手罵不還口，有事回家避開算了。

可是父親做不到，受到欺侮時，又和這幾兄弟打得不可開交了。祖母一聲不響，把自己反鎖在房間裡。父親驚恐不已，失聲痛哭捶門求饒，門打開了，父親下跪請罪，保證不再重犯，那條上吊的粗白布還掛在樑上。

當父親有好吃東西的時候，那幾個差點讓祖母送命的兄弟，上前討好求和，父親不記前嫌，與他們分而食之，大家重歸舊好。

祖父齊楨芝秉性忠厚，為官清廉，與人為善，與世無爭。辛亥革命後，他改行做清苦的教書差事，一有閒暇便手不釋卷。他擅長書法，每逢年節，親友鄉裡本村鄰莊請他寫對聯，他一概來者不拒，偌大偌大的正楷字，一張接一張寫下去。那時我父親站在桌邊每日為祖父不知要磨多少墨，他親眼目睹並分享大家對祖父的尊敬和讚譽。

據祖父說，他的曾祖在世時，人丁十分興旺，每餐吃飯坐滿六張方桌，亦即曾是四十八口之大家庭。可是傳至祖父這一輩，竟只三口之家，門可羅雀，冷冷清清。由於祥慶大伯的夭折，加上父親幼年時體質瘦弱，祖母恐有不測斷了齊家香火，曾經建議祖父納妾以防萬一，祖父堅拒不領，這種態度與當時「為官應有一妻數妾」和「多子多福」的社會風氣大相違背。家中平時並無娛樂，只在舊年三十除夕之夜，三個人盤腿坐在床上打牌，小賭兩下，恐怕是這家人一年中唯一的一次「放肆」了。

祖父不止一次講到他對父親的希望，希望他長大後做個穿襪子的人（即讀書人，下田耕作的農民是不穿襪子的）。父親明白，他是這一脈的獨根子，應當成為書香之家的繼承人，保持聲譽，光耀門楣，不辜負祖輩們的厚望。這種想法滲進了父親的血液，與他同在。

一九二六年初秋，不滿十四歲的父親收拾行裝，告別爹娘，滿心喜悅、滿懷希望前往我國最大的經濟金融工業文化中心，繁榮的十里洋場上海，就讀於「南洋模範中學」。

到上海讀書，談何容易，每年需四百元大洋，幾乎相當於去日本留學的費用，這筆開支，對於辛亥革命後執教鞭於鋪前市溪北書院的祖父，是根本無力籌措的。父親在祖父的鼓勵和指點下，去看望祖父三位堂兄弟（他們在海外經商，正好回鄉探親），陳述他想去上海讀書的志向，懇求他們的資助。當時，每一個被請求的長者都一口允諾願意慷慨解囊。後來，真正履行諾言的只有叔公齊楨謨一人。他六年如一日寄

父親（中）與堂兄齊敬嬰（左）、齊祥麟上海合影。

錢到上海，直到父親高中畢業。那年，柬埔寨的胡椒價格暴跌，入不敷出，楨謨叔公的種植園難以維持，無法資助父親繼續升學。

父親去上海之後，我的祖父祖母雙雙離鄉背井到安南白馬（如今的柬埔寨金邊城外），他們想經商掙錢，支持父親讀書深造和實現去日本留學的理想。這兩位五十歲的老人住在楨謨叔公家裡，雖然不愁吃用，但身處異國，完全不懂生意之道的一介書生，和出生書禮之家，足不出戶的一名弱女子，兩人當時心中的惶恐不安四顧茫然之情可想而知。不到數月祖母竟因水土不服，一病不起魂歸西天。祖父祖母夫妻恩愛，感情誠篤非同尋常，祖母的亡故令祖父悲痛欲絕，睹物思人淚如斷珠，不久，他與世長辭追隨祖母而去。

祖母村口目送父親時那雙淚眼，祖父在鋪前市向船上兒子頻頻招手如在昨日，不到一年時間，竟成為永訣的圖景，十四歲的父親剎那間成為人間孤兒，這個晴天霹靂，使父親悲痛徬徨，萌生不如一死之念。但是，轉念間他想到了孔夫子「父歿觀其孝也」，回憶起祖父母是為他而死，是希望他爭氣，光宗耀祖，如果他死了，就是違背父親遺訓，就是大不孝。他醒悟了，找到了活下去的力量源泉，他決心以自己事業的成就來感謝爹娘的深恩，要重振家聲報答爹娘的厚愛。他一定要活，要剛強地活，像一株被雷擊的小樹，在斷枝上不屈地長出新芽，成長為獨立支持的參天大樹。

他從幾位親戚長輩的輕諾寡信中，認識到依賴他人的施捨是靠不住的，自己的前途要靠自己百折不撓地奮鬥。他敬佩楨謨叔公一言既出，駟馬難追的品格，決心效法他做一個言出必行的人。

他喜歡閱讀名人傳記，發現自己具備不少天然的秉性，是當領袖必不可少的素質。他有很強的領袖慾，欣賞「寧為雞口，不為牛後」這句話，他認為「同樣具有一個腦袋，為什麼要聽憑別人擺布，而不是我作指揮？」，所以他總要超群出眾，要當頭頭，副的不要，要正的。

三國時代的奸雄曹操主張，寧願我負天下人，絕不讓天下人負我。父親和他正好相反，父親說：「寧願天下人負我，我絕不負天下人。儘管有時吃虧受損，但我感到心安。」在學校，他不以感情好惡用事，而是按照是非曲直判斷，受到同學們的贊揚。當班上同學分為兩派爭持不下時，父親便是雙方都歡迎的化解「矛盾」的使者，和最理想的中間平衡力量。

父親幼年時體格羸弱性情急躁，不少人認為他是個急匆匆來也急匆匆去的短命鬼。進中學後他讀過一本書，書名早已忘記，但「沒有健康的體格，便沒有健全的思想」這兩句話，卻永遠刻在他的心裡，他決心鍛煉身體。學校同意他不參加早操，他提前起床自己練長跑。春夏秋冬嚴寒酷暑，一年三百六十五天從不間斷，跑完之後大汗淋漓，接著便是冷水澡。上海冬天零下數度，雨後的清晨，屋簷下吊著串串冰柱，水溝旁結著灰黑色的冰層，主婦們打開窗戶，便可以收獲頭晚放置在外面的冰豆腐。對於父親，冷天是他鍛煉的好機會，他甚至乾脆把人泡在水缸裡，他不要他的身體舒服，舒服了就會懶惰。懶惰沒有牙齒，但是它吞食意志。幾年下來，他成為學校一千五百米田徑賽記錄的保留者，校籃球隊隊長，校排球隊主力，校足球隊隊員，得過許多運動獎章，他珍貴地把它們收集在一個鐵盒子裡。想不到日後成為我們五姐弟不花錢的玩具——「嗚。家忠，你看，這個獎章好宰（棒）！」我舉起一個說。「這個還要兇！」興國得意，翻出另外一個。

父親高中畢業，大學已經與他無緣。畢業就是失業，他孑然一身，一無所有。但是他已經擁有並非每個人都有的、終生受用不盡的財富：他的與生俱來的正直秉性和自我鍛造的優秀品德，它們像溪流一樣柔軟隨和而執著不渝；他在南洋模範中學獲得的全面紮實的知識和由此養成的終生好學不倦的習慣，使良田變成沃土；他的鐵一樣的身體和鋼一般的意志，準備迎接任何暴風雨的考驗。

同班同學楊樹國家收留了父親。這個上無片瓦棲身，身無分文吃飯的孤兒，他們對他像自己的家庭成員。父親急於找一份工養活自己，和幾位同學一起去報考過銀行職員，結果名落孫山，因為他沒有殷實的鋪保，銀行不放心。

九個月後，命運之神同時打開兩扇大門讓父親選擇。

楊樹國家一位富翁伯伯，地產公司老闆，家有大小老婆，還有私人轎車。他的女兒楊小姐看上了身高近一米八，年輕瀟灑，儀表堂堂的我父親，經常邀請父親去她家吃飯玩耍，每次有楊樹國陪同。後來，楊小姐徵得父母同意，讓父親擔任她父親公司的帳房，經營她家產業，包伙食，月薪八十元（當時，政府規定大學畢業生月薪六十五元，交通大學畢業也不例外），條件是父親入住她家。不言而喻，這是要父親入贅，當上門女婿。

同時，由浙江和江西兩省政府投資興建，從杭州通往江西玉山的杭江鐵路（後來通車到南昌改名為浙贛鐵路）剛剛建成，急需員工。謝文龍先生從兩路局（上海鐵路局）調到杭江任副局長，他的兩個兒子正在南洋模範中學附小就讀，知道該校在上海久負盛名，畢業出來的學生深受社會歡迎，便請沈同校長介紹畢業生去他路局工作，職位是練習生，月薪二十六元。沈校長首先推薦了齊尊周。

對任何人來說都是一樣，這兩扇大門，絕非旗鼓相當的魚與熊掌的選擇，而是不可相提並論的魚與水草的對比。前者老婆、錢財、乘龍快婿，坐享其成；後者篳路藍縷、艱難竭蹶、自力更生。

父親要依靠自己的能力與努力建立事業，他毫不猶豫地選擇了「水草」。

一九三四年四月二十六日，父親到杭江鐵路局晉見謝副局長，從那天起，鐵路運輸事業成為他終生皈依的夢。意外地，謝老竟批他的月薪為三十元，該局同事均表不平。

那天，他在一生中第一本日記的第一頁上，寫下他生活中幾件大事的順序：事業，身體，讀書，家庭。同時他訂下立身處世的原則：不求人知，只問無愧；人生是給予而不是索取；非份之財，分文不取；身先士卒，以身作則；嚴以律己，寬以待人，誠以待人；言而有信，行必有果。父親對以上各條如環無端，一以貫之。

當時鐵路局規定，工作人員兩年內不請病事假可記大功授獎一次，父親雄心勃勃全力以赴。第一年幹得生龍活虎，諸事順利得小功一個，第二年過了一半，四十二度的高燒把他擊倒，患阿米巴痢疾加惡性瘧疾送入仁濟醫院。記大功之事成泡影，但工作熱情不減分毫。小小實習生責任重大，客運貨運的安排，車皮的分配，混裝車皮的合理利用，運價的計算，兄弟路段運價的複核，客戶提貨的核查等等，頭緒多，事務雜，父親耐心冷靜一絲不苟，從來沒有出過一次差錯。

此外無論工作多麼繁忙，身體多麼勞累，針對他發現的一些不合理現象和不應有的作風，他每週必寫一至兩篇改進建議交上去。他花了一年多時間潛心研讀鐵路憲法——行車規章，寫了一篇《「行車規章」漫談》，對其中某些疏漏不妥之處提出疑問及改進意見。由於「行車規章」事關重大，稍有不慎即會導致行車事故，造成生命財產的重大損失，一般人根本不肯讀這種刻板乏味、冗長瑣碎的條文，不願動腦筋寫這種吃力不討好惹是生非的文章。當時路局專門開會研討了父親的建議並把它刊登在鐵路系統的報刊上。父親熟讀「行車規章」，又有豐富的行車經驗，所以，對運輸事務，他已能應付自如獨當一面。

對於父親非同尋常的努力和卓有成效的工作，謝文龍上司沒有太快地提拔他，一則是鐵路局的提升制度按部就班嚴格呆板，二則謝上司要在實際工作中進一步全面地培養他，他調父親去幹隨車司事的苦差事。這是慢車，每站必停，上貨下貨父親親自點數核對，車一開動，他馬上清理發票，為下站作準備。他從第一天中午上班起，三十六小時目不交睫，手腦並用，第二天午夜下班，已經疲憊不堪，胡亂吃下晚飯，倒上床便呼呼入睡。當時的行車公寓管理很差，偶而揭開墊絮一看，肥胖的臭蟲成堆，可怕之極，沒精力用手一一撳死，只好點著蠟燭把熔化的燭油淋下去燙死牠們。不知道千萬年之後，牠們會不會變成名貴的琥珀——裡面別緻地包裹著一團臭蟲。

為了鼓勵這位充滿進取精神，像火一樣燃燒著工作熱情的有為青年，謝文龍先生送給父親許多鐵道運輸方面的大學教材。即使在三十六小時一班的行車司事期間，工作如此緊張勞累，父親也沒有中斷過每週寫建議和擠時間讀書自修。

謝文龍少年時期就認識到中國幅員廣大，人口眾多，國家的進步發展離不開先進的交通管理，決心獻身這一事業。他一八九九年出生於廣東省開平縣，十二歲隨兄到澳大利亞唸書，高中畢業後在香港讀大學，後赴美深造，獲賓州大學鐵路運輸管理博士學位。回國後立即投身交通事業，掌管要職，是中國交通界的先驅，鐵道運輸事業的前輩。

有謝文龍這位德才兼備抱負遠大的長官作事業的引導人，是父親的幸運；有父親這位一身正氣奮鬥不息的後起之秀，是謝文龍的希望。父親說「他正是我想追隨，並士為知己者死的長者，而我也正是他嘔心瀝血想要培養的新人。」

父親有一個楷模，謝文龍有一個鏡像。

在感情深處，這個十四歲父母雙亡漂泊異鄉，在人生路上孤苦伶仃、單槍匹馬闖蕩前途的父親，謝文龍和他的妻子就是他時時依戀並獲得溫暖的父母。

一九三六年初，交通部決定整頓津浦鐵路，調謝文龍擔任運輸處長，一個月後，父親要求前往，謝即覆信同意調去。

津浦鐵路是國家一等局，是中國向英國貸款最早建成的鐵路之一，由於歷史長，陳規陋習多，行車規章制度方面的問題亟待改善，一直因經營不善無法付息還本。

謝文龍把從杭江路帶去的四個人分別安插在幾個關鍵部門，劉光堯任調度總所主任，所有行車掌握在他手裡，楊毓春擔任車務段長，肖衛藩負責稽查，巡視列車，父親則深入第一線作底層工作，找出弊端以便改進。

父親先在天津站，然後去蚌埠、徐州等幾個大站，發現存在的問題大同小異，主要是承辦客貨運輸的時候，貨主為了討好經辦人，給他們一些額外的鈔票，久而久之，給受雙方都把這種陳規陋習視為正常收支了。為了弄清情況，謝文龍通知父親無論是在車上、站上或貨棧工作，所有賄款照收不誤，由謝報告楊

（左）母親張則權婚前照片。
（右）母親張小姐婚前照片，二十八歲。

承訓局長，正式備案，通知局會計列一專項，父親所收錢款按月寄去歸公。父親說：「我專門用一個袋子裝這些錢，每月結帳匯去局裡。我見財不動心，絲毫不沾手，可謂無愧天地鬼神。」

經過幾方面的努力，半年後，津浦鐵路弊絕風清氣象一新經營改善。它的股票由每股二十三磅升到九十三磅，開始向英國付息還本。交通部本打算一年後將原班人馬調去別處路局整頓，因蘆溝橋事變而被迫取消計劃。

五十年後，謝文龍先生回憶這段歷史時對我說：「為首的不貪污腐化，下面的人誰敢？誰敢就開除誰，送去法辦。」他還說：「你的父親做事，非常認真，非常乾淨」，並感嘆：「中國要是交給像你父親和我這樣的人管理，國家就有希望了。」

津浦鐵路使父親成長成熟，津浦鐵路使父親編織著更加遠大的鐵路夢。

遠大的夢帶來了一個美麗的女人，那就是我的母親。

她叫張則權，像個男人的名字。大約是外祖父母擔心，這個金貴的獨生女兒不容易長大，取個男名幫幫忙。不過，母親的小名彩華和後來父親為她起的曉霞倒有很濃的女兒味。

母親出生在離上海不遠的松江縣，外祖母早逝，外祖父沒有續弦，他對母親疼愛有加，視她為掌上明珠，母親在寵愛中長大。她的兩隻腳只纏了兩個月，便由於外祖父忍受不了她的哭泣而提前解放。母親天生麗質，細長眉毛下聰慧寧靜的丹鳳眼和線條分明、嘴角微微上翹的櫻桃小嘴，賦予她高雅清秀的氣質，她身材苗條，婷婷玉立，言談舉止端莊大方，大家閨秀的風範。

母親性格開朗，笑聲清脆，她懂事乖巧，「出門看天色，進門看臉色」，逗人喜愛。雖然沒有親兄弟姐妹，但是堂兄張百鋼、張亨中、表姐薛蒔芬等等，對她像親姐妹一樣。他們一起遊玩嬉戲，一起長大成人。

二舅舅張亨中。

母親二十歲從「上海東南體育專科學校」畢業後，在小學當體育教員。她的副科是舞蹈，有時也教學生跳舞。當體育老師最大的成就是訓練學生團體操，在上海小學比賽中拿過名次；舞蹈的最高成就是兩齣舞劇《葡萄仙子》、《蝴蝶仙子》獲得好評。

她喜歡淡淡地修飾，穿著裁剪得體花紋雅致的旗袍，像一束陽光，照耀到那裡，那裡的男士便頭昏目眩。

大舅舅交大電機系畢業，留美工程師，計算機腦袋，數字輸進去，結果已從嘴裡出來，在上海數家電廠當總工程師，已結婚生子。二舅先在「三北輪船公司」

任大副，後在「民生輪船公司」任船長。他的妻子楊之蒲的父親是蘇州數一數二的大資本家，棉紗大王楊翼之。那時候外祖父已經病故，張百鋼大舅把年幼的母親帶在身邊，操心備至。在他親上加親思想的支配下，二舅媽的弟弟楊之漢與我母親訂了婚，楊之漢也讀過「南洋中學」，高父親一年，「交通大學」畢業後留日。

一九三八年上海淪陷前，楊之漢的父親決定拿出十萬元和一幢洋房叫兒子同訂婚七年的未婚妻完婚。十萬元，在當時是一筆驚人的鉅款，足夠開設一家錢莊。可是，母親聽到這個消息卻嚇跑了，好像葉公好龍，好了七年的「龍」，真龍駕到她卻逃也來不及了。後來，母親告訴我，這個家太大，太有錢，當媳婦很難。

母親乘亨中舅舅的船逃離上海，並隨船囤居漢口，經兩位舅舅規勸和來自上海一封接一封電報的催請，母親回心轉意，決定回去。此時，上海已經淪陷，漢口與上海間水路陸路均被切斷，只有取道廣州經香港搭海輪回滬。可是，在此兵荒馬亂之時，讓一個沒有出過遠門，人地生疏不懂粵語的年輕女子單獨南行，是很不安全的，亨中舅舅為此頗為焦慮。

事有湊巧，那時楊樹國先生因為婚姻問題，逃離上海來到了武漢，他瞭解到父親也在漢口，正準備去廣州粵漢鐵路辦事，而楊先生與亨中舅舅以及我母親是多年熟友。舅舅決定把母親前往廣州和香港之重任，委託給楊先生介紹的非常可靠的同學齊尊周。

他們覺得這真是天賜良機，高興極了，約定某日由楊先生在舅舅船上介紹父親與張小姐見面。

父親從天津到武漢之後住在朋友家中，約定去漢口會面的那天，他一早便由武昌過河到達漢口，一路上遭遇日機空襲警報，沿途躲避，耽誤了不少時間，趕到船上，大家已經吃過中飯，正在玩檯球。於是又專門為父親備餐，母親坐在桌子對面陪伴。父親從未有過這樣的經歷，一個女孩子坐在旁邊陪他吃飯，感到很不自在。他一本正經地請求母親：「張小姐，你不必陪我，去打檯球吧。你坐在這裡，我反而吃不下。」母親笑笑走開了。

對於這樣一位楚楚動人的年輕女子，父親沒有任何非份之想，他來這裡只是幫同學的忙，受人之託終人之事罷了。更何況他把家庭婚姻列為人生大事的第四位，在事業沒有基礎之前，他從沒考慮過這件事，不願為談戀愛而耽誤寶貴的時間。

事實上，父親退過一門父母包辦的指腹婚姻，他模糊記得十歲時好像還舉行過訂婚儀式辦過禮聘。女方姓林，大他一歲，家庭富足，兩家有親戚關係，也是親上加親。一九三二年，父親讀高中時，日寇繼一九三一年發動「九一八」事變侵佔我國東北三省後，又於三二年大舉炮轟上海，爆發了「一二八」淞滬戰，十九路軍奮起抗日，擊退來犯日軍，聞名中外。在此戰爭期間，學校停課，父親乘機回鄉一次。其時，林家正在外地經商，得此消息，林母馬上帶著女兒急急趕回，並先帶信囑父等候完婚。父親一聽，好像兔子聽到獵人的腳步聲，嚇得馬上趕到海口，搭船逃回上海。他寫信給林母，「洞房花燭夜，金榜題名時」，自己雖年近二十，但學業未完，更遑論事業，成婚之事，放在以後。林小姐能等則等，不能等只好另嫁，請你們據情決定，不必勉強。於是，林小姐成了他人之婦。

誰知，七年後，在去廣州的火車上，他和母親張小姐相愛了。

父親後來曾在我們面前得意地宣稱，是母親追求他，我們要求母親坦白交待，她笑而不答。是母親對父親一見鐘情，並且勇敢地向父親表白，父親也就「砰碰砰碰跳下水」，溶化在愛河裡了。

母親閃電般迅疾當機立斷的魄力，與七年訂婚不果的馬拉松耐力一樣出色，她到廣州前已經決定不回上海，並且立下盟誓，與父親互訂終生。

到廣州後，父親在粵漢鐵路調度所上班，從此結束外勤工作。結婚之事尚非其時，亨中舅舅的船長駐重慶，母親便去那裡先住一段時間。

父親覺得兩人分處兩地，可以對婚姻及未來諸事的決定冷靜地作再思考。他認為楊家是大財主，未婚夫又是留日的，自己只是月薪六十元的低級職員，又沒有經濟後臺，祖宗留下的薄產，在任何情況下他都絕不變賣。兩相對照，雙方的條件簡直是天壤之別，為母親的幸福和前途作想，父親在頻繁來往的廣州－重慶的兩地書中，建議母親仍回上海與楊君完婚。父親寫到「愛情可以一輩子存在於心底，當環境不許可時，並非一定要結為夫妻。只要我所愛的人獲得幸福，我為愛情而犧牲，心安意滿。」他還編些莫須有的男女故事動搖母親的決心，母親始終堅定不移。

亨中舅舅的好友，氣宇軒昂，威風凜凜的國民黨傘兵隊少將、教育處長孫柱（後來因為愛用絡腮鬍子扎我，我叫他鬍子伯伯），在重慶時竭力追求母親，母親明言相告，心有所愛不可移易。

同時，父親在他上班的地方，也有一郭姓護士追求。在一次計劃好的聚餐後，其他客人均先後退席，只剩父親一人傻傻地陪著。郭護士借酒失態，突然把父親的手抓過去放在她胸口上，父親這才意識到事情不妙，趕緊解釋：「對不起，我已有情人了。」

父親本有自己的工作、讀書計劃，想等三年後才提結婚的事，母親對此並無異議，願意等下去。可是，父親的同事好友劉光堯勸他，男人可以拖，女人拖不起，既然她非你不嫁，快滿二十九歲了，你還要拖她到幾時？還說「有花堪折直需折，莫待無花空折枝」，父親便於當年（三九年）十月七日與從重慶飛來的母親，在昆明正式結婚。他倆郎才女貌的婚紗照，一直是我家的名畫，永遠欣賞不夠。

父母親結婚照。

父親後來對我說：「你母親真了不起，同楊之漢訂婚七年，守身如玉。」

這是一段奇緣，如果母親不逃婚或者逃了婚索性就逃到底，他倆在這個地球上或許連碰面的機會都不存在。偏偏她既逃於前又悔於後，出爾反爾，加上鑽出來一個在上海過得好好的楊樹國也逃婚，促成了這段婚事。冥冥之中天命的安排，神機妙算絲絲入扣，使最可靠的人成為「最不可靠的傢伙」。怪得誰呢？

第四章
與數字「1」有關的命運

在我生活中，不少重大事件發生年份的末位數，似乎都和「1」有關。

一九六一年我坐牢，有幸吃不要錢的飯，住不要錢的房子，年份的末位數是「1」。

我出生年份的末位數也是「1」，來到這個世界，當然是件大事，否則皮之不存，毛將焉附，我這段人生故事也就無從談起。

那是戰火紛飛硝煙瀰漫的第二次世界大戰時期，世界上找不到一寸安靜的土地。中國大半壁河山被日本佔領，正處於命運攸關存亡絕續的關鍵時刻。父親對國家民族懷有無比的信心，對日寇侵華殺戮的血腥暴行義憤填膺，他說，具有五千年光輝歷史的中華民族怎能亡於日本。在日寇包圍徐州府前，他寫過一篇文章登於當時第五戰區報上，文章號召全國人民奮起抗擊日寇，誓死不做順民，死也要死在青天白日旗下，為國盡忠。他從來沒有懷疑過抗戰必勝，日寇必敗。

其時，我國大部分鐵路淪陷敵手，津浦鐵路也難於倖免。在那裡做事的父親和他的同事，帶著家眷一站一站撤退。幾經周折，到達廣東樂昌。

父母與數月大的齊家貞。

過去，盟國資助中國抗日的軍火物資由香港直接運到廣州，再經粵漢鐵路轉運至內地前線。後來廣州失守，粵漢鐵路也隨之丟棄，中國運輸公司應軍運需要，增設粵贛轉運處，負責與前線的公路銜接，地址設在韶關，吳毓昆任主任，父親升任為專員，協助吳主任處理運務。

我就是在這個倒楣的時間，在地皮沒有踩熱的地方——廣東韶關出生的。全心投入工作忙碌終日的父親，和神魂不安初為人母的母親，當然不可能注意到我來到這個世界的時刻，有無祥雲相伴或者惡兆跟隨，否則，我這一生的經歷，幸與不幸都可以有個宿命的解釋。他們也沒有記下我出生的時辰，甚至連上午還是下午都無從回憶，省卻了我後來無數次報時辰算命的麻煩，也失去了從算命先生處預知後事的機會，終生生活在後知後覺中。

我的父母只記得那天是一九四一年一月六日。

我本來是可能打破這個由數字「1」組成的命運鎖鏈的，如果父親沒有退婚或者母親沒有逃婚的話。

齊家貞八個月大時。

事實是父母把我帶到這個世界上來了，一個動蕩不已混亂不堪的世界。

那個時候，父親已在鐵路局工作七年，七年時間裡，他由實習生升為司事，由列車員到列車長，級別由司務員、處員升為專員，月薪由三十元逐步增到四百元。這是他事業破土而出拔節直上的時期，他雄心勃勃，堅信心堅石穿，志在必得，他的最高目標是交通部長。

沙漠裡的人群逐水草而居，抗戰中的百姓視太陽旗而逃。

我八個月的時候，偷運軍火的走私路線因惠陽失守而中斷，轉運站因此關閉，父母帶著我開始逃難。從韶關出發的逃難者多不勝數，公共汽車對難民行李的限量極其嚴格。為了輕裝，母親抱著我在廣西桂林廣場就地擺攤，廉價出售大部分衣物。成千上萬的難民摩肩接踵前擁後擠，叫賣聲哭喊聲響成一片。警報聲一響，人群像老鼠般驚慌逃竄，警報過去，又潮水般湧回，一日數次。我在母親懷裡仍不得安寧。

經過公路的長途跋涉，我們到達西部邊陲，雲南省昆明市。

自這次大顛簸，我不再是個乖娃娃，開始同母親作對。

晚上，我精神煥發不肯睡覺，兩眼圓睜要看燈燈亮。母親抱我坐在床上，撩開帳子讓我看，我不幹，非要抱下床走來走去看，否則就大哭大鬧不肯罷休。母親怕驚醒一板之隔的鄰居，又不能叫醒熟睡的保姆，人睏得要命，也只好將就我，抱著我一邊走一邊哭。到了白天，我不顧一切地死命睡覺，保姆幫媽咪（父親讓子女叫母親媽咪，他自己也跟隨我們叫），一起糾正我顛倒的陰陽。搔我的腳板心，我紋絲不動；泡我在水裡洗澡，我照睡不醒；扒開我的眼皮見光，我眼睛翻白還在睡，弄得兩個大人一籌莫展。

一個多月之後，情況沒有任何好轉，母親被拖得精疲力盡，大家認為我肯定是魔鬼附身，建議媽媽燒香蠟紙錢磕頭跪拜，求它離去。

正在此時，父親出差回來，知悉一切後，他說：「把媽咪整得這麼慘，還要燒香磕頭，不行。」

晚上，我又舊戲重演，父親制止媽咪抱我。他順手抓起掃帚，狠狠朝屋角扔去，憤怒地吼道：「告訴你，你的蛋已經搗夠了，利用這麼小的孩子來整我老婆，休想我向你低頭，我不信邪，絕不給你燒香。你趁早滾吧！」整個房間隨著他宏亮的聲音颯颯震動，我的大眼睛死盯著父親，忘記了啼哭。從此，我改邪歸正，白天當白天，夜晚當夜晚了。

不久，我頭上長滿濕氣，一塊一塊像鳥糞，奇癢難忍，心煩意躁，兩手抓來抓去，傳到全身，急得媽咪到處為我找藥，一天數次給我洗藥水澡，謝文龍的太太也來幫媽咪的忙。濕氣好了，我開始走路了，要拉尿，家裡痰盂偏不肯坐，一步一搖挪到隔壁，拉在鄰居的地板上，弄得媽咪保姆又是一陣忙亂。

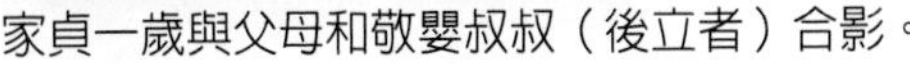
家貞一歲與父母和敬嬰叔叔（後立者）合影。

家貞兩週歲。

母親生我之前小產過一個，生我之後又小產一個，他們說我命大命硬，上面的頂掉下面的蹬掉。長大後我猜想，自己怕是日本鬼子刀槍下的冤鬼投胎，才會如此地變換著花樣搗蛋出氣折磨人。

父母唯一感到安慰的，就是父親抱著我看書時我的好表現。才八九個月，父親看中文，我高興地跟著看，眼睛由上到下，換一行，再由上到下，一行一行看下去。如果父親朗讀英文，我躺在他手腕上嗯嗯啊啊地頌唱，好像在跟著學。父親後來說：「這些反應很奇怪，好像你對它們很熟悉早就認識，說明你前生是個讀書人，你現在讀書有些小聰明，恐怕就是由此而來。」

快兩歲的時候，隨父親工作的變動，全家從四季如春的昆明遷到「天無三日晴，地無三尺平，人無三分銀」的貴陽。

母親懷念她的學校，她想要教孩子們體操、舞蹈。當真，她在貴陽花溪我家附近的小學，找到一份體育老師的工作。

偶爾，父母帶我上街散步，我黑亮的大眼睛引來路人的喜愛，他們叫我「洋娃娃」。父母怕我摔跤要牽著我，我掙脫他們，自己一個人往前奔，每棵樹前停下來搖三搖，抬頭看看有沒有樹葉飄落。兩歲半進幼兒園，悄悄把不愛喝的豆漿倒給小朋友，老師禁閉我在黑煤炭屋裡。兩小時之後釋放，我變成只有兩只白眼珠轉動的非洲小黑人。母親下班回家，買給我一包世界一流的貴州糖炒板栗，我坐在門口小板凳上慢慢剝著吃，被鄰居小男孩搶了一次又一次，他們的哥哥一邊安慰我別哭別哭，一邊幫我把掉在地上的板栗一粒一粒撿起來，我滿眼淚水滿心感激。不料，他撿完最後一粒，也狠狠地搶一把逃走。

孩子的世界，也未必天天陽光燦爛。

父親的工作時時變動，戰爭的需要高於一切。

戰爭就是準備送命，命運難料，它像鐘擺在「生」與「死」之間擺動，出生入死，死裡逃生。自日寇入侵，抗日戰爭爆發，中華碧血滿地，白骨撐天，父親義憤填膺，願為保衛中華獻身，他置生死於度外，這條命豁出去撿回來，不知多少次。

三八年秋，聽到廣播傳出我軍克服天津的消息，興奮已極的父親，當時是津浦路列車長，立刻自薦，由他帶一輛單派守車，首先開赴天津，以示慶祝。父親坐在守車的車長辦公室，不意機車快進滄州站前，一聲轟然巨響，機車頓時翻倒在路基旁，原來是鐵軌被漢奸拆斷。司機和司爐因鍋爐破裂，滾燙的蒸氣溢出，兩人當場死亡。可是，父親的守車竟自動脫鉤翻倒，他只是受了點輕傷。

火車站與滄州縣城相距不遠，從車站一眼便可望見城牆。第二天，父親在滄州站內目睹了瘋狂的日寇對既無戰備措施，也無防空設備的不設防城市爛施轟炸的罪行。那天，聽到遠處隆隆的飛機馬達轟鳴聲，知道空襲在即，所有員工奔逃一空。父親為責任心驅使，想到有列車開來，決定留下，一個許姓青年也隨著父親不走。

只見二十六架漆得墨黑的飛機黑壓壓一片，在縣城上空往返盤旋，輪番轟炸。炸彈的爆炸聲，機槍的掃射聲，接連不斷震耳欲聾，炸完後它們從容離去，沒遇到任何抵抗。

一會，雷鳴般的飛機聲又回來了，似一片黑雲鋪天蓋地，一數又是二十六架。有了第一次的體驗，父親明白這次空襲的嚴重了，他決定躲避，於是和小許拔腿往南面飛奔。剛到列車進站號誌處，敵機已飛臨頭頂，只得伏睡在右邊路基旁的麥田裡。天曉得是怎麼回事，原來停在車站裡的二十九集團軍宋哲元部隊的鐵甲車，這個時候突然從車站開出來，也正好在列車進站號誌處停下。

這次，日機的轟炸目標是火車站。這個不設防的城市他們來去自由，如入無人之境，所以飛機飛得特別低，地上的人可以清楚地看到飛行員一張張猙獰奸笑的面孔。二十六架轟炸機同時濫施轟炸，二十六架轟炸機同時用機槍掃射濫殺無辜，聲音山呼海嘯震天動地，令人心膽俱裂魂飛魄散。飛機轟炸的大目標鐵甲車，就在他倆身旁，他們已無時間逃跑，上天無路入地無門，除了等死別無選擇。許君雙腿發抖難以自止，父親雖知死期已到，但方寸不亂，更不顫抖，只是咬緊牙根，非常鎮靜地等死，同時一遍一遍地起誓：「就是死了，做了鬼也要和你日本鬼子算帳，報仇雪恨。」他特別不能忘記一個背著孩子的女人，沿著鐵軌不要命地飛奔，孩子的頭已經被彈片削掉，她卻一無所知。

完成轟炸火車站的任務後，所有敵機離去，只留下三架，在裝甲車的上空盤旋。此時，父親他們既沒中炸彈也沒挨到機關槍。他倆看著這三架敵機，繞了數個圈子之後，其中一架對準裝甲車投下三顆炸彈。這三顆炸彈清清楚楚是朝父親他們的方向飛射而來，許君此時不僅發抖更甚，而且神經失控嚇得狂喊了。

剎那間，三顆炸彈在離鐵甲車不到十公尺的地方，突然「咻」一聲轉變方向朝左邊墜下，既沒有命中鐵甲車，也沒朝父親這邊折過來，而且落地時沒有一顆炸彈爆炸。

就在炸彈自機上往下投的時候，鐵甲車上的士兵開始反擊，他們用機關槍朝三架敵機掃射，其中一架被擊中，一股粗黑的濃煙頓時冒起，火焰在空中燃燒，飛機爆炸落地墜毀，另外兩架往北方逃竄。

倖存的人群朝飛機殘骸奔去，不多會，滿腔仇恨的老百姓不僅取回敵機航空員的證件和護身符之類的東西，還扛回敵人一隻白白胖胖的肥大腿，他們說要拿回去煮來吃，殺了我們那麼多手無寸鐵的善良百姓，吃了肉也不能解恨。想到那位背著沒有頭的孩子逃命的母親，滄州車站映入眼簾遍地屍首的血淋淋的慘狀，這種對日寇的深仇大恨就太容易理解了。

後來才知道，這次轟炸滄州的是日本當時最大最有名的木更津轟炸機隊。如果這個機隊第一次選擇的轟炸目標不是縣城而是車站，那麼仍在車站上班的父親則將光榮殉職了。第二次，他們轟炸車站時，既然父親他們能看清機上的飛行員，自然，飛行員們也應該看得清兩個匍匐在麥田裡的男人。二十六個屠夫當中只要有一個看到，他就會用機關槍把他們掃射成篩子。居然沒有一個！更奇怪的是那架飛機一共扔下三顆炸彈，三顆炸彈在接近射擊目標時全都轉向，轉到裝甲車的那一面，而不是父親他們這一面。之後，如果三顆炸彈當中，只有一顆爆炸，裝甲車也會被炸翻，彈片四射，靠得這麼近的父親他們不被炸死也被翻滾而下的裝甲車壓成肉泥，這一切偏偏都沒發生。父親安然無恙。

這類奇事父親一生碰上過許多次，抗日戰爭時期尤甚。諸如別人躲警報去了，他坐在那裡辦公，突然感到鞋帶鬆了，彎腰繫鞋帶，一顆彈片從剛才頭部的位置射過去，就像《豺狼的日子》裡，發獎章的戴高樂，突然彎腰親吻一個矮子士兵，從而躲過一顆謀殺的子彈那樣不可思議。父親說：「我的命是蒼天厚賜，我的壽亦是老天爺的恩眷，同時也是祖宗積德，我受祖蔭得善果。除感恩外，我只有在有生之年多行善事多積德，盡力助人，藉以報答於萬一。」

一九四二年下半年，謝文龍奉調，任交通部材料轉運處處長，父親被任為該處專員，兼貴陽接運所所長。

這時，太平洋戰爭已經爆發，美國正式參戰，在東南亞一帶開闢了第二戰場。為支持國民黨軍隊在華北、西南、西北各戰場對日寇發起反攻，它向中國提供了大量武器、彈藥、汽油等軍用物資的援助。

當時，所有與國外相連的運輸線均被日寇一根一根切斷，只剩下由緬甸仰光到雲南昆明的滇緬公路一條，承擔了所有國外軍援物資的運輸重任，數千輛卡車晝夜奔馳，把從緬甸印度進來的物資輸往晃縣、柳州、貴陽、昆明，再轉運到前線。

為了窒息中國的抗日事業，嗅覺靈敏的日寇立即採取行動，妄圖從緬甸入手，順藤摸瓜掐斷我國碩果僅存的滇緬公路。

緬甸局勢迅速告急，雲南境內相關的國家機構準備緊急撤退。

交通部在雲南省邊界離緬甸不遠的保山城設有倉庫，專門存放從國外運入的電器材料等交通運輸物資，正等候搶救和轉運。為了統一調度，提高效率，交通部在下關籌設了專員辦公室，父親受命主持。

四二年四月，緬甸失守前，塞滿了物資和隨行人員的國家、軍隊、私商的車輛紛紛往內地奔逃，加上前段時間跑到緬甸躲避的難民，現在又喪魂落魄地回流，車人混雜，絡繹不絕，路為之塞。四月四日，日寇飛機沿途轟炸，特別把射擊目標對准保山城的車輛物資和密集的難民百姓，死亡者不計其數，保山城的軍警全部撤離，老百姓十室九空。

其時，交通部尚有數千噸材料在保山倉庫未能及時趕運出來，在物資極其匱乏的戰爭年代，每一公斤材料都是國家財寶，都不能輕易放棄。當晚，材料司李法端司長、交通部駐緬專員翁詛安、滇緬公路局長安鐘×和謝文龍先後趕到下關，商討材料之事。情況極其危急，保山失守只是旦夕間事。翁詛安敘述目睹日寇尾追車輛百姓及保山被炸慘況，安局長則稱，已決定將公路局電報臺立即撤離保山。父親則主張馬上派車搶料，能搶多少是多少。此議一出，全體反對，力主不可前去，去了只是送死而已。父親堅持己見，力排眾議，非親自搶運不可。他為公心切，沒有任何私念攪擾，沉著冷靜地說：「我要和日寇賽跑，如果我先到，我就盡量搶，如果日寇先到，我便往回逃。」大家被父親的無所畏懼感動，接受了他的建議。

父親臨危受命，當晚由他親自帶一輛車前往保山，如果日寇尚未陷城，其餘待發車輛再陸續趕去。深夜，父親偕同事葉榮戴和一位司機駕車朝保山飛駛，沿途遇到的車輛不可勝數，沒有一部不是從保山往內地開行，獨有父親這輛卡車裝著三個不怕死的人往保山方向風馳電掣，與日寇搶時間。

他們趕到那裡已接近凌晨，黎明前的黑暗籠罩著保山，陰森森地充滿死寂，令人意奪神駭恍如隔世。全城空無一人，已全部撤離。無論如何，保山未入敵手，三人舒了一口大氣。

等到晨光初露，才駭然發現被炸死的男女老少橫屍遍野，無人收殮，倖存的豬狗啃食人肉充飢。保山並非空城而是屍城，此情此景，驚心動魄，慘不忍睹，令父親終生難忘。

保山局勢出人意料轉危為安，原來是當地非常特殊的地理形勢，阻擋了日軍挺進。

從西藏高原唐古喇山脈滾滾而來的怒江，沿著橫斷山脈奔騰咆哮一瀉千里，流經保山一帶時，以其巨大的落差和更加湍急的水勢，把保山左側的功果山一劈為二。功果山拔地而起高聳入雲，汽車從山頂開到山腳，半路上煞車片都要被燒毀，必須更換新的。它被怒江切成兩半之後，懸岩絕壁深谷萬丈，像兩個巨人隔河相望。想從這一半到達另一半，怒江之水不容舟楫橫渡，只能依靠政府修建的橫江公路橋——惠通橋。惠通橋使天塹變通途，同時也使滇緬公路得以貫通。

當緬甸被日軍佔領，國軍後撤之時，為抵禦日寇追擊，不得不將惠通橋炸毀，通途又變成天塹。日本軍隊雄赳赳從緬甸沿滇緬公路開拔到惠通橋西頭，望河興嘆寸步難進。

適時，宋希濂將軍率領的三十六集團軍趕到，駐守在橋的東頭，兩軍各佔據功果山的一半，隔江對峙，不時彼此炮轟一番，均難越雷池一步。

保山得以保住，交通部的卡車源源開來，所有庫存材料全部轉運到安全地帶。李司長、謝文龍來保山視查，考慮到這裡是前線，隨時有事需要與駐軍聯繫，帶著父親一齊去會晤了宋希濂總司令。

交通部幾千噸庫存材料倒是搶運完了，可是，在此之前，不少卡車滿載著材料正準備運走，被對岸日軍炮火擊中或癱瘓在江邊或倒臥於溝旁。看著這些遍地狼籍的遺棄物資仍然留在危險區，父親存心要把它們從日本鬼子的眼皮底下搶運出來。於是他多次和三十六集團軍後方辦事處李主任（名字父親忘了）聯繫。李是黃埔軍校畢業生，為人厚道忠貞愛國，他一口答應合作，由他根據所得情報及有關跡象，決定具體行動的時間。

一天，李主任打電話給父親，說是明天日軍不會炮轟，約父親先去他處再一起到前線李雲鵬（三十六師師長）師部吃中飯，然後下江邊搶料。次日，父親按時前往，李忽然變更主意，提出就在他處吃了飯再走。父親毫無異議，哪裡吃都一樣。飯後坐小車趕到師部，師部的人都為他倆慶幸，說是半小時前日機沿途轟炸，見啥打啥，不少車輛被擊中，車毀人亡。如果他倆去師部吃飯的計劃不變，正趕上日機轟炸，小包車是他們頭號的追擊目標。

兩條命因為一餐飯地點的變動而倖免一死。

正好此時，父親發現一輛交通部的卡車被軍隊盜去，車徽已被刮掉。他很氣憤，一定要把車子拿回來，便指派一名工友留守在車上，準備第二天與宋希濂交涉後取回。不料第二天一大清早，那名工友偷跑了回來，軍隊說他是漢奸，把他捆綁起來痛打了一頓。父親找偷車的部屬長官李分監評理，不料他矢口否認此事。父親無奈只好去見宋希濂，宋很乾脆，馬上提筆寫了一張措詞嚴厲的手諭，命令李分監物歸原主，否則將以違令論處。

父親一貫性急衝動憑直覺辦事，很少思考再三權衡得失。不過這一回他的腦子多轉了一個彎，他想，我的工友，他們可以誣為漢奸扣押毆打，我揭了他們的醜，他們惱羞成怒，難道不可以如法泡製，把我也誣為漢奸整治？當時前線戰事緊急，懲治漢奸條例明文規定，發現漢奸可以就地搶斃。父親摸摸自己的頭：「我才不肯死在這個上哩。」他再見宋希濂，說明厲害，宋覺得有理，想了個兩全其美的辦法，決定由他出面把車子要來，叫父親後天帶著司機把車開走。

第二天，接李主任電話，約父親明天去前線搶料，父親答曰：「明天不行。」他解釋去不了的原因。李主任回答：「那好，明天我們自己去，你就下次吧！」

明天，父親拿回了車。

明天，李主任同一位炮兵團長、一位營長、一名警衛，連同司機共五人開了小車去師部。途中碰上三架日本轟炸機圍追掃射，四人當場喪命，李主任全身中彈。父親聞訊趕到他的辦事處，他已躺在急救車上，正準備由保山火速趕送設在下關的陸軍總醫院。他睜開眼睛喘著氣輕聲對父親說：「老齊，我一身都是子彈，我知道我是沒有希望了，這就是太老實的結果，我勸你做人不要太老實了。」後來，在送往醫院的途中李主任就斷了氣。

一個老實人為國捐軀，另一個老實人繼續活在人間。如果沒有為公之心，非要領回那輛被盜的卡車，如果李分監不袒護部下，爽快還車了事，如果拿車和搶料不是碰巧安排在同一天，父親肯定和李主任一起犧牲了。

鐘擺又一次從「死」擺到了「生」。

搶救河邊遺留材料的事實在太冒險，在送了五條命之後，父親終於放棄這個念頭。

後來交通部通電嘉獎父親搶運材料的特殊貢獻，發獎金一萬元。他給母親三千元補貼家用，花四千元在貴陽中國旅行社招待所舉辦西餐宴會，同局長謝文龍等四五十人慶功，還了些債務，一萬元報銷。後來父親反省：「我很糟糕，我應該從獎金中分一些給當晚隨我趕赴保山的葉君和司機，我能完成任務並獲獎，他們是功不可沒的。」

一九四三年，中國運輸公司改組仍恢復西南運輸局制度，謝文龍重回西南公路局任副局長，父親則被陳延炯局長調任該局所屬獨山區辦事處主任，兼調配所長職務。

當時，抗日戰爭由戰略相持向戰略反攻階段轉變，獨山是公路與鐵路交接物資的樞紐，此時業務更是繁忙，頭緒諸多雜亂。為加速車輛周轉提高貨運速度，上級規定一切車輛無論軍隊、國家或私商所有，一律由調配所統一調配；所有待運物資，無論軍需、公物或者商品，一律由調配所統籌安排。這樣，前線急需的軍用物資，老百姓生活必需品，甚至還有從緬甸雲南進來發國難財的走私商品，以及所有的車輛都在此地報到登記，等待分配。

承運不同的物品，有不同的價格。軍用物資除運費低廉外，窮軍人時常向商車主人敲竹槓、撈油水，還給氣受，誰都不想幹，誰碰上誰就叫苦連天，自認晦氣。承運公物的情況稍好，最好的是商品，大多可以得到實惠，特別是軍車安排商品，則像癩蝦蟆吃到了天鵝肉，喜不自勝。由於利害差別懸殊，不少人趨利避害，於是紅包大行其道。加上代客辦理託運的中間掮客「運輸公司」，為顧客利益奔忙，也希圖從行賄中獲得好處，這就把問題弄得更加複雜。

這種貨品大集中，車輛大集中，統一安排分配的方式，使父親即將上任的調配所所長，成為大權獨攬、大發橫財的肥缺職位，而以前收紅包肥私的前任，當然是不肯善罷甘休的。父親痛恨利用職權中飽私囊的行為，他說：「羊毛出在羊身上，紅包裡的錢最終還是從老百姓身上榨取，造成物價飛漲，黑暗重重。」他去視事之前就抱定「秉公辦事，六親不認」的宗旨。

到任後，父親張榜公佈排隊的車輛和物資，按規矩對號入座，運氣好的運商品，運氣壞運軍需，大家一目了然，輪到運什麼就得運什麼，搗蛋取巧自有條款約束，絕對無利可圖。有父親親自坐鎮，無人敢上下其手偷天換日，曾經一路順風的紅包無所施其技了。父親不喝酒不飲茶不抽煙晚上不出門，有人想投其所好，也不知如何下手。運輸公司他一般不去，有公事非去不可，也是辦完事就走，連白開水都不喝一杯。

一天，一位原津浦舊同事，為經營運輸公司之事，前來請父親吃飯，父親再三婉謝，他只以為是常規的客氣話，坐在那裡耐心等候，直到伙食團開飯了，父親問他要不要隨便吃一點，他才明白，只好掃興告辭。

父親崇尚民主，無論在家裡、社會上、工作單位，他都身體力行，貫徹民主作風。到獨山後，他意識到作為一個統籌軍公商車輛和物資的執行單位，工效的高低，服務的優劣不但與人民生計休戚相關，也直接影響到戰局的成敗，因此他每月定期邀請所有有關單位舉行座談，讓大家有暢所欲言發表意見的機會，同時他也可以集思廣益改進工作。父親並把座談會記錄編訂成冊，呈報局方備查。可是，王仁康副局長的批語卻說「為官的怎麼決定下面的就怎麼辦，不必多此一舉。」父親不理睬王的官腔，我行我素，堅持開放這個溝通民意的渠道直到他調職。

黔桂鐵路對待運的軍用物資，特別是飛機汽油等貴重緊缺品，沒有設法遮蓋隱藏，如遇敵機空襲，損失必然慘重，而且他們工作拖遝，對軍品物資辦理怠慢。在戰爭危急關頭，時間就是勝利，軍用品一分鐘的提前到達，往往就是數百條生命的保全，延誤時間影響戰機，按法是當斬的。父親出於「國家興亡，匹夫有責」的強烈責任感，他對於不是自己職責範圍，但於國家不利的事，也不客氣地指出，對黔桂鐵路局加以催促和提醒，引起該路局對他不滿，關係不大融洽了。

一次，有個商人向父親狀告稽查人員（係戴笠特務）向運輸公司勒索，父親出於義憤，正式向局長呈文報告，希望制止此類事情繼續發生，豈料收到的回文竟指責父親不該過問這些非本職的閒事。這句話一下子把父親激怒了，他提起毛筆立刻在指令上批註，「放狗屁！歸檔」幾個擲地成聲的大字。父親知道這個回文不可能出自陳延炯和謝文龍之手，他們和他一樣對於敲榨勒索之類的流氓行為切齒痛恨不能容忍。父親曾經同吳毓昆一起向謝文龍進諫不可重用余某小人，這是父親一生中第一次也是唯一的一次做這種事情。謝答：「我是用其才，有我在，他不敢亂來。」可是，局長等人的公私章都在余某手裡，他有的是機會亂來。後來知道，那張回文是由稽查組顏某勾結當時的主任祕書余某幹的，非但如此，他們對父親批示「放狗屁」一事（由安插在父親手下的稽查組爪牙向上彙報了）恨之入骨，伺機報複。後來，藉故抓了一個運輸公司的經理，把他禁閉在密室中吊打，威逼他供認和父親聯手貪污。該經理指天畫地拍著心口說：

「他偶爾有事來公司，茶都不喝一口就走，哪來貪污之類的事喲？」

至於，稽查組背著父親還設了何種奸計，搞了什麼陰謀，父親不得而知，也不屑於知。唯一知道的是，父親把那個權大無比的小機構整理得秩序井然，效率大增之後，反而吃力不討好，被上下左右孤立起來了。所謂「牆倒眾人推」，其實，在有的情況下，牆好也會眾人推的。

父親垮臺了。撤了獨山辦事處主任和調配所所長的職務，調回局長室任專員，劉光堯告訴他是陳延炯局長批示「應付欠妥」而調職。好一個「應付欠妥」，圓滑不夠之謂也，國家民族臨到存亡危急之秋，竟以此為由把一個赤膽忠心熱血滿腔，為國為民的窮公務員搞垮。

在一個深夜裡，父親哭了，他傷心的哭聲把媽咪驚醒了，媽咪問他為什麼。父親說：「這是我入社會參加工作以來第一次哭，不是為丟棄了這份卑微的職務，我並不戀棧，絕不。作為一個為國家人民效忠的窮公務員，微薄的收入難以維持我們的三口之家，你本想做點小生意補貼家用，被我制止，免人物議。我安貧樂道，個人得失我不計較，可是到頭來，把我調離，公理正義是非善惡在哪裡？還有，現在還是搞『人存政舉，人亡政息』那一套，我一離職，那套在獨山建立起來的嚴格管理制度，和倡導的清廉正直作風便不復存在，貪污行賄違法亂紀污七八糟的東西又捲土重來，遭殃的是國家，受苦的是百姓，我哭的是這些。」他說：「我已經心冷，想從此脫離公務，籌資回海南老家發展漁業，管理妥善，降低成本，讓老百姓吃到便宜的魚，做些對人民實實在在有利的事情。」

父親打算交卸獨山職務後不再回局，就此拂袖而去。如果他真的這樣做，我家就是另外一個故事了。可是，他沒有。

回貴陽後，父親怒不可遏，對著謝文龍大發雷霆。父親責問：「事關國家利益的大事，怎能以應付的態度來判斷是非？我公忠為國，何錯之有？」謝先生待父親發洩完滿腹怨氣之後，舉了兩個人為例說：「吳紹曾（時任某局副局長）、蕭衛國（曾任某獨立單位處長，後升為副局長）兩個人都做了些事情，都有成就，可是大家都喜歡吳而不喜歡蕭。」以此勸導父親要學做人，事情既做了，又能博得大家歡心。

不久，西南分路特別黨委委員陳思虞請父親和母親去冠生園吃便飯，他當時是築柳段（貴陽至廣西柳州）的督導員，對獨山區的情況非常清楚。他勸父親：「你想，如果當時你能退讓一步，還在主持該區對國家有利，還是像現在這樣對國家有利？現在的主持人胡保民作風惡劣，貪污復現，搞得那裡一團糟。」那個曾經擔任過調配所所長的胡保民，因名譽不好下臺，現在利用他當國民黨中央監查委員的哥哥胡保豐作後臺，加上本人特務組織成員的身份，又官還原職，為所欲為。父親深感痛心，覺得自己應為國家利弊得失著想，而向社會現實作一些退讓，以減輕國家損失。

人說，真理不是似是而非的。我說，有的時候，真理就是似是而非的。

就好像我們說蘇格拉底如果選擇越獄來對抗不公平的法律是一種正義，可是當他選擇了死亡，我們仍然說他遵守哪怕是不公正的法律同樣是一種正義。反正都是正義，反正都是對的。父親的上司，如果他們全力支持這位反貪污反邪氣一心為抗日著想的熱血青年，做他的堅強後盾，他們是對的。現在，他們以「應付欠妥」為由把他撤離，讓惡勢力抬頭，國家受損，他們也是對的。反正都是對的。這和邏輯學上由同一事件引出的兩個截然相反的結論，不可同真，必有一假，完全違背。

父親被「反正都是對的」理論說服，仍然安心當他的公務員。

第二次世界大戰結束後，美國向世界各國有功人員頒發二百枚自由勛章，由美國總統杜魯門親筆簽發

By direction of the President of the United States of America, under the provisions of Executive Order 9586, July 6, 1945, the Medal of Freedom was awarded by the Commanding General, United States Army Forces China, on May 14, 1946, to

HSIEH WEN LUNG, CHINESE CIVILIAN

for meritorious service which aided the United States in the prosecution of the war against the enemy during World War II.

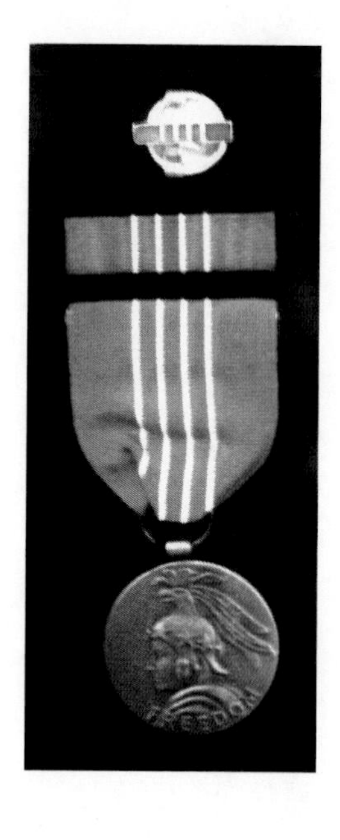

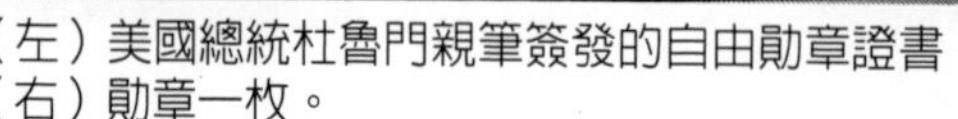

（左）美國總統杜魯門親筆簽發的自由勛章證書。
（右）勛章一枚。

證書。主管滇緬公路運輸的謝文龍先生獲此殊榮，得自由勛章一枚證書一份，在為數不多的非美公民獲獎者中，中國還有國民黨高級將領杜聿明、陳誠等。

如果把謝文龍先生的功績比喻成一張輝煌的桌面，那麼，說父親齊尊周是支持這張桌面的一條壯實的腿，是一點不過份的。

一九四四年五月十九日清晨，父親幫我從貴州醫院竹籬笆圍牆上摘花，我把像高腳酒杯一樣五顏六色的喇叭花高高舉起，慶祝我家新成員即將來臨。

突然，不遠處傳來嬰兒的哭聲。我說：「爹爹，媽咪生了弟弟啦！」父親拔腿就跑，我加速攪動短腳跟在後面。

真的，媽媽生了個弟弟，他躺在母親身旁緊閉雙目使勁啼哭，臉蛋脹得通紅，母親溫柔恬靜的笑臉我至今仍能瞧見。

我很忙碌，忙著在小床邊為弟弟唱歌：「弟弟疲倦了，眼睛小，眼睛小要睡覺，媽媽坐在搖籃邊，爸爸又來搖。哦，我的好寶寶，安安穩穩來睡覺。今天

興國和家貞與大舅媽楊之蒲攝於上海東照里97號門前。

睡得好，明天起得早，花園裡去摘個大紅桃。」媽咪糾正我，應該是「媽媽坐在搖籃邊，把搖籃來搖。」不，我才是對的，堅持「爸爸又來搖」，有媽媽又有爸爸，一遍又一遍唱下去。我很開心，開心地等興國弟弟快些長大，盼著一同去花園裡摘大紅桃。

一九四五年秋，抗戰勝利，全家遷到上海，住在離虹口公園很近的施高塔路東照里九十七號。

在此之前，我家曾在重慶待過半年。這半年裡，我有過以下幾件大事：

第一，摳牆上的石灰吃進肚裡，企圖自殺，以抗議母親們關門打麻將，拒絕孩子們分享。

第二，大弟興國睡在床上，掉下來的竹竿在左額眉毛處劃了一個口，傷疤未癒，我好心撕去痂皮，傷口又沁出鮮血。

第三，好不容易爬完一半令人望而生畏的江北寸灘高坡，突然，看到許多紅得耀眼的小球，從我身旁蹦蹦跳跳往下滾，真好看！可是，定睛一瞧，原來是母親叫我買的橘子。我走馬觀花，心不在焉，把兜著衣服的手鬆開了，只撿到一兩個紅小球回家交差。

第四，小時候相信這是親眼所見，現在懷疑，一半是真一半是夢。四五年仲夏，一個晴朗的夜晚，一群大人在門前空曠的高壩上乘涼，我和幾個孩子追追打打嬉戲其中。往下看，沿坡修建的民房漸次鋪開，一展山城特色；往上瞧，天穹廣闊浩瀚無垠，頓感神清氣爽。突然，天門開啟，天空極其明亮，舒展成一個巨大的舞臺，兩個不同顏色的箭頭進進出出開始交戰。它們由一個正三角形做頭，一個長方形為尾，與一般「指路標」形狀無異。大人告訴我，日本的國旗是太陽，金黃色箭頭代表日本，藍色代表中國，中國是青天白日旗。兩種箭頭進退迴旋拉鋸，鏖戰激烈難分勝負。最終，黃箭頭退去逐一消失，籃勝。

數月後，二戰結束，中國真的勝利了。

這個時候，父親沒有同我們在一起，他遠在北美。

第五章 十年磨一劍

齊楨謨叔公一諾千金，盡力履行了他的承諾，供養父親六年唸完高中。父親沒錢讀大學，決心憑能力到社會上闖前途，他毫不懷疑自己也能像不少英美傳記故事上寫的，不讀大學照樣做大事，認為只要有真才實學，大學文憑可有可無。他非常服膺孫中山先生的「做大事，不做大官」的名言，不齒於那些營利的求名之輩。

但是，中國官場的銓敘制度，有一套關於資格的嚴格限制，就是說某種學歷只能晉升到某個級別，不具備某種學歷就不能進入更高的層次。高中畢業只能到薦任為止，要達到簡任則非大學不可。那就是說不管他對國家多麼忠誠，做出多大貢獻，他都難以出人頭地。父親必須設法闖過這一關。

中國人早就有出海鍍金之說，當時的車務段主任曾世榮，不是大學畢業，他工作後自費去日本實習，回來以後就按大學銓敘了，父親決定仿效他。他節衣縮食設法存錢，估計三年存滿四百元之後便可留學東瀛。兩年後，父親隨謝文龍去了津浦鐵路，他開闊了眼界，要儲備足夠的錢去美國了。

父親把辛辛苦苦存起來的錢轉入「中央儲蓄會」，每月按時存入若干，估計四年便可籌到去美留學的兩千元。才一年，抗日戰爭的炮火粉碎了他的計劃，法幣貶值，所有的錢變成一堆廢紙。

一九三九年父親在昆明瞭解到有個國際函授學校，可以邊工作邊進修，三至四年後考試合格，發給大學文憑。可是，因為父親與母親提前結婚，此路難通，只好另圖它法了。

戰爭何時結束實難預卜，但父親的理想一刻未曾放棄，他更加執著地為此作準備。哪怕已經結婚，父親仍然堅持每日清晨四時起床，爬山跑步洗冷水澡，然後兩小時學習。晚上也是一樣，苦學不輟，分秒必爭。

他加強英文訓練，除每晨英文朗讀之外，參加種種晚間的特別是外國教會辦的英文學習班，與外國人會話。最好的機會是他任獨山區辦事處主任時，由美國空軍退休將軍陳納德領導的美國志願飛行員組成的飛虎隊，當時他們負責空運，把軍火物資自緬甸運到昆明，交給西南公路局轉運至獨山，在獨山經鐵路運至湘桂前線。飛虎隊派有一名美國人常駐獨山，由於工作關係，他經常要和父親接觸，時而要他作口譯與獨山專員署打交道，父親的英文得到長足的進步，越說越流利。

「十年磨一劍，霜刃未曾試」。父親為了讀大學深造，已經作了超過十年的準備，「試霜刃」的時刻終於來臨。

但是，又面對一番艱難與曲折。

一九四五年初，二次世界大戰德日意軸心國敗局已定，只是時間遲早而已。美國為幫助中國培養一批抗日勝利後的建國人材，決定從《租借法案》（Lend-Lease Program）中撥出一筆專款，中美兩國合作從各部門通過考試選拔所需人才共五百名，派赴美國實習，期滿回國參與建設。交通部本部以及所屬單位共有一百二十個名額，鐵道運輸系統分配到二十六人。

報名條例第一條就規定，大學畢業資格已工作若干年者。父親只有高中畢業，被拒之門外，他非常不服氣，深知父親大志的謝文龍博士也不服氣。幾經周折，在謝先生協助下，父親得到交通部長曾養甫的電報：「特准齊尊周參加考試」。

父親無比興奮，信心百倍地對媽咪說：「准我參加考試，我肯定被錄取。」父親整理好他的書藉資料，住進郊區交通部同事張春元一間空屋，用一個月的時間溫習課程。

考試時，除國民黨黨義用中文作答外，其餘全部用英文。

那些父親反覆研究過，爛熟於心，千百次用於工作實踐的「行車規章」，十年後從他的筆尖下變成一個個英文字母寫到考試卷上，給出了滿意的答案；那些知識的涓涓細流經過十年的日積月累，變成了滾滾江河無以遏止，父親手不停筆一氣呵成。

考試地點分佈在全國數省，參考者包括交大清華的大學畢業生多不勝數，個個躍躍欲試壯志滿懷，爭取去美國進修。

發榜了。父親榜上有名，他的成績壓倒群倫，十年的努力十年的艱辛十年的心血沒有白費。謝文龍先生的培養、信任和支持，父親沒有辜負。

十年時光，父親脫穎而出。

父親去美國實習的夢想實現了。這次不是自費而是國家公派。

一九四五年五月，中國五百名出國人員集結重慶，乘飛機飛越萬米高峰喜馬拉雅山，抵達印度加爾各答，分批聚齊後，在孟買搭乘海輪，經印度洋、紅海、地中海，再橫渡大西洋到達美國東部，轉乘火車赴華盛頓等待分配。行期二十二天。

行前，我們一家四口趕拍了一張全家照，我四歲半，大弟剛剛一歲。去飛機場送行時，父親捨不得我們，他流下惜別之淚，嬌小的母親比他堅強，她笑父親沒有用。

出國的鐵路運輸小組共二十六人，其中十二人經考試決定，另外十四名是專案人員，由各單位推薦選拔而來，父親當選組長。

一次，曾世榮帶領四十多人去紐約參觀一個鐵路公司，在美方舉行的招待會上，需有人代表中方致詞。曾先生指定北平交大畢業，十多年來一直在海關用英文辦事的吳月樓先生發言。散會後，父親覺得吳先生英文流利，但發言內容平庸，缺乏思想性，而且發音也不好。他們持的是中國官員護照，代表著中國，演講的水平是中國人的臉面。於是，父親毛遂自薦，向曾先生建議，參觀下一個單位，紐約最大的儲運公司Bush Terminal Co.時由他代表致詞。

曾世榮知道經過十個寒暑的積累，今日的父親已經不是杭江鐵路局的小練習生了，他相信父親的實力，欣賞他充滿勇氣，信心十足的風格。父親在演講中，從該公司一位創始人所寫的《我的夢實現了》那本書講起，熱烈贊揚該公司從無到有的創業精神，和克服萬難達到目標的堅定信心，引申到向他們學習，把建設自己祖國的夢想實現。他的講話贏得了一片掌聲。會畢，同行的黃家驤馬上走過來對父親說：「講得真好，詞情並茂。」之後，鐵路運輸小組中凡是應用英文的事，都由父親出面。

父親分配在東海岸Seaboard Airline Railroad。該鐵路線貫穿美國六個州，長達萬餘公里，共有六人在此實習，父親被指定為負責人。實習期間，他分秒必爭，如飢似渴拼命學習，不厭其詳地用英文記下所學內容及心得體會。一年下來，他密密麻麻地記了厚厚三本筆記。

父親的能力和工作態度，受到美國公司的贊揚。一九四五年終，該公司營業部，拿一份全年客貨運輸統計報表給父親看，父親發現某個數據有問題，該部負責人說，那是經過計算機幾重計算出來的，不會錯。在父親的堅持下，他們再次複核，果然，這個數字是錯的。那位負責人說：「哎呀，我們上千人都抵

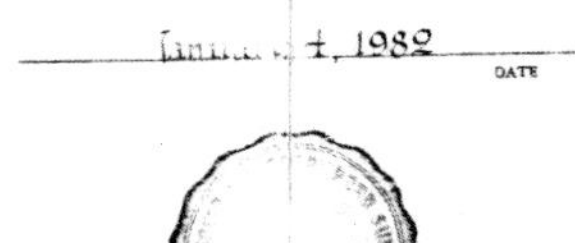

THE

AMERICAN ASSOCIATION

OF

RAILROAD SUPERINTENDENTS

BY THIS DIPLOMA CERTIFIES THAT

T.C.Chi

HAS BEEN ELECTED TO MEMBERSHIP IN THIS ASSOCIATION AND IS ENTITLED TO ALL THE PRIVILEGES GRANTED IN ITS CONSTITUTION

Janua[illegible] 4, 1982
DATE

齊尊周「美國鐵路高級管理人員協會」會員證書，名字是韋氏音標拼寫。

不上一個中國小夥子。」他們都叫父親Young Boy，以為他才二十多歲。

實習期中，因為父親成績優異，經鐵路公司負責人推薦，父親加入了《美國鐵路高級管理人員協會》（American Association of Railroad Superintendents）成為會員。這是美國鐵路管理方面最負盛譽的組織，已超過百年歷史的國際性學術團體，會員資格限定於某一級別以上的領導人。除了父親，當時我國還有一位姓王的會員。

一年實習期滿，回國之前，父親向該公司運輸部總處長辭行，握手話別時，總處長對他說：「你回國後，將來一定會當部長。」

父親盡了最大的努力，帶回了最好的成績，沒有辜負國家的栽培。那位總處長說對了，交通部長是父親進取的目標。

四五年八月十五日，日本無條件投降，二次世界大戰結束，舉國歡騰，舉世歡騰。

母親舅舅在重慶「涕淚滿衣裳」，父親在大西洋

二舅張亨中、舅媽楊之蒲和家貞——前面提氣球者。

那邊「涕淚滿衣裳」。興奮激動痛快之情世界大同，一脈相通。

接著，逃難在重慶的舅舅和我們一家「青春作伴好回鄉」，舅舅當時在三北輪船當大副，我們坐他的船，搬去上海東照里——舅舅的一座漂亮的帶小花園的三層樓房。

正當父親提著他並不豐滿的錢袋，在華盛頓中心銀行前瀟灑地拍了一張照片寄給我們，紀念抗日勝利的時候，舅舅帶著我和興國，走進住在我們東照里弄堂的日本人家裡，不是準備購買他們從日本搬來，包括馬桶在內打算在此長久安營紮寨，現在急於廉價拋售的東西，而是要讓這些軍人的老婆孩子看看，中國主人揚眉吐氣了。

一九四六年七月，父親搭乘橫貫東西的火車從美國東部到達西海岸城市舊金山，登上「戈登將軍」（General Gordan）號萬噸巨輪，乘風破浪，越過太平洋回到中國。出發繞地球的西半圈，回來繞地球東半圈，他有生以來第一次繞地球一周，從上海港登陸。

一顆忠心，滿腔熱忱，他急不可待地要回來報效祖國。

媽咪、舅舅，幾個當時在上海的同事朋友還有我，去港口迎接父親。母親為父親滿載而歸驕傲，我剃了個光頭，男不像男女

1948年家貞、興國攝於上海虹口公園。

不像女，最關心他帶給我了什麼禮物。

上海第七區中心小學與我家一巷之隔，這個巷很窄，只有兩三公尺，連三輪車也難以通過。小學的音樂教室正好背朝我家廚房。結束四年半的逃難生涯，我在這裡開始接受音樂啟蒙教育。我跟著唱他們朝會上唱的歌，「三民主義，吾黨……」，永遠只會唱這六個字，永遠不明白那是什麼意思。放學歌「功課完畢，要回家去……」，「兩隻老虎，兩隻老虎……」，一聽就懂。最愛唱的是《賣報歌》，「啦啦啦，啦啦啦，我是賣國的小漢奸……」，從樓上唱到樓下，從樓下唱到樓上，沒有人聽，沒有人糾正。十五年後，我得了「賣國」的報應。

我腳不住手不停，從虹口公園摘回樹枝插在前面的小花園裡，每天兩次拽出來看看有沒有長根；溜進鄰居花園偷辣椒，不小心揉了眼睛涕淚橫流找不到回家的路；抓一條小金魚剖開肚皮瞧一瞧，哎呀，全是難看的髒東西，趕快扔進畚箕裡。壁上的女觀音看著我不轉眼，怕她懲罰我肚子痛，慌忙認錯不再殺生。

四六年春，我背著書包上學堂，它就在隔壁，我們早已相識，由照看興國弟弟的傭人嚴媽，每日牽著弟弟接送。我參加過學校的演講比賽，講的是「司馬光救小孩」的故事，我上臺演過歌劇「小螞蟻搬豆」和「年老公公」，我參加過賽跑，成績不好，但我對自己始終滿意。我上課餵蠶寶寶被老師發現，蠶子被扔出窗外，炎炎赤日曬死了牠們，我居然會流淚。

那天放學，覺得頭昏無力，我得了副傷寒，被嚴嚴實實地禁閉在房間裡兩個月，喝了許許多多苦澀的中藥，滿身虛汗整日不乾。病剛好，頭髮林裡又長滿膿痱子，躲進廁所還是被拉出來削髮，媽媽說這才好擦藥。於是，同小朋友玩耍的時候，得要回答他們父母的提問：「這是個男孩還是女孩呀？」因為我剃了個光頭，穿的是連衣裙。

父親就是這個時候回來的，他在上海等待交通部分配。

父親選下鐵路運輸作為終生事業，在參加考選出國填表時，表上三個志願，他一無例外都填鐵道運輸，一旁的謝文龍先生建議：「何不填個公路，可以多一份機會。」父親回答：「如果考不取鐵路，我寧可不去。」足見其志向之堅。但是，為什麼後來他卻去了南京搞公路，與其初衷大不一致。

父親說：「人生的浮沉起伏，有些真是機緣巧遇，我的南京任職正是如此。」

姐弟於上海虹口公園。

國民黨元老三任南京市市長馬俊超的兒子馬紹堂，交大畢業後留美，譚振聲是馬的大學同窗，此番也赴美實習，他倆與父親同船返國。馬老要他兒子去首都接任南京市公共汽車管理處處長職務，整頓首都交通，可他兒子已和譚振聲合作購買了卡車，準備回國經營運輸公司，不想幹公務員，也不想當官。譚振聲是謝文龍的世侄，通過這層關係，他熟知父親的能力與為人。

馬紹堂、譚振聲來到東照里，力薦父親出任該職，雖去首都當官，父親也無動於衷，他婉言堅拒。二人悻悻而去，一週後又來了。此次改變話題，只說馬老請父親去南京聊聊，礙於馬老長輩的身份，德高望重的名聲，父親對他的邀請實難推諉，他想反正閒著無事，去南京拜訪他老人家也無妨。

到了南京，住在馬府，才知還是那回事，父親不便當面拒絕，只好說讓我實地考察後再論。花了兩天時間，他自己掏錢買票，查看各路汽車，瞭解實際情況後，寫了一份包括五六十條建議的報告，趁馬老家中無人，託故上海有急事悄悄一走了之。

誰知，寫了這份建議，父親就更難脫手了。一週後，馬、譚又到上海，這次是拿了交通部令箭來的。馬俊超市長親自找了交通部長，部長同意借調，叫父親立即去南京視事。這下父親無計可施了，部長同意，他是屬員，只有硬著頭皮去南京走馬上任。

父母之命，媒約之言，「有情人」終不成「眷屬」。

「到南京當官」，有違父親初衷；「蔣家王朝幫凶爪牙」，成為四九年江山易主之後所獲的罪名。

八年抗日，加上一年內戰，此時的南京政府實際上已是元氣大傷外強中乾，經濟上更是困難重重，入不敷出。南京市公共汽車管理處，僅有七十多輛破車，部分需要檢修，只有五十輛車開行，交通工具遠遠不敷需要，乘客擁擠不堪，秩序混亂驚人，車上車下售票收票難以執行，更給各種各樣不買票的乘客，諸如特務、憲警、士兵、流氓、地痞，甚至成群的學生，所謂坐霸王車者以可乘之機。

南京市公共汽車管理處是獨立營運單位，自負盈虧，營運收入低下，加上原處長作風不正，經營不善，人事關係複雜，實難勵精圖治，收支平衡。面對這個爛攤子，父親每日都得密切注意收入數字，盤算薪水能否按時發放，否則工潮將至。他為此焦頭爛額，黑髮中漸生白髮，由少而多。

該處原有一些敵偽時期的破舊車輛，留著無用，父親委託「敵偽物資管理站」處置這批棄置物資，所得資金用作員工薪水。自從父親執長該處後，原副處長大權旁落，非法收入被截斷，對父親很是不滿，他的部分舊人，由於父親的整頓，收入減少，也心懷怨氣。於是，他們借父親處理舊車輛之舉，造謠說父親勾結下屬貪污。

四六年十月十八日中央日報登有廣告一則，「南京市公共汽車管理處標賣廢卡車公告：本處現有廢卡車十五輛，以五輛為一組分三組標售。」公開登報售車本身，說明行為光明正大，但是，由於父親到任不久，員工對他的為人一無所知，加上那幫人居心叵測的造謠煽動，他們信以為真，部分車子竟然停駛，造成交通中斷，憲警上門、記者群集。那幫壞蛋知道，在一個國家的首都，發生交通癱瘓，決非小事一樁，可以此恫嚇父親，給他一個下馬威，挫折父親的整頓銳氣。

憲警調解無效，罷工的駕駛員們奔向父親辦公室堵在門口，要他作答。

父親非常生氣，嚴厲地說：「我命令你們馬上把車開出去，當務之急是恢復首都交通，有什麼事解決不了，待交通恢復之後開會協商。至於所謂我貪污的問題，請有關部門調查，真有其事，殺頭坐牢，我齊尊周就在這裡。」事實上，在此之前父親已經打電話報告馬俊超市長，要求調動汽車兵團前來協助，如果該處司機拒絕復工的話。

父親說：「現在，兩個選擇：開走你的車；還是把你的鑰匙留在我桌上，回家去。」他們見父親態度明朗堅定，一個個乖乖地往後退下樓去。通過辦公室的窗戶，父親看見停車場的車一輛一輛陸續往外駛去，恢復了運行。三個小時左右，一場意外風波就此平息，正氣壓倒了歪風。

父親接任不足兩月，馬俊超市長卸任，由水利專家沈怡繼任。有人特地報訊，囑父親速去活動打通人事關係，好保住自己職位。殊不知父親原抱五日京兆而已，此時人事變動，令他心中竊喜，正好乘機辭職一走了之。因此，當沈市長接事三日，交接儀式一完，父親便走入他辦公室，面陳他的志願及勉強出任該處長的始末，請其准予辭退。想不到沈市長說：「既然馬老強邀你來，那麼，我就強邀你勉為其難，安心繼續幹下去。」後來才知道，在沈怡發表前，他的祕書長薛次莘已先來南京各處私訪，搜集瞭解各局處主管有關情況，後來，除父親和一位園林管理處處長留任外，其餘所有局處長全部更換。

四月上旬的一天，父親在樓上的辦公室，忽然看見兩輛車子開回來，幾個工人匆匆下車，邀約了一些員工拿著鐵撬鐵棍，匆匆忙忙往外開。他感到情況反常，一定有什麼意外事故，下樓查詢，才知員工同莫愁湖某中學學生打群架，二百餘人混戰，受傷眾多，事情鬧得很大。父親立即乘小車趕到該校，只見體育場上，約兩百餘名學生和數量相當的員工，大家手裡都拿著傢伙，正兩相對峙，劍拔弩張，大有一觸即發之勢。父親馬上警告自己員工，絕對不准動武，校方也竭力勸阻學生，等待談判結果。

原來是學生自恃勢眾，要坐「霸王車」，與售票員發生口角爭執。等車開到了學校門口，他們竟糾眾圍擊車輛，毆打車上員工。學生越來越多，來一輛車攔阻一輛，司機便回去召集更多工人反擊學生，事態越搞越大，交通亦陷於癱瘓。

父親與校方彼此以息事寧人的態度，心平氣和談判解決糾紛的辦法，使群眾情緒緩和下來。有父親在，員工不敢輕舉妄動，有大批員工在，學生不敢無事生非侮辱父親。他帶領全體在場員工撤離學校，恢復交通。

在此之前，部分學生已去教育局告狀，又挾持教育局長組成請願隊，前往正在舉行參議會全體會議的會場請願控訴，狀告汽車管理處員工到學校去圍打學生，激起參議員公憤，他們偏聽一面之詞，通過了「齊尊周撤職查辦」的決議。第二天南京各大報紛紛刊登這一消息。

父親督促工人恢復工作後，前去市府向市長報告事件始末及去學校處理的經過。父親對沈市長說：「既然參議會已作出撤職查辦的決定，為息公憤不使你為難，我引咎辭職。」沈市長堅不同意：「不行，怎麼能這樣讓步，是非公理何在？」第二天，父親去參議會，向全體參議員解釋事件真相，他不卑不亢實事求是的態度，加上市長派人對某些參議員的遊說，使議會作出撤銷撤職決定，對學生員工雙方進行教育的補充決定。一場軒然大波宣告結束。

蔣介石總統官邸一位姓陳的上校侍從副官，專程到父親辦公室，要他錄用介紹的一個駕駛員，父親告訴他原有人員已超過需要，不添新人。並說，即使需要，也要通過正式考試合格，才能錄用。那人一再堅持，想逼父親寫手諭，父親堅拒所請，該人只好引退。父親說：「我不怕他是總統身邊的親信，我不玩忽職守不貪贓枉法，其奈我何？」父親的堂弟齊祥侯，恩人齊楨謨的兒子，上海同濟大學經濟系畢業，一時找不到合適的工作，請父親幫忙。父親說：「你是我的堂弟，我不能利用職權安排自己人。何況，你學會計，我是處長，下面的人會說，好啊，上下其手，狼狽為奸，正好搞貪污了。這怎麼行。」其實，當時還有一個變通的辦法為祥侯叔找份工作，那就是父親向某個運輸單位介紹他去那裡工作，那裡介紹一位到父親門下任職。但是，父親不願做這種偷樑換柱的事情，後來堂叔飄泊南洋，遠走異邦。

公共汽車管理處人浮於事的情況相當嚴重，裁員就等於打破別人飯碗，父親感到十分為難。然而，對於違規者的處理，他是毫不猶豫的。一天，下面報告某司機領班，侮辱女售票員，父親瞭解情況後馬上批示「開除」。那人揚言如不讓他復職，則要以刀刃相見。父親知道，絕大多數駕駛員都參加了各種幫會組織以資保障，自己孤家寡人，得罪了這種人可能慘遭報復。但是，他不理這一套，誰違規誰倒楣，無情面可講，更非恫嚇可以阻止。正氣在那裡逐漸樹立。

在南京政府窮於與共產黨的搗蛋破壞較量，顧此失彼千瘡百孔民窮財盡的情勢下，父親絞盡腦汁設法做到了按時發餉，為了解決職工的住宿問題，他又創設特約車辦法。父親親自起草條例，凡是願意承辦的私商，車輛顏色、車徽等與管理處一樣，交由管理處支配調度，只收5%到10%的管理費，這個辦法部分地減輕車輛嚴重不足的壓力，也多少增加一點收入。

四七年七月下旬，社會上「坐車難」的呼聲越來越高，市政府決定改善南京市公共交通，汽車火車雙管齊下，實行改組，改為官商合辦的有限公司，銀行投資作為商股，公司原有之產業作為官股。首都公共汽車另請王世圻任經理（他的太太是宋美齡的英文機要祕書，全國婦運會總幹事），因為父親不願幹汽車業務，便內定為鐵路公司總經理。

不久，父親便被正式委任為南京市鐵路管理處長，幹他本行去了。

豈料，不到半年，首都公共汽車公司全體員工罷工，去監察院請願打倒總經理王世圻和他帶去的協理蔣某，罪名是貪污，他倆已逃往上海躲避。其時，全部車輛停駛，首都公共交通中斷，影響所及非同小可。當晚，市長召父親去市府辦公室見面，要父親回去兼該公司總經理之職。情勢所逼，為顧全大局，父親只好受命，同意以官股董事之身份兼公共汽車公司總經理職。父親既無親信為他傳遞受命之消息，也並未對員工作任何勸導，可是，第二天清晨，公司員工獲悉父親回去的消息後，全體自動復工，首都交通立即恢復正常，全市報紙報導對父親的新任命。

公理自在人心。其身正，不令而行，其身不正，雖令不從。父親一年多來所遇麻煩，棘手，頭痛，惱人之事俯拾即是多不勝數。但是，父親的一言一行，一舉一動彰昭於上千員工之耳目，他的心血沒有白費。他說：「全體職工心悅誠服地擁戴我，為政者也不過如是耳。幾十年後我回憶往事也感到安慰，頭髮沒有白白也。」

父親自上海去南京該處後，一直睡在他辦公室裡，一張軍用帆布床，晚上鋪開，凌晨收褶。原處長經營不善入不敷出，又忙著顧自己腰包，發工資都困難，更遑論職工福利。父親見一千多員工大部分沒有公家宿舍，不忍心考慮自己住房先於員工利益。他立下意願，把所有人安頓好之後，才考慮接自己的家屬到南京。這樣一來，我們一家只好仍住上海，父親週六下午坐臥車，深夜到上海，星期天晚坐火車回去，週一清晨趕回辦公室。後來，員工宿舍絕大部分已經解決，原副處長和陳顧問的住房也已安排妥當，總務科張朝柱科長去上海時，順路看望我家，他對媽咪說，為處長準備的洋房已經看妥，只要父親點頭便可租下。因為他已經同父親談過多次未果，希望母親出面。母親對父親知之甚深，她只是輕輕暗示了一下，父

1946年夏，父親從美國回國，一年後安邦出世。
（前左起）安邦、家貞、興國。

親沒有吭聲，上千人的嘴在父親的肩頭上，他不願意為了個人家庭的利益增加處方負擔，母親從此不再提及洋房之事。

父親回國的第二年秋天，安邦在上海出生了，大家都祝賀我說：「家貞呀，你升價了，你媽媽又生了個弟弟。」

舅舅的這幢三層樓洋房，樓下是廚房、客廳，二樓和三樓呈啞鈴狀，兩頭啞鈴是起居室，中間是廁所和洗澡間。媽咪和二弟安邦住啞鈴的一頭，另一頭舅媽帶著興國大弟和我睡。舅舅在船上做事，很少回家，後來他又有了個小舅媽。三樓是舅舅的一雙兒女住。

舅媽的臉長長的木無表情，舅舅同她講話，她總是嗯兩聲，好像不樂意搭理。可是，每天晚上，興國大弟和我睡在她的大床上，她就變成了另外一個人，充滿笑意的臉上蕩漾著慈愛。一年三百六十五天，她天天晚上給我們講「三隻小豬」的故事；一年三百六十五天，天天晚上我倆津津有味地聽這同一個故事，靜靜地睡去。每晚半夜，興國大弟醒來都要喝一杯很滿很滿，滿到杯沿口的牛奶，不滿他就發脾氣，用手一推，把牛奶潑灑得一床都是。

星期天一早，舅媽一聲吼叫：「大王爺回來了！」我和興國赤著腳，歡呼著穿過廁所間，衝到「啞鈴」的另一頭，我們的爹爹回來了！他把我倆一一抱起來舉得高高的再放下。他的兩隻腿像兩根圓柱，叉開著做成個城門洞，我和興國一人抱一根「圓柱」，轉圈圈穿城門洞玩。媽咪還睡在床上，父親的兩隻手往下一鏟，就把她抱進了懷裡，「這麼懶，還在睡」。他抱著母親轉圈，一面彎下腰親吻她。媽咪直討饒：「快放下我，這麼多人在看。」房間滿溢著笑聲，舅媽靠在門口陪我們大家笑，二弟在床上更起勁地蹬著小腿。

父親給這個家庭帶回數不清的歡樂。

舅舅的女兒建芳姐姐喜歡我，她有一次用長大衣把我一裹，就躲過興國的追蹤，把我裹進了電影院，看的是《一江春水向東流》。我恨透了淘金演的拋棄妻兒的張忠良，以至於和父親一起赴美實習，也是「美國鐵路高級管理人員協會」會員的王伯伯來我家時，我躲進廁所堅決不肯出來見他，因為他長得太像張忠良了。

我還做過一個夢，父親也娶了個小老婆，我和弟弟們抬起一根長竹竿把父親趕走。講給爹爹聽時，我還氣呼呼的。父親托著我的下巴安慰道：「家貞，爹爹不會的，絕不會的。假如爹爹這樣做了，你們就真的趕我出去。好嗎？」

我從小到大，挨過父親兩次打，因為挨打的次數太少，所以記住了。我母親的寄媽，我們叫寄奶奶，她吸煙，進廁所之前，她把大半截煙擱在煙灰缸上，我好奇，拿過來吸一口放回去，興國大弟學我的樣，也拿過來吸一口，沒來得及放回去，寄奶奶就回來了。弟弟招出了我，父親用蒲扇柄打了我兩下，其實根

父親從美國回來一年後，全家與舅媽楊之蒲（前左一）表姐張建芳（後中）攝於上海。

本不痛，我示威地大哭，然後睡一覺了事。還有一次，三樓上的一個房間，舅舅借給他的朋友住，後來舅舅要把小舅媽接回家，通知那位朋友搬走。我竟催他：「喂，你說你在虹口附近找到房子了，為什麼還不搬？」被檢舉了，又挨「大王爺」兩下蒲扇柄。

父親信佛，他皈依的王家齊法師，在南京玄武湖諾那佛堂即「蓮花精舍」，給了父親一個房間，我們全家從上海搬進這個廟裡居住。四八年十月，三弟治平在這裡出世，全家六口擠住於此，一直到離開南京，父親沒讓公家支付一分錢房租。高中畢業後，母親告訴我，當時全家搬去南京主要是因為，好幾個女人對年輕英俊的父親糾纏不清，他擔心自己守不住對不起媽咪，叫我們趕快搬過去。

這是一座有三個單間的平房，在走進廟門後的左邊。從左至右，第一間是會客室，中間是王師傅的臥室，我們住最後一間，廚房是搭的一個偏棚。長方形的房間，約二十平米，父親在中間掛了個布幛，晚上放下，白天撩起。我和興國、二弟安邦睡「外間」，才生的三弟治平睡裡面的嬰兒床。住房很擠，但外面廟宇和庭院很大，很新奇很獨特。

廟的進口四個大字「蓮花精舍」高高在上，朝右走是佛堂大殿，橫匾是「諾那佛堂」，左邊豎幅為「無心作惡雖惡不罰」，右邊豎幅為「有心行善雖善不賞」，字體雄渾厚重。我一生很重視做事的動機，大概由此而來。我和興國經常採些野花到佛堂供奉，殿內肅穆莊重的氣氛和兩旁怒目圓睜的金剛，使我倆不敢單獨前去，有和尚在，我們就不怕了。傳說蔣介石要來朝廟，我和小朋友不止五次認定這人，認定那人是蔣介石，並相信我們已經見過他。

玄武湖很大很大，我每天都得翻動雙腳走出玄武湖大門，再往左很走一陣才到學校，對於一個孩子，那簡直是長途跋涉。每天，有公家的吉普車接送父親，我要求搭順路車。父親彎下腰輕聲對我說：「這是公家給爹爹上班用的，你不能坐。家貞乖，自己走路。」有時候，中午放學，我等候在校門外，司機停下來，我問父親要錢吃中飯，省得走路。南京的冬天相當冷，下大雪，呵氣成霧，我捲頭縮背覺得這條路老是走不完；夏天日頭很毒，經常暴雨傾至，積水嚴重時淹至我的膝蓋，我一路玩水回家。只有六七歲的我，都是自己走去走回上學。

有時，星期天，父親給司機一些酒錢，讓他休息，自己駕車帶我們出去玩。備極莊重的雨花臺烈士陵園，留下我們的足跡；松柏蒼翠，石級款款的中山陵是我們常去的地方。記得有次開車去烈士陵園，父親突然急剎車，全車人跟著車前竄後仰，他明明看見有個人正在過馬路，其實什麼也沒有，媽咪說可能是遇見了冤鬼。

最難忘四八年夏的一天，天氣很熱，父親一下班就換上短褲、運動衫、球鞋，帶著媽咪、興國和我去玄武湖划船。小船迅速地朝荷花池划過去，那正是荷花盛開的季節，碧綠厚實的大荷葉，一張接一張，密密層層相互交疊，把池面鋪成一片翡翠，數不盡的荷花亭亭玉立，像一把把火炬在翡翠上燃燒，整個天空被照得紅豔豔亮堂堂。

我們的小船順著「翡翠」的邊沿划行。父親高大的身軀，強壯有力的雙臂，前仰後合輕鬆地有節奏地划船。他突然想出了個好點子，讓我和興國跳進水裡，一邊一個，雙手吊住船弦破浪前進。我倆的身子泡在水裡，只露出頭，水流像細毛刷子，從我倆的下巴頸脖朝後軟軟地刷過去，我倆無比欣喜，大喊大叫。媽咪也在大喊大叫，她擔心我倆手一鬆，掉進水裡。父親哈哈大笑，指著自己鼻子對媽咪說：「喂喂，媽咪，怕什麼，忘記游泳健將在此了嗎？」

我們因為媽咪一會叫一會笑，一會高興一會緊張而更加放肆更加快樂。

那邊荷花怒放，這邊心花怒放，我們的家曾經是多麼地幸福啊！

父親的天性，決定了他做什麼事都盡心竭力絕不苟且。讓他當將軍，他運籌帷幄鞠躬盡瘁，叫他做士兵，他衝鋒陷陣赴湯蹈火。儘管去南京公共汽車公司做事，有違父親本意，但他仍然嘔心瀝血苦心經營，這段期間，是他事業上，能力上，名譽上的鼎盛時期。他是交通部留美實習同學會的負責人，《交通協會》的候補理事兼交際組組長，有一部份人圍繞著他、推崇他，報紙時有關於他行蹤動態的報導。實際上他已是交通部少壯派的核心人物，同時，他另有三個私人小組織，目的是為日後的發展羅致人材，組織有影響的力量。

一九四八年五月二十日上午十時，父親作為首都各部、處的局長處長之一，前往國民大會堂參加蔣介石第一屆總統的就職盛典，在簽名報到的大紅綢上留下齊尊周的大名。隨後，他以首都南京處長的地位，有幸去總統府禮堂參加只有二百人出席的，與總統相對三鞠躬的觀賀儀式，躬臨盛會的都是黨國要人一時之俊。

父親平步青雲，如日中天。

被人們譽為英俊的翩翩少年，正展開理想的翅膀高飛的父親，沒有想到這已是他生命的頂點。父親後來說：「如果江山不易色，不要多久，我會逐步積功晉升，達到我預期的地位——交通部長。好景不常，曇花一現，只是兩年時間，我隨著朝代的更易，便由頂峰跌下，一下子被打入十八層地獄，晴天霹靂，一場夢幻耳。」

第六章
迷人的圈套

一九四七年，謝文龍先生從廣州出差到南京，與父親見面握手的第一句話便是「有志者事竟成」，第二句是「海南島又生出第二個海瑞」。無獨有偶，一位跟隨孫中山革命，與國民黨的高官要員交往極廣極深，後來因資格老，在父親公共汽車管理處當稽查的許老先生，目睹耳聞父親的所作所為，也稱譽父親是「海南島的一個新海瑞。」

八年抗戰，中國百廢待舉，數年內戰，中國百孔千瘡，需要把所有的金錢、財力花在重建中國，救助百姓的事業上。使這位「新海瑞」無比痛心疾首的，是國民黨內部的顯貴們不顧國家民族利益，不擇手段貪污腐化的行為。父親南京做事的前任後任很不乾淨，他敬慕仰仗的馬俊超老先生，這方面也令他不敢恭維。

四六年十月底馬市長卸任，虧空一個很大數字的公款，為私？為公？不得而知。這個大漏洞，市府本身無法彌補，只好由各個事業單位設法籌措，否則他交卸不了。馬俊超市長要公共汽車管理處給他一百二十萬（是否準確父親已記不清，反正是個龐然大數）。當會計室主任把這筆錢拿來時，父親立即叫來馬老在管理處的親信唐副處長過目，並要他隨他一起去市府當面交給馬市長，以示自己纖塵不染。本來，對有的人而言，這正是乘火打劫，大撈一把的好機會，叫會計拿二百萬或者更多，餘數塞進自己的腰包，「私人脹死，機關窮死，關他屁事」。萬一東窗事發，市長為了掩蓋他自己，還不出來打圓場？可是，父親根本沒有閃過這種念頭，在那樣的情勢下，別人，他干涉不了，只能潔身自好，問心無愧而已。

四八年初冬，一天，父親路經中國紅十字會南京分會，下車順便去拜望馬市長的夫人，她是該會分會長，國民黨中央委員。當時她不在，一位姓葉的廣東人過來同父親攀談。由於紅十字會是慈善機關，本身經濟入不敷出，部分工作人員掛名在其他事業單位拿工資。這個人說他掛名在父親的鐵路管理處，收入不夠維持生活。父親見他年紀還輕，單身一人，鐵路待遇不錯，何以不夠用？許某說薪水不是由他直接去領，而是馬夫人領後轉交給他。父親瞭解到馬夫人代領薪金後，剋扣一部分中飽私囊，他氣壞了，回到辦公處即條諭該員除名。手諭下去不久，馬夫人從她耳目處得到報告，來電話要父親重新考慮，收回成命。一旁的譚副處長勸父親道，整個南京局勢大變的前夕，不要去得罪她，給她一個面子算了。父親認為，馬老賞識提拔自己是恩人，但那是私誼，這件事是公義，不能混為一談。父親說：「只要我在職一天，我就無法容忍這種行為，維持原批示。」對此，馬夫人當然極不了然。後來，在我家離開南京之前，父親特地去馬府辭別，馬太太問父親回上海住在哪裡，父親說還沒有地方，她說她上海有公寓可以出租，但租金要付美鈔，父親說他沒錢付房租。馬太太譏諷道：「誰叫你齊尊周不會貪污？既然沒有錢，那就只好去睡馬路了。」堂堂一個中央委員，竟說出這種話來，實在令父親為國民黨痛心。

父親是虔誠的佛教徒，佛時刻在他心中。在南京廟裡住的時候，他經常參加佛事，並且為母親的不夠專心有些失望。在生活裡，他也有一個佛，「生我者父母，知我者謝公」。他從來沒有放棄過在謝老手下做事的想法，尤其是在南京政府風雨飄搖的時期，達官貴人形形色色的醜態，他更加想離開那裡，去追隨鳳毛麟角一塵不染的謝文龍了。

和父親一樣，謝文龍有什麼重要的任命，需要助手，第一個想到的人選就是父親，他喜歡與這個志同道合，德才兼備的少壯派共事。

四七年冬，任廣東建設廳廳長的謝文龍來信告知，宋子文繼任廣東省主席，要他兼任廣東省實業公司董事長，如果無法推脫，他要父親出任該實業公司顧問兼順德糖廠廠長。順德糖廠是除臺灣以外國內最大的糖廠，全部是德國進口的自動化設備，是廣東省實業公司屬下首屈一指的企業、省政府不可多得的堅實的經濟後盾，每屆省主席都任命自己最信得過的人主持。謝文龍理所當然地想到既可獨當一面，又絕對忠實可靠的齊尊周去執掌這個有雄厚經濟實力的單位。宋子文主席同意了謝文龍的推薦，但有一個條件，要父親人到廣州才能發表委任令，因為他不願意先發，人萬一不能前來丟他面子。

於是，父親前往市府向祕書陳述去意，請他們準備適當人選接替，得到的答覆是不同意。不久，謝老來電話囑父親立即赴粵就任。父親正式遞交辭呈，沈怡市長批示「倚畀正殷，不准所請」。父親第三次再見沈市長，結果還是不讓走。

直到一九四八年十一月中旬，國民黨政權岌岌可危，局勢全面惡化，南京要作戰時部署，沈怡市長英雄已無用武之地，以「搶米風潮，處置不當」為由引咎辭職。新市長是個軍人，大特務頭子滕傑，他接任的講話已毫無文職政府的特質。父親趕去市府，對沈怡說你走不能把我留下，沈市長便在辭呈上批示：「辭職照準，留待新任派人接替」。一九四九年元月中旬父親卸任，全家搬回上海。這時，南京出生的治平剛滿四個月，眼睛圓大，長長的睫毛朝上翻，我遺憾他不是個妹妹。

離開南京前，父親已函告謝老，謝先生非常瞭解「家無宿糧」的父親，立即寄來路費，叫父親仍去實業公司任顧問，順德糖廠廠長之職「兔子已經不在窩裡」。吳毓昆聽說父親赴粵在即，高興萬分，馬上寄來為父親準備好的廣州東山區小洋房的平面圖，並告知，房間已經佈置好，給父親用的小車安排停當，薪水一律發港幣。

回到上海，我們已經不能住回東照里，小舅媽搬了進去而且生了個弟弟，但是我們也尚未淪落到馬太講的睡馬路的境地。先在父親老同學胡其達家中住了幾週，後來搬到父親高中同學虞順慰伯伯家裡，他是盡人皆知的大富翁虞洽卿的三兒子，當時上海有條「洽卿路」就是以他父親的名字命名的。搬入那座巨大的花園洋房，奇山異石亭臺樓閣，名貴品種的綠樹紅花，蕩舟其中的綿長曲折的人工河，千姿百態自由悠游的金魚，我們如入仙境。

「解放」後，虞順慰伯伯的房子被沒收，有福共享，做了「上海市勞動人民文化宮」。

一九四九年初，國民黨政權危如疊卵朝不保夕，京滬一帶的老百姓沒辦法的就熬，有辦法的收拾細軟就逃，朝香港、臺灣或者更遠的地方逃避赤禍。當時不要說機票，就是輪船也要預訂、排隊，父親已託人代訂船位，全家正等候南下。不幸，收到一封信，成渝鐵路要通一段車，籌備成立運輸處，鄧益光局長邀請父親去任該處處長。父親立即回信，說明謝老邀他在先，不能爽約。鄧益光第二封來信，要父親等在上海，他馬上來滬面談，謝老處由他與之商榷。未幾，謝文龍來信，為了讓父親學以致用發揮專長，同意他去成渝鐵路。鄧益光怕夜長夢多，來到上海親自去航空公司找董事長，逼其設法六人機票，鄧給了父親若干安家費後，飛回重慶。

母親以一個女人的直覺，不喜歡山高路不平，民風閉塞的重慶，覺得還是去廣州的好。父親說：「媽咪，別的事情我聽你的，這件事你一定要聽我的，鐵路運輸是我的本行，是我的事業。」

房子已經著火，父親還在一個勁往裡面鑽。

父親與鄧益光並不瞭解更無深交，只是鄧出差到南京，簡玄素請父親去她家一起打過兩三次橋牌，如此而已。為何鄧益光非父親莫屬一定要他去重慶？而且簡玄素又怎麼知道父親已經辭去南京職務，全家在上海等候去廣州的船票。誰也弄不清，天才曉得。

梅花鹿倒楣是因為牠美麗的鹿角，父親倒楣是因為他太好的名聲。

就這樣，沒有時間再作考慮，我們一家被黑松林裡鑽出來的鄧益光，突然逮到重慶去了。

一九四九年二月廿八日清晨，母親把安家費縫了一些在我和興國的大衣夾層裡，全家登機離滬。飛機在武漢暫停加油，大家胃口都不好，就我一個人吃了好幾份火腿麵包。

母親又懷孕了，三弟才四個多月，到四川邊境時，飛機飛得太高，母親和治平被送進醫務室輸氧。從不生病的父親，在飛機飛過江西上空時，突然發冷逐步加劇，繼而發燒打抖難以支持。到重慶上空，濃霧鎖城無法降落，只得飛到成都打個彎，才又折回來。

等候在機場的小車，不是把我們送去寓所，而是直接把父親開進了醫院。

惡性瘧疾，住院、轉院、療養。正是一種災難的預示。

成渝鐵路主要由法國銀團投資修建，由於內戰關係，建建停停，停停建建，父親到重慶，鐵軌才鋪到內江，正等待機車運到，好先通一段路。誰知戰局急轉直下，漢口水路被共軍截斷，機車無法運出，通車希望成泡影。父親無所施展，當一名空頭掛名處長。總務處長簡玄素問過鄧益光，通車尚無把握，為何因人設事，急於弄齊尊周來渝。鄧益光答道，他如果去了別處，我就要不過來了。

廣州沒去成，為了搞專業到了重慶，卻像一架冬天買來的電風扇，擺在那裡配盤裝門面。

想不到來了重慶，拿一日貶值數次的法幣，無法養家，一貫說「存錢幹什麼，那是對自己能力缺乏自信」的父親，立即捉襟見肘，只得變賣母親不多的手飾過日子；一向認為「絕不應當出賣祖業，那是喪志」的父親，最後連祖母留給他保存了二十多年的唯一紀念品——一隻小金戒指也被迫變賣。父親說：「娘呀娘，不孝之子到如此程度，我對你不起矣。」

一九四九年五月十三日上海易手，不久南京不保，重慶只多賴了幾個月。

十月中旬，最小的弟弟大同來到人世，他沒有趕上好時光。

十月中旬的一個夜晚，鄧益光及父親在簡玄素家密談，鄧益光清楚，為了成渝鐵路，父親放棄了廣州的洋房汽車港幣，來渝後無用武之地，浪費時光。他開門見山對父親說：「齊尊周，是我逼你到重慶來的，現在局勢危急，我不能留下來，立即要走。你走不走？」父親回答：「我兩袖清風，一家七口，生活怎麼辦？」鄧答：「你不必擔心，你的家我負全責。我們到香港做生意，成渝鐵路的資金全在我手上。」俗話說「一寸鐵路一寸金」，鐵路是金條鋪成的，鄧益光手上的錢多不勝數，天文數字。

現在鄧益光不僅看顧他的相好簡玄素，也沒有忘記他的「受害人」齊尊周。

父親竟不假思索地回答：「我問心無愧，為什麼走？我要留在大陸。」甩出這麼大一句話，密談戛然而止。數天後白崇禧的代表來與鄧益光商談立即乘專機撤離之事，碰見父親，他問鄧道：「咦，老齊為什麼不進來？」鄧益光扶著他的肩頭邊往辦公室裡走，邊說：「老齊不走。」後來鄧益光帶著簡玄素隨白崇禧代表經成都搭專機，去了香港。

與此同時，父親還拒絕了去臺灣擔任交通部路政司代理司長的邀請，和去柬埔寨做生意的機會。

大約是潛意識裡男主外女主內的思想作祟，對於「去」還是「留」這件如此事關重大的事情，父親竟沒有告訴母親一聲，更不要說同她商量，聽聽她的意見，一個人在一秒鐘內就作出堅留大陸的決定。好像那次保山搶料，所有車子往外跑，就他的一部車子往裡鑽，那次他對了，這次卻未必。

他到底是怎麼想的？

父親志向不移，四六年七月他趕快從美國回來，為的是報效祖國，四九年深秋他堅留大陸還是為了報效祖國。他認為離開祖國當外國社會的華人，是對自己的國家不負責任，是對祖國的不忠。

對國民黨，父親深感失望，它已經從內裡腐爛，馬俊超老婆是典型的代表，國家治理不好，貪污腐敗成風，國弱民窮。現在，還是那批人，還是那個黨，逃至蕞爾小島臺灣，難道能夠苟且偷安？父親不願再為國民黨效勞。

父親認為，舊政權失去民心，新政權理所當然是好的，才能取而代之。而且，他認為：「一個國家向全世界宣佈的諾言，怎麼可能是兒戲。言而無信，國何以立？」他毫無保留地相信廣播裡聽到、宣傳品上讀到的共產黨的「八項諾言」和「既往不咎，量才錄用」的政策。他思量自己，半生從事交通工作，既不貪贓，更不枉法，沒做半點對不起國家人民的事，談不上「既往不咎」，自己學有專長，共產黨「量才錄用」這一條最使父親心醉，英雄有用武之地了，真是求之不得。至於當時充斥社會的種種有關共產黨「共產共妻」、「殺人放火」、「殘酷無情」、「言而無信」……的話語，他認為都是言過其實的宣傳。他想：「退一萬步，即使新政權真的那麼可怕，也不可能有任何意想不到的災難輪到我的頭上，因為我是無懈可擊的。十幾本日記上全是罵的國民黨，沒有半個字罵過共產黨。這還能假？」他相信，即使全國每一個人都挨整了，也不可能輪到他齊尊周身上。

二十三年牢獄之災後，父親回到重慶和平路家：「當時我才三十七歲，我想留在大陸為國家和人民多做些有益的事啊。」

三十年後，父親說：「我始終認為我愛國沒錯，如果歷史可以倒回，根據我的認識和性格，我仍然會作出堅留大陸的決定。」父親停頓了一下，接著說：「當時我才三十七歲，我想留在大陸為國家和人民多做些有益的事啊。」他聲音哽咽，就此打住。

我們為生命無謂的浪費深感痛心。

他四個兒子的名字：興國、安邦、治平、大同，表達了他的理想，也為父親堅留大陸作了詮釋。

他五個孩子的小名：貞、忠、仁、信、和，是他做人的準則，他一生貫徹始終。無私無畏，問心無愧。

我家先住在李子壩一座小洋樓裡。小樓很漂亮，長青藤爬滿整幢房子，好像穿了一件縷花綠外套，使我想起童話故事「睡美人」裡的睡樓。屋子冬暖夏涼，兩層樓挺寬敞，外面有院壩，夠我們樓上樓下屋裡屋外瘋跑，還有綠葉繁茂的葡萄架，夏天我們可以乘涼。

不久，我家搬到兩路口國際新村一號鐵路局宿舍，兩層樓共四十個房間，每間十五平米，住一家人。家門對家門，中間狹窄黝黑的過道貫通首尾。這幢巨大的火柴匣式的樓房坐落在浮圖關餘脈的山丘頂上，街道在半山腳，需從家門口下一百多級石梯。我們七口住樓下外側倒數第二間，四家人共用的廚房在後院天井，一個竹篾蓆搭成的簡棚。

四九年十一月二十九日晚，樓房大門早早關閉，氣氛相當焦躁緊張，大家好像在等待。等什麼，不知道。晚飯後，突然從遠處傳來幾聲爆炸聲，左鄰右舍一片驚慌，嚷著躲警報。我覺得很好玩，吵鬧著要跟大家走，父親說哪裡都不去，就待在家裡。我拉一床大棉被蓋在飯桌上，做成一個小防空洞，和幾個弟弟鑽在桌子下面躲警報，其實是在辦家家酒。突然又聽到幾聲悶悶的爆炸聲，一切歸於沉寂。

第二天清晨，下面街道很異樣，樓房裡的人們紛紛湧到大門外，只見馬路上全是解放軍，背背包扛步槍，腳步聲沙沙響，精神抖擻高唱「革命軍人個個要牢記，三大紀律八項注意……」，朝城裡方向行進。兩旁的爆竹聲、鑼鼓聲、歌唱聲、口號聲此伏彼起，熱鬧非凡。

這就是解放。

解放了真好，有那麼多的新歌唱不完，舊的剛唱會，新的又來了。「解放軍來了，解放軍來了……」，「解放區的天是明朗的天，解放區的人民好喜歡……」，「大西南呀好地方，金銀財寶地下藏……」，「太陽照在大重慶呀，嘉陵江上放光彩……」，「烏江的水呀奔騰激蕩，傾訴著西南人民的災殃……」，我腦子開了竅從歌裡一下子學到好多政治的東西。老師把腰鼓隊、秧歌隊帶到這裡帶去那裡慶祝解放，我的腰鼓打得格外響，我的秧歌扭得格外歡。過路群眾說：「你看，這個小姑娘！」

回到家裡，爹爹要媽咪同他跳舞，媽咪忍不住笑：「你瘋了，這裡怎麼跳，我正在做飯。」父親把飯桌推到邊上，抱起一把木椅同它跳起來。進進退退，轉一個圓圈再轉一個，好像真的在同媽咪跳舞。他嘛起歌唱家才有的口形，用他並不很準的嗓音高歌：「走，跟著毛澤東走。走，跟著毛澤東走。我們要的是民族的獨立，絕不跟美帝做洋奴。我們要的是生存和自由，絕不把生命當糞土。走，跟著毛澤東走。走，跟著毛澤東走。五萬萬個人，十萬萬隻手。高高舉起鋼鐵般的拳頭，打倒賣國賊，打倒吃人的野獸。還我們的血，還我們的肉，二十多年血海深仇，再不能保留，再不能保留。走走走，跟著毛澤東走，消滅反動派建立新中國。獨立民主自由幸福的前程，就在我們的前頭。」

五個孩子被眼前的父親深深吸引，拍手歡呼，扭屁股伸膀子，亂蹦亂跳湊熱鬧。父親不理我們，他一本正經目不斜視，非常投入，完完全全地沉醉其中。

哇，這首歌寫得多好啊，他不就是共產黨的「立國宣言」嗎？歌裡的每一個詞，每一句話，都使父親熱血燃燒，鬥志沖天。「獨立民主自由幸福的前程，就在我們的前頭」，那麼深刻地唱出了父親的心聲，唱出了他全部的美夢和理想，非但是這樣，她難道不是所有的中國知識分子，整個中華民族夢寐以求的目標嗎？

父親慶幸自己作出了堅留大陸的正確抉擇，他和媽咪以及五個在不同地方——韶關、貴陽、上海、南京、重慶——出生的孩子們，終於尋到了安定的光明的環境，只要「跟著毛澤東走」，他就能竭盡全力為新中國奉獻終生了。

父親對媽咪說：「這下好了，老實人出頭了。」

那是一個多麼生機勃勃，令人青春煥發的時刻啊！

鐵路局向父親解釋「重慶鐵路局」升格為「西南鐵路局」，所以他的職務從處長變為科長，並沒有降級。

父親才不在乎個人地位的升降，他現在是主人翁，是人民的勤務兵，是在為人民服務，建設新中國，個人的一切絲毫不重要。他也不計較兩個月後開始領折實單位，按人口領黑麵粉、糙米、牙膏、肥皂、草紙……，生活水平驟然下降。

這有什麼關係，個人日子過苦點，換來的是國家的富強與人民的幸福——這難道不是父親早就追求並身體力行的嗎？

「解放」後，鐵路局由軍代表接管。很快，軍管會成立了一個學習班，把大部分原來的舊人員調去學習，美其名曰「學習」，其實是徹底交待歷史。父親也去了，他不僅不反感，反而很高興，認為「知人不易」，通過自己徹底的毫無保留的交待，讓鐵路局完全瞭解自己放手信用自己，這是好事。

五〇年「西南革命大學」成立，從各單位調去許多國民黨時期的留用人員，父親要求去「革大」學習，鐵路局拒絕保送他。可是，父親對「革大」非常著迷，「大學」，永遠是父親傾心嚮往的地方，「革命」，是他從今以後獻身的事業，「為人民服務」這幾個字父親倍感親切，是他最神聖的使命。他熱切地要求去那裡做一名小學生，學習革命道理，脫胎換骨。在父親的堅持下，局方不管，父親自己去了。他認真地學習「中國共產黨黨史」、「社會發展簡史」、「政治經濟學」等等。他們自己運米運煤做雜務參加勞動，父親搶著做重活髒活，他要比別人多流汗心裡才舒服才坦然。

父親每週回家一次，每次總是充滿朝氣，興高采烈。

不久，父親心裡開始有陰影，對共產黨的言行產生懷疑。

入「革大」兩個月後，他發現「革命大學」這麼美好的招牌，怎麼還是老一套，用來逼迫人交待歷史。交待沒關係，他的歷史，天地人神都見得，關鍵是校方利用「批評與自我批評」的武器和「小組幫助」的名義，用集體的力量強迫每個人交待，並且毫無根據地否認別人的誠實，肆意地侮辱人格。父親說到自己過去半生清廉自守時，小組人說他不老實，不老實就有問題，有問題就應當再追逼。父親想，我的歷史，你怎麼知道，憑什麼說我不老實？他對這種做法很反感。原來，「革大」是個掛羊頭賣狗肉的地方，一塊騙人的招牌。

怪不得鐵路局不肯保送父親去，他們早就通過學習班父親「徹底的毫無保留的交待」，對他瞭若指掌了。當然，父親沒想到，他自己交待的歷史，竟然變異成整治他的鋼鞭，變異成斷頭臺上的那圈綜繩。

母親在家照顧「大後方」，五個孩子一個比一個小，她整日忙得不可開交。聽說我們四個大孩子沒有牛奶吃，大舅舅張百鋼寄來二百萬元（合後來的二百元），母親用以貼補家用。最小的阿弟才幾個月，他是我家唯一的沒有吃過「克寧奶粉」的孩子，現在吃鮮奶，太燥，臉上長滿濕氣，淺黃色的分泌物厚厚地堆積起來，恰似蛋皮麵包上的那層蛋皮。為了保護他的臉不被抓破，母親把他的雙手穿上襪子，綁在小床的木欄柵上，活像個釘在十字架上的小耶穌。我和大弟經常提著籃子到坡下馬路對面，用黑色的「八一麵粉」換水麵，一斤換一斤不收錢。三弟治平很勤快、很有責任感，從天井把掉在地上的阿弟的尿片拖回家。二弟安邦偷吃過量的蛔蟲藥「使君子」，蛔蟲自己從屁股裡往外爬，嚇得他大驚失色直叫媽。

生活雖然清苦，但是，有孩子在，他們就能創造歡樂。

五〇年夏天，父親「革大」畢業回家。鐵路還沒有通車，大家無事可幹，局本部讓全體職工上午上班，下午在家避暑享福。當時，應「重慶大學」聘請，父親是該校鐵道運輸系正教授，每週兼兩節課。父親每日下午照常去辦公室，閱讀鐵路運輸理論書藉，在業務上充實提高自己，為學生備課。當時，我唸完四年級上期，數學不及格。父親每天下午帶我去他上班的地方，佔據我半天暑假，既少了玩耍的時間，大熱天還要我爬坡上坎走一段路，我滿肚子怨氣。媽咪性格急躁，我不敢惹她，可是，爹爹脾氣好，我一點不怕他。他把數學書攤在桌子上，打算給我補習，我用手使勁一拂，書飛落到牆角。父親一言不發，走過去把書撿回來，好像沒發生過什麼事，他耐心地給我講下去。我看見辦公室那麼多紙筆，想拿一些回家用。父親說：「不行，家貞，這是公家的東西，不能拿。你如果需要，爹爹給錢你自己去買。」

我的那個暑假被父親沒收了一半，但是，從此我對數學產生了興趣，數學成為我最好的一門功課。而且，我懂得了「公家的東西不能拿」這條規矩。

小的時候，父親老是提醒我們，注意，手一定不要放在門縫裡，不要放在打開的抽屜上，不然會把手指頭壓傷。等我們稍大一些，他給我們講一些歷史小故事，花木蘭替父從軍等等。現在，星期天有空，父親讀英文《杜魯門傳》，一面讀一面翻譯內容。我看只有我和興國坐在那裡認真當聽眾，其他三個走來走去，無事忙。我記得父親講：杜魯門小時候家裡很窮，趕著沉重的柴車……。

鐵路局週末常有活動，父母有時去跳舞，樓上大麻子馬伯伯寫了篇《大禹治水三過家門而不入》的文章，讓我在文娛晚會上演講。報幕員一報完，我就慌慌張張往前奔，找不到樓梯在哪裡，一位伯伯抱起我，把我放在舞臺上。我一點不膽怯，從從容容講下去，到「我們應當學習大禹大公無私、公而忘私的偉大精神」那一句，我忘了此地應當做個手勢，於是，我把這句話再重複一遍，翹起大拇指重重地伸出去。結束，掌聲四起，父親母親還有弟弟都為我高興。

馬伯伯帶我和冀少華（住樓上，同班同學）進城開洋葷，到「紅旗劇場」看歌劇《白毛女》。我倆喜出望外，急不可耐，興奮得不得了，好不容易盼來了這一天。座位不好也不壞，十四排，吊直脖子挺直腰，看得特別入迷。演到楊白勞喝鹵水自殺，睡在地上，傷心欲絕的白毛女被萬惡的地主黃世仁搶走，我頓時撕心裂肺地大哭起來，尖利傷慘的哭聲響徹紅旗劇場，冀少華也跟著我哭起來，她的聲音小得多。所有的觀眾都朝我們這邊轉過來，馬伯伯拼命要我忍住，告訴我這不是真的，是在演戲。可是我的傷心一發不可收拾，拉直嗓子哭，像放氣笛，怎麼也哄不下來。沒有辦法，馬伯伯只好把我倆帶出劇場，掃興地回了家。

不久，就是這個「紅旗劇場」，演出了一場新話劇「四十年的願望」，歡呼雀躍歌頌共產黨「解放」後，建成重慶到內江的鐵路並且通車，實現了四川人民四十年的願望——當時我沒有想，鄧益光叔叔不是早就把鐵軌鋪好了嗎？

起初我在「求精小學」讀三年級下期，我背著母親拿一雙新毛線手套，換了五匹雞毛，不夠做一個毽子，又到上清寺菜市場，狼心狗肺地拔活公雞身上的毛。心太貪，糾一大把，一根沒拔下，差點挨農民的打。我在班上當吵架頭頭，挨老師雙倍手板；賒了老太婆的臘光紙，永遠不再露面。我玩起了勁賴得上廁所，順便在清潔桶裡拉尿，全班同學用它來磨墨寫字。被檢舉，個個咬牙切齒咒罵：「怪不得我說這個水啷個臭哄哄的喲。齊家貞壞死了」、「記過」、「開除」！

在這所小學裡，我被黑板上一幅粉筆畫吸引，開始學畫美女。想不到，我成了畫美女的專家，初中畫到高中，高中畫到監獄，為我與世隔絕沙漠般荒涼的生活短暫地創造了一塊小綠洲。

家搬到火柴匣子之後，我轉到桂花園「依仁小學」。音樂老師的過門剛彈完，我就拉直嗓子唱，「你是燈塔……」。咦，這是誰的聲音呀，這麼清脆這麼好聽？我掃視四周，只見賀敏華紅著臉，一個人羞答答地站在那裡，全班同學都望著我笑。原來老師是抽賀敏華起來獨唱，她不好意思出聲，我耳朵耷下來沒聽見，以為是全班齊唱，頂替了她。

喲，原來那是我的聲音呀，不錯嘛。老師說：「賀敏華坐下，齊家貞，你唱。」

老師發現了我，我也發現了我。我成了學校的唱歌大王，唱「王大媽要和平」，唱「美帝國主義，你罪惡滔天」，唱許多我現在徹底忘掉的徹底革命的歌曲。進而，我成為跳舞大王、演劇大王，還和趙仲犀演相聲。節目是猴子學樣，看鐵路局文工團演出，回到學校就召集同學排練，不要劇本，全憑腦子記加現場發揮，我在學校迅速出名。

班上提名我為學生會候選人，臺下的代表指指戳戳的挑選。有個男生站起來指著我：「我選這個穿紅工裝褲的當文娛部長。」爸爸奮鬥了這麼多年沒當成交通部長，我站在臺上一動不動像根蔥，就做了大官當學生會文娛部長了。我才九歲哪。

做大官也不影響我的自由。大雨傾盆「山洪」湍急，我雙腳雙手戲水不停，在雨裡流連忘返，數小時不思歸家。放學後玩得太野，回家路上找不到廁所，我自己批准「失禁」，一路走一路流，你不看別人，就沒有人看你，你不瞧腳下的浮水印，浮水印不會喊你瞧它。回到家裡，媽咪沒發現，我連褲子都懶得換。

學校建立少年兒童隊，我徹夜難眠深怕不批准，清晨爬上桃樹看隊部裡的喜報，名字沒看到，人從樹上摔下來，滿身的桃膠，發青的膝蓋。入了隊，天天帶領巾，時時不忘敬隊禮，「同學，你的紅領巾帶歪了。」我提醒別人。抗美援朝出牆報，畫一幅漫畫「人民力量大無敵」，鐵一般的拳頭，打得高鼻子美國佬抱頭鼠竄。跟著老師到處宣傳「打打打，把帝國主義打垮」，寫信慰問志願軍叔叔，向住院的傷病員獻詞。看了電影《趙一曼》誓當趙一曼，看了《卓婭與舒拉》，又想當卓婭與舒拉。「熱情飽滿，政治覺悟高。」

只當了一期甲等優秀生就難以維持，一個同學演出時忘了舞步，在隊行裡亂穿，我在舞臺上當場停下來發脾氣：「唧個搞的嘛，練了這麼久。」幕布不得不落下。驕傲自大，個人主義嚴重，只配得丙等。

五一年春，興國開始上學了，我倆每天背著書包一起去一起回，家的位置在山頂，馬路是在半山腰，依仁小學在山腳，從山頂到山腳，去的時候全部下坎，回的時候全是上坡，每週辛苦六天。這段路不僅長而且很難走，特別是馬路以下，全是鋤頭在泥坡上啄出來的「梯坎」，稍微多幾個人走，「梯坎」變成一串串淺窩。下雨天，「梯坎」被打濕，路面下的硬土像塗了一層潤滑油，我和興國的鞋底齒槽已經磨平，得小心再小心。兩個人緊緊手牽手，把腳放橫半步半步慢慢移。如果碰上好心人，用鋤頭挖出新鮮的坑，或者撒一捧熱炭渣，我倆感激不盡。

中午我們不回家，自己帶飯。同學說：「快來看，這兩姐弟吃狗屎下飯哪！」這種兩寸長指頭粗的「狗屎」沒得多的，一人只有一節，那是亨中舅舅送來的廣式香腸，好香甜好美味喲，十節我們都吃得下。

哼，他們笑我們吃狗屎，我們應該笑他們吃鼻涕——冬莧菜煮湯。

回家路上，我倆常常徜徉在那棵高大的永不結果的雄白果樹下，周圍一片片像精緻的小扇子、顏色已經枯黃形態依然挺括的落葉，是大樹一聲聲無奈的嘆息。我在宿舍外開了一點荒種玉米，興國幫我澆水施肥，收獲的癲子包穀，他同我一起吃得眉飛色舞。

興國小時候是家裡笑的源泉，他似笑非笑的眼神，讓人看了就開心就想笑。媽咪說他「洋特里西」就是這個意思。在上海的時候，他躲飯躲進別人家的黃包車裡，他一本正經不厭其煩地糾正嚴媽「大亨」的奇怪發音，他把母親的一隻繡花拖鞋藏到箱子衣服的夾層裡，他搖頭晃腦得意非凡地騎小三輪車，他宣佈有十個女朋友，任憑別人笑得口水直掉，他始終保持似笑非笑的神態。

但是他不大多講話。

現在，他像是我的影子追隨左右，他的寧靜內向恰好與我的好動外露成鮮明的對照。我的喧鬧不會干擾他的平和，他的沉靜不會影響我的熱烈。我倆很不相同又難捨難分，就像左手右手是天生的一對，右手老要出風頭，要舉起來搶發言，要抓東西吃，要握筆畫自己的心，左手常常羞答答地躲在褲兜裡，懶洋洋地啥也不想幹。除非「右手」揮拳與人相鬥的時刻，「左手」立即劍拔弩張，上前助陣。老師們議論：「這一對姐弟好奇怪，姐姐又說又笑又唱又跳全校出名，弟弟沉默寡言笨嘴拙舌，叫他起來朗讀，他唸『中國人民解放軍』，都要掰作幾半截。」

我倆從家裡到學校，從學校到社會，在人生的道路上，我們手牽手，默默地一起爬過多少坡，下過多少坎，迎接不多的歡樂，忍受數不盡的磨難。一天又一天，一年又一年，積澱了深厚的情感。

一九五一年一月八日清晨，我和父親一起走出大門，分手前，我向他要一角錢，放學後要去紅星電影院看蘇聯影片《他們有祖國》。前天是我的十歲生日，借此優待一下我自己。

走出電影院我仍然感動不已，為那些回到祖國懷抱的孩子，為蘇聯政府不懈的努力。路上，我東看看西望望走走停停磨磨蹭蹭。回到家，天已經黑盡。

推開門，四個弟弟都睡著了，母親靠著床頭，臉埋在雙手裡，唯獨不見父親。他的生活極其規律，按時上班，準時歸家，從不在外逗留，從不晚上出門。為什麼今晚不在家？我奇怪地問：「媽咪，爹爹呢？」母親抬起滿是眼淚的臉，沒有講話，只遞給我一張字條。

「權：組織上為了弄清我過去的歷史，暫時不讓我回家。你不要擔心，弄清楚我的過去，就能更好地信用我，這是好事。請將我的日用必需品交給來人，並查收帶回的懷錶和皮鞋。繼桓。」懷錶是父母結婚時為他倆操辦婚禮，後來成為我乾爹的葉宏材送的禮物，皮鞋是從美國帶回來的（父親辦公室有一雙備用雨鞋），這兩件東西現在都不需要了。

又要查歷史！

軍管會學習班；「革命大學」；現在第三次！

查一百次一千次，還是那堆事，歷史不是查出來的，是本身鑄就的！

想不到看完了《他們有祖國》，接著看的是「我們沒有父親」。

父親早上去上班，再也沒回家。

我們突然沒有了父親，就好像突然沒有了光明。爹爹，你在哪裡？再也沒有他爽朗的笑聲把歡樂灑滿這個小小的房間；再也沒有一個人跟著他的兒女們親熱地叫「媽咪媽咪」；再也沒有人深更半夜去藥房為母親買牙痛藥回家；再也沒有一個人「一個兩個三個四個五個」快樂地把我們數來數去；再也沒有那雙熱情的大手愛撫地摸我們的頭滋潤我們稚嫩的心；再也沒有人撿起掉在地上的米粒吃我們的剩飯打掃殘湯剩水；再也沒有人讓我們排長隊分享母親給他煎的兩個荷包蛋；再也沒有人把我們舉得高高地鼓勵我們觸碰更高的天花板；再也找不到門前雜遝的腳步聲中屬於父親的聲響；再也聽不到他給我們唸《杜魯門傳》講關於這個偉人的故事，再也不……。

我們每天都在巴望，巴望父親從辦公室歸來，出現在家門口。

有人說沒有長滿牙的孩子是金口玉牙，言必有中。我們鼓起勇氣問一歲多的阿弟，又深怕他說出不吉利的話來。我們問：「阿弟，爹爹到哪裡去了？」他毫不遲疑地笑著回答：「開會。」想不到他答得這麼漂亮，我們都安慰地笑了。再問：「什麼時候回來呀？」「明天。」又很乾脆。他沒有說今天，而說明天，總比說不回來好。

可是，明天，爹爹沒有回來，明天的明天，他還是沒回來，我們度過了一個沒有父親的春節，然後又是白白的等待。

母親不多講話，很少在我們面前提及父親，她希望我們過正常的生活。但是對於她自己，一個長期在丈夫羽翼保護下生活的女人，五個嗷嗷待哺的弱小生命交托在這個單身母親手上，她的心裡不知有多少的惶恐與擔憂、悲傷與苦澀。這一切已經顯示在她日益黯淡的目光，和與日俱增的消瘦上。

那是一九五一年，年代的末位數是「1」。我家從此走上一條泥濘之路。

鐵路局把父親拘禁以後，既不通知家屬他在哪裡，也不解釋為什麼關押，更談不上何時家屬可以探視。沒有來自父親的片言隻語，他好像已經被人從地球上抹掉，不復存在。

住在坡下路邊的胡嘉玲，一家五六個孩子全是千金，姐姐妹妹滿屋子都是，她們的胖爸爸胡醫生也從家裡消失。我和她們一起蹲在她家門口的土坎上，朝鐵路局方向遙望。

爸爸呀爸爸，你們在哪裡？

嘉玲幫忙抱著誰家的嬰兒：「齊家貞，你看，這堆人天天從那排房子走進走出的，可能就是學習班。我的老漢不在，你各人找一下，看你的老漢在不在。」說話間，胡嘉玲喊起來，她認出了這個嬰兒的爸爸：「那不是？快點看，看你爸爸正在倒水。」可是，無論我把眼睛盯得多死，盯成個望遠鏡，也找不到我的爸爸。他們可能在別的地方。

更要命的是，起初鐵路局說是帶薪學習，沒多久竟藉口鐵路局入不敷出、經濟困難停發了工資，我們一家六口要斷飯了。想一想，六張嘴連起來是多麼長的一條口子，每天要往這個口子裡倒食品，要倒進去多少才夠，這是怎樣巨大的壓力啊。母親一次再次走進拍賣行，賣掉稍微值錢的東西，她發出求援信給上海我的兩個舅舅。

亨中舅舅在上海友人中募捐，有錢出錢，有物出物，他寄來了一些錢和一些舊衣服，還有一架「蝴蝶牌」縫紉機。這架縫紉機是我的乾爹葉宏材送的，他希望母親自力更生，靠別人接濟不是長久之計。但是母親身體不好，為我們五個孩子她已忙得昏頭脹腦，哪有精力學。晚上，我睡在床上胡思亂想，我想，家裡這麼窮，媽咪老是發愁，要是只有我和一個弟弟就好了。那，哪三個弟弟不要呢？想來想去，哪個弟弟都捨不得，算了，四個都留下吧！

屋漏偏逢連夜雨。兩個月後的一天清晨，媽咪的雙手突然不能動彈了，不能端鍋提熱水瓶，不能握住牙刷不能擰毛巾，手指和腕關節不能彎曲，像被無形的石膏緊緊膠住。下午鬆動一點，第二天早上又還原。母親病急亂投醫，吃了藥，不管用，我只得停學，幫媽媽做點家務。天天在家，悶死了，我懷念學校和同學。老師沒有忘記我，四月初，讓同學通知我回校參加春遊。我像一個死了的人又活了過來，撿來的這條命比誰都快樂。回到家裡，我對媽咪說：「我要上學！」母親深陷的眼睛看了看我，說：「你去吧！」。

一個鐵路家屬建議母親試試西德出的「亞陀方」，「解放」後一切外國貨都從貨架上取下來在市場上消失，母親居然買到了「解放」前的存貨。活像變魔術，吃藥的第二天病就鬆了氣，兩瓶藥吃完，她康復了。

媽咪康復了，阿弟生病了。他不斷地拉稀厭食，身上的肉看著看著往下掉。媽咪天天要抱他看病，又要照料我們四個，只好臨時請個住在附近的傭人。

傭人每天早上推開門，第一件事就是看看阿弟死沒死。她說：「我看阿弟瘦得屁股都沒有肉了，尖得像雞屁股，哪裡活得出來。」

鐵路局醫院根本無用，德國留學回來鼎鼎有名的兒科醫生周倫，診費貴得要命，錢收了不少，阿弟的病一點沒有減輕。母親不灰心，她非要保住阿弟，五個孩子一個不能少。她抱阿弟進城看重慶兒科名中醫張錫君，張錫君診斷阿弟是得的小兒疳積病，除了吃中藥，他在阿弟每個指頭中關節的內側用針挑出黃水。

山城山城，上坡下坎不停。從我家進一次城不簡單，每次來回得耗去好幾個小時。媽咪不怕吃苦耐心好，三天兩頭進城排隊候醫看病抓藥。兩個月後，阿弟的雞屁股長出肉來，母親瘦了一大圈。

父親送給母親三大禮物：鑽戒、海復絨大衣、浪琴手錶。海復絨大衣早已賣掉，這次輪到賣鑽戒，錢已用得一個子不剩。

第七章
我在隊旗下當犯人

那時剛解放不久，人們的覺悟沒有後來「高」，父親的失蹤，學校似乎完全不知道，我的日子依然如故，還是很好過，直到這年秋天。

那天下午剛上第二節課，四個大人出現在教室門口，他們要地理老師讓我出去。我莫名其妙惴惴不安跟著這些陌生人下了樓，走進了隊部。

巨大的毛主席油畫像佔了整整一堵牆壁，一幅少年兒童隊隊旗掛在另一堵牆上，莊嚴肅穆的氣氛使我有一點緊張，與其說是緊張，不如說是敬畏。這三男一女都很年輕，穿著一樣的深藏藍嗶嘰鐵路制服，女的頭髮有點自然捲。不明白他們的來意，我瓜兮兮地坐在那裡。

「自然捲」首先講話：「齊家貞，剛才我們同周（穆黃）校長聊了幾句，他說你是個好學生，成績不錯，喜歡唱歌跳舞。」我望了她一眼，笑了笑，心裡輕鬆了不少，只是不知講什麼好。然後，她問：「你是不是少兒隊員呀？」我說是的，是學校第一批宣誓入隊的。她問：「你想不想做個好隊員呀？」我答是的，我天天戴紅領巾，從來不忘記。她指著毛主席的像又問：「你熱不熱愛毛主席呀？」那還用問，我心裡熱愛尊敬毛主席得要命。「很好！」她誇獎我。接著：「你願不願意聽毛主席的話，做毛主席的好孩子呢？」當然，我天天都想。

在課堂上，老師的提問是短短的，回答卻是長長的，現在，正好反過來，「自然捲」的問話是長長的，我的回答是短短的，只需答是或者不是，沒任何發揮的餘地。這樣的提問令我有些不安，他們到底要幹什麼。

女的話鋒一轉，問：「想不想你的爸爸？」我心裡一亮，馬上有了興趣，想死我的爹爹了。我回答她我想。「你知道你爸爸現在在哪裡嗎？」我心情黯淡下來，不知道。「你知道你爸爸為什麼不能回家嗎？」我不知道，想起爹爹這麼久沒回家，我有點想哭了。「自然捲」把身子朝前傾，離我更近，眼睛盯著我的眼睛說：「你的爸爸貪污了。」

我相信這個女人一定看見我瞪大眼睛裡驚異的閃光。我不由自主地輕輕地重複了一句「貪污」？不允許我拿辦公室一張紙一支筆的父親，會欺心賣主地貪污？我望望坐在一旁的另外三個男人，他們的表情是肯定的。說不出為什麼，我的眼淚開始湧出來。一個男的說話了：「你爸爸的貪污罪行很嚴重，他貪污了公家的銀元。你看見過沒有？」

我既不能相信我的父親貪污，也不能相信他們是在撒謊。對大人，特別是陌生的大人，我有一種本能的畏懼，從來如此。此時，我哭了起來。

我一面哭，一面想，家裡的銀元是有的呀，我們宿舍的家屬經常叫住農民，討價還價，買下整挑的廣柑，然後再幾家人分，付的就是銀元。一般是一挑一個銀元。媽咪買過，謝媽媽蔡媽媽也買過，許多別人都買，都是付銀元。農民接過銀元，很內行地用嘴巴使勁吹一下，再放在耳朵旁認真聽，媽咪說這是為了鑑別銀元的真假。

我一臉茫然，不知回答什麼好。那個男的接著講：「你爸爸貪污的銀元很多很多，是一個大箱子裝的。」我盡量把眼淚眨回去，輕輕地問：「大箱子有好大？」「有飯桌子那麼大。」他答。「像我屋頭的那個飯桌呀？」「噢。」他點頭。

我家那張桌子很大，可以坐八個人吃飯，這麼大的箱子，我可從來沒見過。父親去美國的那兩口鐵皮箱子，上面嵌著他中英文名字的名片，還用油漆寫地址在箱面上，比桌子小得多，而且裡面全是衣物，我最愛看稀奇，早就透底翻過了。

那女的發問了：「你見過那個箱子嗎？」我搖搖頭：「沒有。」「沒有？」一個男的鼓大眼睛瞪著我，我覺得害怕。我不願意別人說我撒謊不相信我，不願意別人說我不是好孩子，更不願意別人說我不願意當毛主席的好學生。我非常想給他們最好的答案，使他們高興滿意，就像課堂上回答老師的問題，我盡全力想拿好分數，自己也得意。但是這麼大的箱子，我真的沒有見過。

見我哭泣，女的和氣地問我：「你想不想你的爸爸回家？」我使勁點頭，當然想，早就想了。她說：「你爸爸很不老實，他不肯交待自己的貪污罪行，所以還不准他回家。現在你可以幫他的忙，」她頓了一頓，我抬起淚眼望著她，「我可以幫爹爹的忙？」心裡想。「自然捲」接著說：「如果你幫爸爸把問題說清楚，就等於是他自己坦白交待了。那麼，我們現在就帶你一起去看你的爸爸。你爸爸背起鋪蓋捲，牽著你的手，馬上跟你一路回家。」經她如此形象地描繪，我的腦海裡已經出現一幅和爹爹手牽手回家的圖畫了。我多麼想念他呀。

「怎麼樣？現在就看你了，只有你才能幫助你的爸爸。」女人的聲音使我返回到隊部辦公室，想起了他們提到的一大箱銀元。我無可奈何地回答：「我不曉得。」一個男的說：「你看，毛主席在看著你，你應當誠實。」我看了一眼毛主席慈祥的笑臉，心裡難過極了。我說：「我真的不曉得。」另一個男的叫我再好好地想一想。不知道就是不知道，再好好地想一想還是不知道，我不明白他們說的誠實是什麼意思。

大家冷冷地等著我，好像剛才我在撒謊，現在要我講真話。我委屈極了，哭出聲來。我覺得我像個做了壞事的小犯人，正在受審。

下課鈴響了，我用滿含淚水的眼睛，哀求他們開恩放我走，我就可以混進湧出教室的同學，和他們一起在操場集合，再一隊一隊走出校門，誰也看不到剛才在隊部發生的那一幕，誰也不知道我哭過。但是，他們完全沒有這個意思，下課鈴不是他們的收工號，他們似乎故意要拖到這一刻，偏要羞辱我，讓大家看我出洋相。

我坐的位置左面是毛主席的巨幅畫像，右面便是窗戶，操場的同學老師們，透過窗戶一眼就能看清我。我不願意他們看到這個唱歌大王、跳舞大王在受審，在哭泣，在出醜。

我把頭埋得很低很低，恨不得蹲在地上。

女的打破冷場說：「你看，這麼多同學看著你，」她也注意到這點，「你應當做個好榜樣。」一個男的接著說：「你還說要當毛主席的好兒童隊員，連這麼一件事都不承認。」

我低頭飲泣，他們一言不發，看我表演「哭」。房間裡難堪的沉寂，「你們啷個不走嘛」，我心想。

操場壩的同學開始一隊一隊往外走，臨出門之前，他們肯定會再看一眼這個學校鼎鼎有名的齊家貞，此時此刻的可憐相。

外面的人走乾淨了，這幾個人相互咬了幾句耳朵。女的開口說：「現在時間不早了，你回家仔細回憶回憶，明天我們再談。」天啊，他們明天還要來！我深深地嘆了口氣，這才發現我會嘆氣。

出了隊部，我坐在操場的花圃旁等一會才走，現在出去還可能碰到同學。興國跟著隊伍出去了又折回來，他坐在旁邊等我。我倆一路沉默地走回家。

回到家，才知道上午已有六個人到家裡逼母親交待了。「怪不得那個男的曉得我家的桌子有好大」，我想。媽咪說，「他們說齊尊周貪污的銀元是交給我的。真滑稽，我這輩子不要說有，就是看也沒有看到過這麼大一箱子的銀元。」

在廚房裡，媽咪指著我對謝媽媽說：「你看看，這些人有沒有道理，連十歲的小孩都不放過。」謝媽媽住我家隔壁，兩家人在一個廚房做飯，她對媽咪很好，我看見她倆常常有說有笑的。她的孩子謝文、謝武也是我們的好朋友。

人道是，「心中無冷病，哪怕吃西瓜」，事實未必盡然，此時的我，心中無冷病，也怕吃西瓜。對於這四個人的到來，我有一種無可名狀的恐懼，惶惶不可終日。每天下午，一上第二節課，我就開始作噤作寒坐立不安，就想上廁所，那怕剛去過。

現在他們來，不必再向老師打招呼，我直接站起來走出教室跟他們到隊部。過去進隊部，心中充滿喜悅和自豪，現在還沒跨進門，我就開始心驚肉跳，到底怕什麼，我說不清楚。

我在隊旗下受難

這齣劇繼續重複地演著，早上六個逼媽咪，下午四個逼我。我哭，我說不知道，我在同學們面前展覽我哭過的醜臉。經常是大家無話可說，好像拿了工資，他們得專門守著看我哭。

那天，他們交給我一個新任務：「你的媽媽態度很頑固狡滑，你回去要好好幫助她，這樣對抗下去，會影響你爸爸。」我已經昏頭昏腦，弄不清是他們對，還是媽咪對了。回到家我對媽咪說：「媽咪，你就坦白交待，不要再頑抗了吧。」媽咪生氣地反問：「每天早上六個人來逼我還不夠，你也來逼我了。沒有的事，我怎麼交待啊？」

半夜，我看見媽咪把衣櫃打開，鬼鬼祟祟地轉過臉看看有沒有人，慌慌張張地把銀元拚命往裡塞。第二天清早，我迷糊了，弄不清是真有其事還是夢中所見。趁媽媽不在，我上下左右搜查櫃子，什麼也沒有搜查到。晚上我惡夢連連，白天我頭痛欲裂。

兩個星期之後，我的神經臨近崩潰，我願意做任何他們要我做的事情，只要他們放過我，不要再來。他們給了我機會。

那個裝銀元的箱子越說越小，從大方桌那麼大說到大箱子，從大箱子說到小箱子，從小箱子說到肥皂箱那麼大。

提起肥皂箱，有了，父親過去的鐵路老同事張春元，那時在什麼油脂公司工作，父親託他買過一箱黑貓肥皂送到辦公室，工友老許把它送到我家裡。我知道那是一木箱肥皂，每塊肥皂上面有一層印有黑貓商標的薄紙，我替媽咪拿過。管不到那麼多，他們要我「誠實」。我說：「是的，有這回事，肥皂箱子裡面裝滿了銀元，是老許送到我家的。」這幫人喜出望外，苦戰終於有了成果，他們要我把這件事寫下來，對我講話客氣了不少，我感到舒暢。

我拿起筆像寫作文，「……老許把一肥皂箱銀元送到我家時，滿頭大汗，媽媽叫我打盆水給他洗臉，還給他倒了一杯冷開水……」。他們看了一遍，覺得可以，叫我寫上名字，名字下寫日期，似乎是十月，多少號記不請了。

最後「自然捲」說：「你在上面蓋個指紋。」我惶恐地望著她，不明白她講的是什麼意思。

她帶我到教師的大辦公室裡，多數教師還沒下班。「自然捲」一隻手托著借來的印泥，另一隻手捉住我右手的大拇指，當著眾人的面蘸一下印泥，在我寫的紙上摁下去。我突然想起《白毛女》裡被黃世仁捉住手，在女兒賣身契上按指紋的楊白勞。

他們拿著那張紙，臉上露出笑容，興沖沖走了，忘記了他們的許諾：帶我去見我的父親，然後一起回家。我可絕不會忘記這個。

從此，他們放我過關，每天下午我不必再提心吊膽。

但是，他們加劇了對媽咪的逼迫。六個人輪番咒罵：「狡猾的狐狸精」、「陰險的女人」、「收了銀元不肯吐」、「拒不坦白，死路一條」、「想想你的五個娃兒，捨不捨得丟下他們」、「你的女兒齊家貞都檢舉你了，你還在抗拒」。最後，他們甚至說：「齊尊周都坦白了，你還包庇。搞得不好，他放出來你又進去了。」媽咪神情安詳，回答始終如一：「黨的政策是實事求是，沒有的事，我不能亂說。齊家貞檢舉也好，齊尊周坦白也好，那是他們的事，我確實不知道。」媽咪清楚，要齊尊周承認絕無其事的貪污，那是白日做夢。

關於我無中生有寫檢舉，母親沒有責備過我，甚至沒有對我提及，她完全理解那種沒完沒了的逼迫，對於一個十歲的孩子意味著什麼。倒是謝媽媽，有一天在後院天井沒旁人的時候，叫住我說：「家貞啊，你曉不曉得你做了啥子？你啷個張起個嘴巴亂說話喲？你看你媽瘦成啥子樣子囉，你這個娃兒硬是！唉。別個宋伯伯的女兒才九歲，還不是有人去逼她，她沒有亂說。」謝媽媽充滿恨意的眼睛，講話怒氣沖沖，恨不得要咬我兩口。

我知道自己錯了，可是，又有什麼辦法呢！

癩子對談論「瘡」特別敏感，我當過「老虎」，對於「三反五反」反貪污打老虎特別留神，儘管我還只是個明知故犯邊走路邊流尿，半夜懶得起來，在床上畫了「地圖」又捂乾的角色。

宿舍進門的大廳裡擺著一個乒乓桌，這張綠色的大桌曾經是孩子們打乒乓、玩牌、彈葫荳、抓籽、跳舞的好地方。我曾經自己忙著玩彈葫荳，忘記了放在桌上不滿週歲的小阿弟。「嗨，不作數。剛才有人跳了一下。」我聲明。「快點，齊家貞，你們阿弟從桌子上摔下來了！」他的頭頓時冒出一個大血包。

家屬也開始打老虎了，老虎滿天下，鐵路局打虎隊忙不過來，把他們認為比父親小的老虎家屬交給家屬們自己鬥。大人無情地佔據了孩子們綠乒乓球桌玩耍的天地，他們圍桌而坐，一圈又一圈。家屬委員會主席蔡媽媽，住我家同一排房的第一間，講話和顏悅色做事慢條斯理的天主教徒，此時，她接受鐵路局的命令鬥老虎，幹上帝沒要求她幹的事情。

母親作為重點對象，每天上午接受六個打虎隊員的輪番轟炸，下午在家屬會上看別人挨鬥，接受教育。被排擠的孩子們轉移到別處去營造他們的新世界，我一個人坐在門口石階上「看螞蟻」。

兩眼深凹瘦骨嶙峋的母親坐在那裡一言不發。面目文雅，身材小巧的周工程師的老婆周媽媽站在那裡，一臉狐疑地望著七嘴八舌批鬥她的女人們。平時友好熟悉的笑臉突然互不相認，從整日操縱鍋盆碗盞到現在一步登天操縱別人的命運，好像每個女人都很來勁。「你說，你說，到底拿了錢給你沒有？」惡狠狠地問。「沒有，真的沒有呀。」低聲下氣地回答。「沒有？你不老實！」「快說，到底交了好多錢給你？」又一陣沉默。重複了幾天，這樣的問答沒有變，罵人的話大同小異，「不老實」、「狡猾」等等。第四天，周太太改變了她的態度，願意坦白了，她承認收到「五百萬塊（現在的五百元）」。「好！你交待是哪個交給你的？」「是用舊報紙包著交的。」空氣緩和了，我甚至可以看到打虎積極分子心裡亮起了勝利的曙光。「是哪個交到你手上的？」有人乘勝追擊。又沉默了，良久，在一片嘰嘰呱呱的追問聲中，周媽媽一字一字慢吞吞地說：「不過，憑良心說，還是沒有這回事。」她講話的聲音很細軟，但是很清晰，正在興頭上的女人們突然一起失望地起哄：「豈有此理，承認了又反悔，實在太可惡了。」我心中竊喜，弱不禁風的周媽媽有本事把這幫人耍一手，使他們空歡喜一場。

後來開始批鬥秦總工程師的太太。秦太太抽煙很多牙齒焦黃嗓子沙啞，她喜歡說笑，走到哪裡便把沙啞的笑聲帶到哪裡。此時，她非常強硬，一直扳著面孔，任憑罵人的侮辱話冰雹搬擲在她的頭上身上，始終一問三不知，絕不改口。我喜歡秦媽媽。

不久，地段召開群眾大會，媽咪擔心她像父親那樣去了再也回不了家，臨走前她囑咐我：「家貞，假如他們把我扣起來了，你要乖，要把四個弟弟帶好。」她指著床角一個小皮箱說：「箱子的最底下有二十五萬塊現金（現在的二十五元），左角邊你可以翻到一條白手絹裹著的一隻小金戒子，是家忠一歲生日大舅媽送的，可以拿去換錢用。」她講這些話的時候很冷靜，說明她早有思想準備。

那個晚上好漫長，直到媽媽回家，我才放了心。

自從一九五一年三月十三日大逮捕之後，鎮壓反革命的槍聲就經常從大田灣廣場傳來，那裡離我家和學校都很近，當時是個荒坡也是堆垃圾的地方，現在專門用來執行死刑。從報上登的報導和照片知道，一次經常槍斃幾十、上百個人。一長串嗶嗶啪啪槍響之後，一長串屍首倒臥在血泊裡。自此以後，我們經過大田灣都感到毛骨悚然驚嚇萬狀。特別是晚上參加學校宣傳演出，路經那裡，每個人都往人群中間鑽，深怕有鬼跟在背後。就在槍斃人的旁邊，他們舉辦過鎮壓反革命成果展覽，反正不收錢，放學後，我經常去看。特別是男扮女裝的臺灣派遣特務王瓊的現身表演，我看了一遍又一遍，覺得反革命很壞，特務很壞，臺灣很壞。

三五反運動開始，也槍斃了不少人，大田灣又是這批人的死亡之地。萬萬沒有想到，在我們聽到的槍聲中，有一槍是結束父親原交通部同事張春元性命的。父親為赴美考試曾在他家復習功課一個月，那箱黑貓肥皂就是他幫忙買的。報上說張春元貪污五百萬元（現在的五百元），態度頑固拒不坦白，從嚴懲處。

不管態度多麼頑固，偷一個雞蛋和殺一隻雞總是有區別的，何況頑固抗拒得越厲害越可能是連蛋也沒有拿一個。

其實，好多人不用政府花子彈槍斃，他們經不起打虎隊日夜圍攻追逼，自己槍斃自己了。鐵路局天天有新鮮消息傳來，某工程師幾天不見了，結果吊死在自己設計的房子裡；某某人給鬥了好久想不通，床上不睡睡到鐵軌上獻身了；某某人用剃鬍刀割斷喉嚨睡在血泊裡安眠……。我太小了，沒有大人對我講這類事情，這類事情自己灌進我的耳朵。

我開始擔心媽咪會自殺，每晚睡覺都神魂不安，常常突然驚醒，坐起來大喊：「媽咪，媽咪。」聽見媽咪說：「你幹什麼，好好睡覺。」我才放下心來繼續睡去。

可是，當事情真正發生的時候，我卻因長期的心力交瘁熟睡得一無所知。

母親無處訴說冤情，無人分挑重擔，打虎隊無休無止的折磨，丈夫歸來遙遙無期，活下去太難了。那晚，母親決定自殺，一了百了。她準備了一大瓶來蘇爾，喝下去，必死無疑。她看了一遍熟睡的我們，決定留幾句話。寫給誰，寫給父親？他在哪裡，能收到嗎，即使收到他又能做什麼？不行。寫給孩子？他們太小，最大的不到十一歲一點不懂事，最小的才兩歲，也不行。她決定寫給舅舅張亨中、張百鋼。一想到舅舅，她的心重重地一顫，怎麼向他們講？他們正在竭盡全力為了幫忙養大這五個沒有父親的孩子！媽咪想：「我是他們的母親，卻想逃避責任，拍拍屁股撒手不管了，我對得起他們嗎？」「不行，我不能這樣做，再艱難也要挺到底。」她悄悄把東西收了起來，母親的責任感要求她忍辱偷生。

五二年初的一個夜晚，謝媽媽把我喊到後院天井，當時正值隆冬，我穿得很多，外面還套了一件黑色的狗皮大衣，相當暖和。謝媽媽輕聲告訴我：「家貞，今天晚上七點半，鐵路局那六個人要來看你。」

這一生中，我親眼見過一個人被嚇得抖個不停的樣子，那就是我自己。我一聽，嚇得魂不附體，馬上周身發冷，劇烈地顫抖起來，我的上下兩排牙齒狠命地咯咯咯打架，像上足了發條，怎麼也停不下來。

謝媽媽用手緊緊地摟住我身子：「你不要害怕！今晚我也在。他們要核對你寫的檢舉，再把你媽交給家屬鬥。」她指著我的鼻尖咬緊牙關狠狠地說：「家貞，今天晚上，就是有刀架在你的脖子上，你也不能再亂講話了，除非你想整死你的媽。」我一輩子忘記不了謝媽媽眼睛裡憤怒的兇光。可是，聽說謝媽媽也在，我心裡踏實不再害怕停止發抖了。「記住了沒得？」她還不放心，又重複一遍：「就是有刀架在你脖子上，今天晚上你也不能再亂講了！」謝媽媽用手做了個刀架在脖子上的動作，我雞啄米似地使勁點頭使勁點頭。

六個打虎隊員準時到來，我被叫到蔡媽媽的房間裡，那個「自然捲」，後來我才知道姓廖，是鐵路局團總支書記，打虎隊隊長。她把我寫的檢舉給蔡媽媽、謝媽媽和另外一個家屬代表傳閱，然後舉起它問我：「齊家貞，這個檢舉是不是你寫的？」我馬上回答：「是的，」接著，我響亮地說：「但是，這不是真的，是你們逼我寫的。你們說寫了就帶我去看爸爸，把爸爸牽回家。你們騙我！」想不到我會翻供，而且說他們在騙人，他們大吃一驚。打虎隊隊長再問：「齊家貞，這是你親口講的，你自己親筆寫的呀。」我說：「對頭。其實是我編的。我每回都告訴你們我不曉得，你們還要天天到學校來問我，我只好亂說了。那個肥皂箱裡頭裝的是一箱子肥皂，根本不是銀元。」我話音高昂，毫無畏懼，態度前後判若兩人，他們猝不及防，一時竟沒有人開腔。我更大膽了，再補充道：「就是你，」我指著那個女人說，「是你捉住我的手蓋的指紋，像黃世仁一樣。」講了這些話，出了滿肚子的惡氣，千真萬確的罪證瞬間魔術般地化為烏有，我心裡好痛快。

我突然如此地勇敢起來，這是他們始料未及的，房間裡的空氣一下子凝固。蔡媽媽同那幾個打虎隊員商量了幾句，轉身對我說：「好啦，齊家貞，你回去吧。」

我像英雄凱旋，媽咪和謝媽媽都笑了。

一週後，我和大弟放學回家，剛走到半坡，等候在那裡的母親把頭探出窗外，叫住我們示意不要回家，她要講話。我倆沿著大樓外面的牆根走到我家窗下，媽咪扔下五角錢：「家貞，你帶四個弟弟到對面館子吃飯，他們三個馬上出來，吃完飯就在外面玩，直到我喊你們回家才回家。」

我倆趕緊走到大門口，二弟安邦一隻手牽治平一隻手牽阿弟，三個矮葶薺都是穿的背後扣的長棉袍，像三個不倒翁既可愛又可憐搖搖擺擺出來了。

天都黑了，我們才被叫回去。走進房間，嚇了一大跳，這是我們的家嗎？亂得一塌糊塗，所有的東西像發了酵，成倍地膨脹了起來，滿地滿床滿桌子滿椅子都是，幾乎沒有我們的立足之地。「鐵路局來抄了家。」媽咪說：「地板角有個老鼠洞，那人命令我拿根竹竿給他，他把長竹竿伸進洞裡捅來捅去，還轉過身來觀察我的臉色。實在好笑，沒有的事還那麼當真。」媽咪不禁咯咯地笑了起來。

銀元一個沒有抄到，抄走了許多東西，包括美國鐵路協會每年寄來的資料和所有的英文書藉，《杜魯門傳》也在劫難逃。父親的十幾本罵國民黨腐敗無能沒罵共產黨一句話的日記也抄走了。那些日記我沒看過內容，太多了，我用大拇指翻刮了一下，瞧瞧那一頁一頁用毛筆寫在窄窄行距裡的蠅頭小楷橫豎撇捺筆筆到家，你就看到了一個人的意志、恆心和毅力，你就相信，前面一定有一個偉大的目標在指引。其中一本第一頁，貼著從結婚證上剪下來的小天使。父親寫道：「父母愛子女猶如牛毛之多，子女愛父母無牛毛之長。這些小天使像徵我可愛的子女，願他們長大成人後，切勿孝敬為父，以減輕我這不孝之子的罪過。」

我最有興趣想要看的是父親寫給母親的情信。信箋是白得藍浸浸的暗行紙，一律用毛筆直行書寫，工正整齊，蒼勁有力，一絲不苟，從「愛字第一號」、「愛字第二號」……順序編下去，足有四五百頁。母親把一張張信箋展平按編號疊放整齊，存在一個粗鐵絲編的方筐裡。我幾次企圖偷看，都被媽咪發現阻止了。這些人搜查銀元，卻把與銀元無關的愛情信統統搜走，我永遠失去閱讀的機會了。

媽咪呀媽咪！你要是讓這些情書深植進我幼小的記憶，等於有了他們搶奪不去的Copy。今天，它就能在本書裡發芽，開出世界上最絢麗最芬芳的花朵。

此外，大量的照片、信件、中文書藉也席捲而去。父親精心保留的唯一的一張祖父母的照片和他倆雙亡後從柬埔寨寄回來的兩本護照，他在美國實習時用心血凝聚而成的筆記，算命的批命書，趙陰官記下的我祖父在成都投胎的新地址，抗日時期父親取「不鳴則已，一鳴驚人。不飛則已，一飛衝天」之意，以筆名「鳴天」發表的文章及底稿，保山搶料的嘉獎令，還有我們幾個孩子當玩具耍弄的父親中學以來得的體育運動獎章都一無遺漏地抄走。更稀奇的是，連留聲機和父親那雙美國皮鞋也拿走了。

槍斃一個人，連他的影子也要橫掃。

還不錯，剛解放比後來清廉，不幾個星期，通知媽咪去拿回那雙多災多難的皮鞋。剛從他們辦公室跨出門，後面傳來一個男人的聲音：「嘿，反革命家屬。」通過這聲罵，才知道，我們是貪污分子家屬，又是反革命家屬。

被譽為海南島第二個海瑞的齊尊周，今天突然成為大貪污犯；罵國民黨的人國民黨不關他，求進步、求革命寄厚望於共產黨，關進了共產黨監獄。

世界竟會如此橫不講理橫衝直撞信口雌黃！

抄家第二天開始，全家受管制。平時，不准母親出門，上街買菜先向居委會請假，回來銷假。有人來訪必須先彙報登記，幾個人，什麼關係，幹什麼的，為什麼來。當時亨中二舅的船由原來開上海到連雲港改成漢口到重慶，他把小舅媽和一對兒女接到重慶住。除他們一家來過一次，母親及時報告外，無人前來。我和大弟每日上學前，先去蔡媽媽家接受搜身，衣服褲子口袋裡朝外翻出來仔細檢查，兜底倒空書包查看有無銀元贓物轉移，放學回來先接受搜查才准回自己的家。天天如此，她們不辭辛勞。

一天，為一件小事我和一個小朋友吵起來，她吵不贏就說：「我爸說的，你爸是壞人，是反革命貪污分子。」我反擊：「你爸才是。」她問：「那你爸為什麼不准回家。」這下可戳到了我的痛處，我一巴掌刮過去，兩個人扭打起來。我個子比她細小，眼看要敗下陣來，「左手」急急衝過來幫忙了，興國用五個手指頭插進她密密的頭髮林裡，緊緊一擰，扯住半個頭皮往下按，我乘機打她打她，她大呼大喊跑掉了。打贏了架，我開始惶恐不安起來。還好，她沒有告狀，我們竟安然無事。

一個週末，大弟在門口地上撿了個燃著的煙頭，他用嘴輕輕一吹，煙頭紅亮起來然後又黯淡下去，再吹，再紅亮再黯淡，像鳥兒掀動翅膀，像大地呼吸起伏，興國覺得好有趣，再撿一個放在石梯坎上，乾脆坐下來吹著玩。一個家屬看見了，連奔帶跑去彙報家屬委員會，說興國想放火燒這幢大樓。母親急如星火趕來，他的遊戲已經結束。家屬委員會責令媽咪寫檢查教子不嚴，保證不犯類似錯誤才算過關。興國挨了媽咪的打，他不明白自己為什麼要燒大樓。本來就內向的大弟更加沉默，眼睛裡與生俱來的笑意漸漸隱去。

五二年四月，媽咪請了假去鐵路局交房租，剛走出會計室，遠遠看見父親的背影。以前，有人告訴她，在鐵路局看見過父親，母親暗暗希望她也能碰到他。果然，老天有眼，他就在前面，母親叫了兩聲，父親轉身迅速走過來。分別一年多，杳無音訊，乍然相會，悲喜交集，母親頭有點暈好像在夢裡。千言萬語不知從何說起，父親一貫比母親好哭，此時已經熱淚盈眶，他叫了一聲「媽咪……」。時間不允許浪費，媽咪問：「說是你已經坦白你貪污了一箱子銀元，錢是交給我的？」父親好生驚訝：「真的嗎？沒這回事！我怎麼一點不知道。」

天下有這等奇事，根本不存在的大貪污案，他們竟能從開始到結束做得唯妙唯肖煞有介事，和《皇帝的新裝》裡那兩個裁縫騙子一樣有特技。荒唐的是，打虎隊不過問「貪污份子」本人，卻一直對家屬窮追不捨，進而管制，包括管制兩個十一歲和七歲的孩子，直到一九五二年八月十二日，我家被鐵路局掃地出門。

媽咪想想後怕：「他們想先從比較好欺侮的家屬打開缺口，親女兒齊家貞『檢舉』，如果我，他的老婆，經不起威逼也胡編亂造，也檢舉，他們再拿『證據』去逼你的父親，你父親對貪污恨之入骨，殺他的頭也不會承認沒有的事情。那麼，『罪證如山，頑抗到底』，那只『肥皂箱』就足夠送你父親上斷頭臺了。張春元的情況未必不是如此。」

多年以後，父親回憶這件事，他說：「他們在政治上整了我感到不夠滿意，還要在經濟上把我整垮，不發工資，栽誣我貪污，並且名正言順以搜查銀元為由抄家，希圖找到進一步的政治把柄，政治經濟雙管齊下置我於死地。毒辣至極啊！」

五二年八月，西南鐵路局門口貼出一張開除歷史反革命齊尊周公職的佈告。未經審理宣判，送他到「重慶二塘公益磚瓦廠」勞改。數月後，才收到一張判刑三年的紙。前面一年半多的關押不作數，白坐。

和父親一起在「磚瓦廠」勞改的鐵路局同事陸宗睿悄悄對父親講：「就是把我弄到大田灣槍斃，我也不明白為的是什麼？」

這是父親百思不解的問題，也是母親百思不解的問題。

為什麼，究竟為的是什麼？

五二年中秋節，一個皓月當空天涼氣爽的晚上，父親被勞改隊陳隊長叫到外面來，幾句「八股」之後，他竟惋惜地說：「齊尊周，要不是你那麼自高自大，啷個會來勞改喲！」陳隊長一語洩漏天機，父親卻更入五里霧中，更加莫名其妙了。

自高自大，可以據此判刑？

父親儀表堂堂，一米八的身材魁梧挺拔。炯炯有神的大眼睛盛滿正氣與靈光，面色紅潤精力飽滿，氣質平實高貴。無論何時何地，只要他在人群中出現，肯定出類拔萃。在中國如此，在美國也一樣。

四九年共產執政之後，西南鐵路局三十七歲的少壯派齊尊周出現在——多數人大字不識幾斗，僅為一口飽飯而參軍幹革命的農民，那些穿草鞋打江山自以為得勢天下第一，鳩形鵠面裡外一派猥瑣的軍代表黨頭頭，那一攤子賣不出去的臭魚蝦罷腳菜——的面前之時，會是一種什麼情景呢？他們會不會污泥濁水不能容忍雨露清泉，會不會因為仰視光明睜不開眼睛恨不得召集黑暗把光明坐在屁股底下，會不會像長了幾根新毛的癩狗見不得油光水滑的駿馬，會不會自慚形穢自愧不如而七竅生煙妒火中燒惱羞成怒，會不會……這種人類下流齷齪低鄙的感情，幾乎不需要醞釀不需要片刻猶豫不需要載體，便自然地從陰暗的靈魂裡流淌而出。它們實在太飄渺太遊移不定太難以捉摸太抓不住把柄，當事人可以統統不認帳！不幸的是，這些見不得人的骯髒情緒，如果與權力結合，它們常常具有難以置信的傷害力量，它們把火星變成火災，把小溪變成山洪，害人不淺，殺人如麻。

父親不善交際應酬，但對每個人都充滿真誠和善意。他性子急，走路匆匆忙忙直來直去，上班下班，從不在路上逗留，從不關心與工作無關的人和事，誰的黨齡有多長，誰的官位有多高，誰的權力有多大，哪個女人是哪品官的婆娘，哪個孩子是哪位大人的公子，都進不了他的腦筋。他一貫傲上，從不趨炎附勢，從不對領導無話找話搭訕，絕不對上司獻殷勤，也不屑於花時間瞭解人事關係。他笑眯眯的眼睛掃過你一眼，或許目中無人什麼也沒有看進去，不可能表示輕蔑也沒有充滿敬意。或許他友好地對你點了點頭，但是他並沒在意對方是什麼地位，反正都是人，是人都可以進入他的視野。他認為「主權在民」、「民貴君輕」，他心口如一言出必行，為百姓幹實事。當窮人在鐵路局修房子的工地上撿刨花，被幹部推趕的時候，他看見了，他講話了：「這些沒有用的爛東西，讓他們撿回去燒吧。不是說鬧革命就是為窮苦人民翻身求幸福嗎？」看見鐵路局的新幹部們，搶著把柴運回自己的家裡，有的好木材也往家裡搬，父親懷疑這些人打天下到底真的是為窮老百姓，還是為他們自己？

半輩子都這樣，父親嘴上不唱好聽的歌，心實實在在放在窮人身上。他用他的忠誠和才幹盡職，勇往直前目不旁顧。

我家住在坡頂，加上坡後的鐵路局宿舍，總共有上百個家庭。不知為什麼，我們的家與眾不同。媽咪此時已不帶手飾、不化妝，不過，她燙頭。她自身的優美使普通的旗袍也產生和諧與眩目的光彩，男人看她，女人也看她。孩子們則遠遠地一面跳一面叫：「妖精妖怪，偷油炒菜。先炒妖精，後炒妖怪。」母親不適應這種大兵團的家屬生活，一千隻眼睛盯著你，你也參加一千隻眼睛去盯別人，太難以適應。她只好微笑著走進走出，很少與人交談。

一天，我在門口同小朋友踢毽子，兩個家屬站在坡口往下看，一會又來了幾個，指指點點擠眉弄眼，我以為有稀奇，也跑過去看。原來是媽咪抱阿弟進城看病，回來時走不動了，叫了一頂滑竿（類似轎子的人力交通工具），正在爬這個令人望而生畏的高坡。這堆人行注目禮追隨抱著阿弟的母親下轎、付錢直到經過她們身邊返回住房。我攆了媽咪幾步又折回來打毽，聽見一個女人說：「摩登太太架子大，看不起人，玩得來格，回家還要坐滑竿勒。」

我家的生活用品基本上都是從上海帶來的，不少是美國貨。父親喜歡吃黃油，過去經常買裝在深綠色大聽裡的軍用白脫，硬硬的黃黃的，當時只剩最後半聽，父親把它塗在餅乾上給我們吃。有人看見了說：「哎呀，這家人吃肥皂夾餅乾勒。」阿弟的尿片涼在天井裡，那一張張兩尺見方厚厚的雪白的暗花紋布塊拿來做尿片，在不少人眼裡這簡直是糟踏聖賢，其實這都是過去剩下的整包全套嬰兒用品。連我們叫母親「媽咪」也遭人議論，不知是何方怪物，興叫「貓咪」。

我們五姐弟，小時候個個長得都好看，媽咪給四個弟弟穿戴得乾乾淨淨，小飛機頭抹點水梳得整整齊齊。我因為要亂大人的麻將場合，大人以為用給我燙頭髮總能把我嚇走，有一次我不走，偏不怕燙頭。受不盡的罪之後頭髮捲了，到重慶還沒有直，有人叫我「小妖精」。總之，在這個初來乍到的地方，人們對父親不瞭解，對我家也未必接受，一切都是如此地格格不入。

家喻戶曉，解放後出盡風頭的《東方紅》歌曲，從老根據地的「東方紅，太陽升，中國出了個毛澤東，他為人民謀幸福，呼兒嘿喲，他是人民的大救星」，就指出了毛澤東前恭後倨一步登天思想地位的變化。大大小小的「老長工」，到四九年黃袍加身後的「呼兒嘿喲，他是人民的大救星」，就指出了毛澤東前恭後倨一步登天思想地位的變化。大大小小的「老長工」，一步登天，成為大大小小的「大救星」。那就是說，他們是征服者勝利者恩賜者，這塊土地上所有的人都要向他們稱臣跪拜、曲意奉承、以命相許，包括對他們的愚昧、無知、粗俗、惡習、偏見、自私、詭詐、凶殘，表示尊敬。而且，每一個「大救星」都代表共產黨，都代表新政權新中國，你得罪了其中任何一個人，你就是反對共產黨，就是反對新中國，就是反動，就是反革命。

不識時務的父親真的做了兩件非常「反動」的事情。

剛「解放」不久，鐵路局劉軍代表第一次召開各部門領導人會議。他講到：「國民黨的官吏沒有一個不貪污的」，父親嚯一下從座位上站起來，大聲反駁：「劉軍代表，你講的不是事實，」他指著自己的鼻子說：「我就一分錢也沒有貪污過。」父親沒想到，他公開頂撞真理的化身，掌握生殺予奪大權，放個屁就是法律的劉「大救星」（後來的鐵路局局長，父親記不得他的名字了），種下了禍根。

有什麼辦法。像父親這樣的人，不要說察顏觀色，見風使舵，避害趨利，他全不會，就是事先耳提面命，如此如此，這般這般。到時候，他忘得一乾二淨，還是被他的德性掌控。

五〇年秋，總務科通知父親去領一套呢制服，根據身材，他應該領大號。父親問要付多少錢？科長回答：「所有西南鐵路局科級以上的幹部每人一套，主要由公家負擔，自己象徵性地出一點，具體多少還沒有定，到時直接在工資裡扣。」父親一聽，頭都炸了，這怎麼行，拿公家的錢為當官的發呢制服！他在鐵路公路局工作了十幾年，從來沒有碰到過這樣的事情，說國民黨貪污腐化，還沒有猖狂到公開這樣幹的地步。出乎總務科長的意料，父親拒絕簽字，拒絕領呢制服。他說：「這是在搞集體貪污，我不能參與。」整個西南鐵路局，那些軍代表黨頭頭處長科長，個個神氣活現地穿上了，齊尊周是獨一無二沒有穿呢制服的科長。

晚上，父親在枕邊對媽咪講：「共產黨三大紀律，八項注意，不拿群眾一針一線，我想這個政府應當是十分廉潔的，怎麼拿國家的錢辦私人的事？何況現在剛剛解放，百廢待舉，國家急需資金搞建設，更不能這樣做。」

自父親走入社會十幾年，他高風亮節秉性清廉，不僅不同流合污，還以他一身正氣和無私無畏的勇氣不懈地與各種貪污行為搏鬥，常常是孤軍奮戰，有時大獲全勝，有時自己垮臺。但是，「此處不留人，自有留人處」，怕什麼。國民黨時期，父親的這種德性居然走通了。但在新中國共產黨治下，父親當眾捍衛自己的清白，拒絕呢製服，他以為就像他曾經拒絕蔣介石上校侍從副官的無理要求，就像他在特務指令信上批曰「放狗屁」，就像他抗日時期把那些盜賣國家汽油的傢伙全部送去吃官司坐牢房那麼簡單，那麼沒人奈何得了他，那麼不會引火燒身，那麼繼續享受清淨？

這一次，父親大錯特錯了。

那還得了，一個國民黨偽官吏（我們所有表格都規定這樣填寫家庭出生），膽敢不識抬舉，假裝正經；一個與中國的頭號敵人美帝國主義有過勾結的洋奴，居然不俯首貼耳不唯命是從；一個社會關係複雜又有海外臺灣親友的傢伙，為非作歹，拒絕縮腳！嘿，敬酒不吃吃罰酒，看我們慢慢來收拾你。一時間父親的處境非常不妙，生性遲鈍的他此時明顯地感到自己被孤立，有事向上級或同級聯繫，明顯地受到冷落，許多不友好、懷疑甚至惡意的眼光落到他身上，他感到很不自在。到人事科交幹部履歷表，科長只斜視了一眼，還沒看清就問：「都填清楚了沒得？」一副官腔，一臉不屑。

晚上，父親在床上對媽咪悄悄講：「共產黨不信任人，不信任人的政權怎能長久。」

父親得罪了鐵路局的劉軍代表，就是得罪了共產黨和它下面大大小小的「太陽」，就是向茅廁裡扔炸彈——激起公憤（糞）。不久，父親去上班，沒有回家。

所謂反動，據他們搞政治的人說就是「逆歷史潮流而動」，我說，就是拒絕同流合污。父親碰上一個扼殺個性的時代，一個扼殺個性的群體，專門扼殺拒絕同流合污的人。

儘管如此，在鐵路局一年零七個月非法拘禁的日子裡，不允許父親回家，家裡也不知道他身在何處，父親沒有抱怨，沒有後悔，更沒有憎恨。他覺得來渝時間太短，自己有義務講清他們想知道的一切。他還在希望共產黨盡快瞭解他，盡快信用他搞他的鐵路本行，不要浪費他寶貴的年華，讓他養活自己的家。父親搜索枯腸回憶過去，頭想痛了，更多的白頭髮冒出來，領導還說交代得不清楚不徹底，重寫。重寫了一疊又一疊，父母雙親的遠遊，小學中學的苦讀，失學失業的思考，走向社會的開端，鐵路工作的艱辛，抗日戰爭的奉獻，赴美理想的實現，歸國投報的赤誠，南京兩年的政績，不肯當特務市長屬下的辭職，改變南遷原意舉家來渝的抱負，對國民黨的失望，拒絕赴臺去港堅留大陸的決心……。他特別解釋了被迫集體加入國民黨三個月的經歷。後來，國民黨黨部通知所有黨員重新登記，逾期不登記者自動失去黨員資格。父親不登記不再交黨費，乘機擺脫了。想不到這短短三個月的舊帳，八年多後被共產黨抓住不放，雞蛋裡面挑出了骨頭。

當時的疑問集中在：為什麼口口聲聲要搞鐵路事業，從美國回來後卻去了首都南京搞公共汽車？為什麼四九年初蔣家王朝崩潰前夜離開南京，來到國民黨殘渣餘孽麇集之地重慶？為什麼拒絕香港、臺灣之邀，堅留重慶賣衣當褲度日？不可忽視的是，去過美國，有諸多海外關係，給了這批人極大的自由想像的空間。

其實，提出這一連串問題，恰恰勾畫出他們自己的靈魂，揭露了他們自己的嘴臉，「人不為己天誅地滅」才是他們內心最真實的寫照。

「人不為己天誅地滅」的信徒們，就像井蛙豈能理解鴻鵠之志，他們哪能相信世界上竟然存在大公無私公而忘私的人？父親不遺餘力地寫了一年零七個月材料，拼命解釋，列出許多可以作他證人的名字，包括謝文龍、馬俊超、沈怡、鄧益光……，可是，有屁用？不要說他們全都遠走高飛離開中國了，就是還在大陸又怎麼樣呢？父親寫的多少公斤重的交待材料，那些被他們抄走、以為是護身符的上百萬字的大罵國民黨的日記等等，統統不是證據，統統等於零。他們主觀的懷疑、構想、分析、編造、以己之心測人之腹、無中生有的推斷和他們整人的決心，才是鐵的事實。

這樣，解釋得越多懷疑越深，交待得越誠實越說你在撒謊，敘述得越細致越認為你在詭辯。實事求是是強詞奪理，解釋申辯是避重就輕，沉默不語是負隅頑抗。驚訝是裝傻，氣憤是抗拒，據理力爭是反動到底。一句話，你說我集體貪污，老子說你是「大老虎」；你說你是愛國，老子說你是國民黨特務；你說你為窮老百姓著想，老子說你是人民的頭號敵人；你說去美國是學技術，我說你是走狗幫凶賣國賊。

屈辱透頂，荒謬絕倫。

此處，成王敗寇應譯為：王者，強盜土匪也；敗者，上當受騙之徒也。

沒料到的是，來重慶接收成渝鐵路的共產黨西南服務團人員裡，有位叫袁覺民的，原是南京市公共汽車管理處的地下黨員，他說齊尊周在南京時群眾關係很好，五七年被打成右派。

三十年後，在父親一再要求下，重慶市中區政協一位李姓幹部去法院催促重新審理父親的舊案。從法院得知，當時送父親坐牢的劉軍代表，後來的成渝鐵路局長，他連手諭都沒寫一張，只是口頭對祕書打了個招呼，送齊尊周去勞改。到勞改隊四個月，才由最高法院西南分院補發了一張判決書：「齊尊周解放前係軍統特務，……解放後隱瞞歷史……判刑三年，刑期從判刑之日算起，……」等語。父親一生與軍職不沾邊，何來軍統特務？既不是特務，怎談得上隱瞞歷史。況且先勞改，後宣判，「媽生外婆」；被非法拘押的一年零七個月不算在刑期內——高利貸發放，算進不算出。

劉「大救星」一句話，葬送齊家兩代人。

第八章
「明天」終於來臨

五二年八月十二日下午，我和興國快快地跟在板板車後面，離開了國際新村一號，這個憤懣多於留戀的地方。行李已經搬空，這是最後一趟，媽咪和三個弟弟一清早就去了新家。板板車在凹凸不平的石子路上巔簸，車上的大包小裹可憐地跟著震顫，兩根長晾衣竿分分秒秒在抖瑟。我和大弟迷茫的心境裡有一絲解脫的輕鬆——過正常孩子的生活，上學放學不再被搜身。

我家在和平路一一二號二樓臨街的一個十二平方米的房間，開始新的生活。

舅媽和一對兒女住在三樓後間，是她幫我家租的這間房子，此時她正在等待第三個孩子出世。我們兩家在一個鍋裡舀飯，也就是說舅舅養活我們。小舅媽請了個年輕的農村姑娘照料兩個孩子，買菜做飯家庭雜務則由母親承擔。清晨，媽咪提著籃子去菜市，轉來轉去一分一厘想省錢，白天她圍著鍋臺做十個人的一日三餐，晚上，她戴著老花眼鏡坐在床上一分不落地記下當日的帳目。她才四十歲眼睛就花了，是舅舅給她買的老花眼鏡。媽咪屬豬，舅舅溫暖的玩笑「怎麼樣，你這隻母豬囉呀，帶著五隻小豬囉呀」，使性格堅強的母親，常常在親人面前眼淚忍不住倏然而下。

舅舅憐憫我們沒有爸爸，船到重慶，如果有空，總要帶我們去他船上玩耍。在他船長室的皮沙發上打滾，在寬敞的甲板上奔跑，摸摸掛著的救生圈，轉轉開船的大羅盤，扶住欄桿看船外遠處的景色，都令我們說不出的新奇和興奮。有一次，舅舅帶領兩家大小去大陽溝「粵香村」吃飯，我們開心得不得了，每

父親被鐵路局開除勞改，我家由亨中舅舅養活。
左起一排：阿弟、大妹張迪芳、治平。
二排：媽咪、舅媽朱美雲、舅舅張亨中。
後排：安邦、興國、家貞、張遇祥。

個孩子都搶著要牽舅舅的手，他選擇了我和興國。其餘我家三個和舅舅自己的兩個，五個孩子像一群小狗歡騰著搖尾巴，圍著舅舅前呼後擁，弄得大家步子都邁不開。

被一個大男人的大手牽著，我內心感到前所未有的寧靜與安適，一種難以言述的體驗在升騰。四十多年後的今天，我才真正明白，這是一種安全感，一種只有父親才能給予的安全感，孩子需要父親的保護和保衛，心裡積聚著飢渴。

兩個女人很放鬆，在我們後面慢慢走慢慢聊。母親穿的一件深藍色底大朵白玉蘭花的旗袍。我驀然回首，發現生了五個孩子經過如此風霜雨雪打擊的她，還是那麼美麗優雅光豔照人。後來，當我讀拜倫「她走在美的光華中」這首詩的時候，眼前就浮現出我的母親。

媽咪告訴我，她做了個夢：「我要過橋，河水湍急河床太寬，沒有船過不去，我正在焦急，面前突然冒出來一座橋，我沿著橋走到中間，發現它是軟的像只彈簧，一彈就把我彈到對岸去了。」她覺得這夢是個好兆頭，很高興。她說：「家貞呀，你要聽話不要氣我，讓媽咪多活幾年，看看世界。」媽咪思念父親，期待著他的歸來。同時，她不服氣，要看看這個濫整無辜的政權，到底是怎樣的結局。

可是，對於五個不諳世事的孩子，我們已經丟棄對父親歸家的期待，母親便是我們的一切。這並非我們的選擇，我們沒有權利選擇，生活給我們什麼，我們只能接受什麼。我們與叫化子無異。

從養尊處優的張小姐到不愁吃穿的齊太太，到受盡鄙夷、分文無進的反革命家屬張則權，這種處境的巨大落差簡直可以置母親於死地。但是，經過「打老虎」那次的「自殺」，母親像得過了「天花」，終生免疫。她鐵了心，無論什麼天災人禍的打擊，她都要活下去，為了五個子女，為了父親歸來全家團聚。

媽咪像隻母雞，帶領五隻小雞在和平路「築巢」。

和平路不寬大，它從七星崗兩個陰冷的小隧洞開始，坑坑窪窪的路面一下雨便填滿黃水黑漿，沿街的商店陳舊陰暗無精打彩。但是，它的末端卻榮幸地上了毛澤東的文章，那是抗日時期郭沫若演講挨打的地方——較場口。

我家就在七星崗城門洞和較場口連成直線的中點。家的對面是一個斜坡叫倉壩子，站在坡上看我家，洞若觀火，連牆上媽咪的照片也能看清楚。

推開房門，按順時針方向沿牆看，一張棕綳很鬆的雙人床，床上方掛著一尺二寸大的母親二十八歲時拍的照片，清麗柔美，端莊高雅。然後是放我們衣服的舊高低櫃，老闆娘借給的梳妝臺，上海乾爹送的蝴蝶牌縫紉機、大木板床，床上方吊有一個小黑板，母親有時用她出色的粉筆板書教弟弟認字，油漆剝落的書桌，最後是藏在門背後的尿罐（馬桶）。房中間是那個貪污案提到過的大方桌，三只方凳子和那個同父親跳過舞的木椅。加上五個活蹦亂跳的孩子和一個忙進忙出的女人，房內熱鬧擁擠之狀可以想見。

高低櫃上還放了一張八寸的著色照片，那是母親三十七歲在南京拍的，笑得放鬆開朗，心滿意足。

這裡的鄰居和鐵路局的大不一樣。

三樓，住著舅媽一家和她哥哥的相好陸阿姨，一位漂亮的上海女人，她把精湛的上海繡花技術帶到重慶，以縫紉機繡花養活一對小兒女。另外一間是一對年輕夫婦，關著門過日子，笑得多說得少，天塌下來不在意。我們這層樓，對面住著張碧君媽媽，丈夫是國民黨起義將領，在小老婆統帥下易地而居過日子。媽咪和張媽媽很要好，她久已不聞的笑聲又傳進我們的耳裡。

我們的父母幾乎沒有朋友在重慶，張媽媽倒有幾個人客來走動，久而久之，也成為媽咪的朋友。一位是解放後一直當傭人的許媽媽趙君秀，長期洗衣服做重活，十指彎曲關節腫大，沒有自己的家。她長得非常端正漂亮，然而一字不識，我成為她的私人祕書，幫她讀信寫回信，直到我也坐監牢。她的丈夫許權，是鼎鼎有名的長沙大火戰犯。杜聿明將軍想留一座空城給日本人，由許權替他計算需要多少燃料。據說，燒死了人。為此，許伯伯「解放」前坐牢，「解放」後當戰犯也坐牢，先在武漢，後來關在瀋陽。他有閒心寫諸如「君秀吾妻，見字如面」的情意綿綿的長信，但是，他不知道，家鄉彭縣的老父親和三個已有妻室的弟弟，卻因為是戰犯許權的親人，全部被鄉政府槍斃。臨刑前，許權的老父親下跪請求開恩，給最小的當司機開卡車的兒子一條活路，留下他來掙錢養活遺留的一大幫孤兒寡母。但是，他們要斬草除根，一個不留。

還有一位張媽媽，丈夫張槃「解放」前也在軍隊裡幹過事，一手好畫。張媽媽比張伯伯小二十歲，比媽咪她們也小一些，生性活潑直爽，不需要太多的鼓勵，便開始表演節目，節目只有一個，頂一方手帕在頭上，提個菜籃子作道具，演唱抗日歌曲「賣花生」。

這幢樓裡不是親戚就是朋友，基本安全。

樓下「五倫茶社」的老闆即我們的房東正為煙毒罪服刑五年，一人支撐門面的老闆娘很能幹，她的水蛇腰一扭，長長的粗獨辮跟著晃蕩，對我們從來是笑臉相迎。從茶社往兩邊走，一家挨一家不是茶館，就是高高掛著「雞鳴早看天」燈籠的旅館。其他的裁縫店、鐘錶店、小麵館子、老虎灶、彈棉花的、做皮鞋的、印染床單的，全是「乾飯稀飯，各人的搞幹」，都盯著自己的碗，沒時間管人。加上大多數人住在這裡很久了，每人都瞭解每人的歷史舊聞：誰人「解放」前是妓女，誰是嫖客，誰是偽軍官，誰是賭鬼鴉片鬼，誰家有人坐牢，誰的掌櫃是農村的地主，誰不是那男孩的親媽……。總之，眼睛抵著鼻子擠匝密匝住在這裡的人，沒得當官的。你不說我鹽鹹，我不說你醋酸。

相比而言，和平路有和平。

依仁小學給我的極大的榮譽和來自師長同學的信任，滿足了我的自尊心和榮譽感，規範著我讀書的態度和枝蔓橫生的熱情；鐵路局上千隻眼睛的盯視和迅速而來的全家管制，是卓有成效的緊箍咒，把我箍在「不調皮」的框框裡，它們在很大程度上抑制甚至扼殺我自由的秉賦和不羈的野性。

現在，我解放了，我似乎在加倍地把失去的撈回。

三反五反的惡夢已經留給了昨天，我同孩子們跳橡皮筋繩輕鬆地若無其事地唱著：「橡筋繩，我會跳，三反五反我知道，反貪污反浪費，官僚主義要打倒。」我和女孩玩修房子、偷步、跳繩、踢毽、老鷹抓小雞。我還同男孩子們玩「十八節的貓哪裡來，這裡才是好招牌」的官兵捉強盜遊戲，當了俘虜還要「請假出來遊花園」。晚上，我倚在樓梯上看樓下熱氣蒸騰的茶館，生意熱火，一片哄鬧，說書的，擊大鼓的，天天晚上花樣翻新。太熱了，我借把涼椅睡在街沿口，賣唱的年輕姑娘牽著戴黑眼鏡的瞎子爹拉二胡兜生意。有人點唱，她的尖嗓子響徹街頭：「一隻青蛙一張嘴，兩個眼睛四條腿，乒蹦乒蹦跳下水，瘸蟆不吃水，太平年，瘸蟆不吃水，太平年。」又是一番嘻笑。

和平路上各種各樣的叫賣聲從早上到晚上不絕於耳。清晨那首像情歌一樣溫柔的「糕喲……」，一聲長長的顫音之後才跟出來緩聲緩氣的「白糖糕」三個字，將你睡眠中最後的夢塗上白糕的酒釀氣息，揭開你一天的序幕。

在「波絲糖，波絲糖，大人買給細娃嚐，高高興興上學堂」的帶甜味的歌聲中我背起書包上學堂。放學後踏著「五香筍豆」、「麻辣豆腐乾」、「蘿蔔線」的帶茴香味的歌聲回家。主婦們忙著跳鍋邊舞的時刻，那悠長的「骨頭，找來賣錢，雞骨頭鴨骨頭豬骨頭牛骨頭找來賣錢」和粗獷高吭的「潲水賣錢」駕到了。吃過晚飯消消停停坐下來歇氣的時候，「綁綁糕，篤篤篤」來了，孩子們跟在後面加一句，「裡頭裝的耗子藥」，賣的人跟的人一起開心。晚上十二點鐘，擔著火，煮著水的「炒米糖開水」出場，他們的歌聲伴著我們沉睡的酣聲，夜遊的孩子們仍不失時機地跟在後面叫：「炒米糖開水，把後門來開啟」（這個開後門是指穿開襠褲）。這裡所有的小販都用歌聲兜賣，吸引不少孩子跟在後面。我經常「一分錢沒得，死愛鬧熱」地跟某個小販一程，走遠了，再折回來另外跟一個。

父親在南京平步青雲蒸蒸日上，被人爭相聘用；來到重慶處境一落千丈，被人關起門來打狗，最後身陷囹圄。想不到對於一個孩子也是一樣，換了一個地方換了一個世界。

就我而言，家是搬進了「天堂」，讀的學校卻變成了地獄。

我轉到中華路「達育小學」讀六下，教室裡光線黯淡，氣氛沉悶，沒有歌聲，沒有笑聲，甚至沒有說話聲。班主任姓鄔，叫鄔邦傑，看上去臉青面黑像個三期肺病。一名面色焦黃，骨瘦如柴，頭髮永遠濕漉漉，說話上氣不接下氣也好像得了三期肺病的女同學，非常得寵，成績是班上第一名。一個女生好些日子不來上課，在街上被我遠遠望見，腆著個大肚皮快要生孩子，嚇得我慌忙躲進小巷裡，免得她看見我不好意思。在依仁小學我出盡風頭，來到這裡，沒人理我，下課沒人願意同我玩耍，只好一個人在座位上唱歌給自己聽。突然，同我坐一桌的劉興華臉氣得煞白，兩個朝天鼻洞鼓得滾圓：「嘿，死不要臉！」她憤怒地把長辮子往身後一拋，蹭蹭蹭告老師去了。我做了什麼，使她那麼生氣？原來剛才唱了「你要是嫁人不要嫁給別人，一定要你嫁給我」。我又不是對你唱，我只是唱歌，並沒有在乎這句話的意思呀。從此以後，她對我恨之入骨，在課桌上畫出「三八線」，我稍不留意手肘超過一點，她便乘機狠狠揍我一拳，絕不留情。我數次想報復，拳頭數次舉起來不忍心捶下去。

終於，我報復了。那是一次自然課觀摩教學，教室搬到了操場，其他學校的老師坐在後面聆聽。楊老師提問：「為什麼兩張平行地放在嘴邊的紙，當嘴猛烈吹氣的時候，它們會互相靠攏？」我舉手爭得了發言權，聲音宏亮，用詞簡潔，答案正確，老師很高興表揚了我。我覺得我報復了所有看不起我的人。

五三年春，我小學畢業，運氣很好，這年中國改春季招生為秋季，我有機會停學玩半年再參加秋季升學考試。學校為我們組織家庭學習小組，怕我們荒廢學業。

這半年我耍脫了皮。白天我們在學習小組用自己畫的撲克打百分，輸錢輸米爭得面紅耳赤，或者集體吃東西說笑話打發時光。晚上，做遊戲瘋跑不到臭汗滿身媽咪生氣不落屋。這段時間我還迷上了越劇，無錢買票也有窮人的竅門。在民國路的「光明越劇團」，劇終前十分鐘，打開出口無人守候，我走長路提前趕到等候在外，門一開便子彈般飛射進去，下巴擱在舞臺邊上，把筱秀靈、吳玉霞、筱支蘭芳……一個一個看夠。為了買張兩角錢的丙票看全場，我撒過謊，我偷過錢，我「搶」過一個老太婆的飯碗。

這個老太婆沒得名字，「解放」後要登記戶口，戶籍幫她的父親履行了義務，取名胡秀英。一個連名字也不知道的人，當然更無法弄清自己的年齡，年齡也是戶籍瞎寫上去的。胡秀英看上去很老，但氣力不小，很是勤勞，包下了附近一帶劈焦炭和倒尿罐的活兒，劈炭一百斤兩角，倒一個尿罐每月八角。

一九五三年三月五日下午，大弟興國放學回家告訴我：「姐姐，史達林死了。」我說：「莫亂說。」趕緊捂住他的嘴。他先嚇了一下，再接著說：「真的，是老師講的。」第二天上午十點，全國下半旗立定默哀兩分鐘。我的家左邊有個很大的空壩子，平時孩子們喜歡在那裡玩耍。那天上午十時正，包括行人在內全部集中在此低頭致哀。雖然史達林既不是我的親戚又不是我的朋友，除了他嘴唇上那兩片像刷子一樣整齊的鬍子，我什麼也不瞭解，也夾在人群中參加致哀。突然，一個老女人的哭聲傳來，越哭越響，越哭震仗越大，大家吃驚地尋去，原來是胡秀英。她緊閉雙眼張開癟嘴，哭得長聲夭夭傷心欲絕，好像死了她大的兒細的女。制止不住，最後被幾個人連拖帶拉送回家。問她為什麼，胡秀英說：「史達林死了，我就倒不成尿罐了。」

我需要兩角錢買一張丙票看《雙珠鳳》下集，那天是最後一場。對不起了，胡老太婆，這回沒得哪個人死，尿罐你照樣倒，只是焦炭少捶一回，是齊大小姐越劇癮發登了放急屁，請一定包涵。母親成全了我，又叫了一百斤焦炭。我在茶館樓梯旁用斧頭把它砍成半個拳頭大的小塊，再一畚箕一畚箕端到四樓廚房去。全身上下被煤炭染黑汗水浸透身體痛了三天，享受了那場越劇。

依仁小學之後積澱下來的活力和表現慾，現在，終於找到了發洩口。我把所有花錢和不花錢看來的越劇，經過再創造，給學習小組的同學們講，給他們唱，給他們演，演了祝妹妹又當梁哥哥，「我家有個小九妹，聰明伶俐人喜愛」、「祝妹妹來我想你，我拿起筆來忘了字」……今晚看的，明下午我就現場表演，帶領大家輕輕鬆鬆度過了學習時光。

考前幾天，單獨在家復習。我坐在老闆娘借給我家的那張馬鞍形的梳妝臺中間，手拿復習資料，眼睛盯著鏡子。你看這個女孩子，眉毛像折斷了的鳥翅膀，雙眼皮眼角往上翹要吃人，笑起來下眼皮鼓起一圈像下雙眼皮，肥鼻子塌鼻樑，嘴巴太大嘴唇太厚，臉型太圓像燒餅。我對自己的長相很不滿意，開始按照我畫的美人在鏡子裡面修改我自己。

考試日期到了。重慶的夏天不把你熬出幾斤油不罷休。頭晚我睡在街邊，過路人的腳步聲把我喚醒，想起今天的大事，我一翻身就往樓上跑，母親給我五角錢。媽咪，你真慷慨！這是我一生第一次獲得的鉅款，馬上在腦子裡編制開支預算。正要走，對面倉壩子坡上，一個小男孩一面奔跑一面喊我的名字，手上舉著一張紙。他氣急敗壞地找到我：「全班就是你一個人不回校領准考證，鄔老師急死了。」

想不起自己是怎麼樣走進重慶第四十一中巴屬中學考場的。卷子發下來，我驚訝上面的漢字全都那麼陌生，似乎認得又似乎不認得，連「好」字乍一看認得，越看越不認得。我懷疑印刷廠是不是出了問題，把字印錯了，只得毫無把握地瞎猜亂寫。一出考場，所有考題全部忘光，所有答案一律記不得，忙著處理那筆鉅款了。

接下來的大事就是看榜。那年的考生是平常年份的雙倍，沒登報，我們得自己去指定的地方看張貼在牆上的油印。我考試糊塗，看榜遲到，等我東張西望走到「解放軍劇院」對面張榜的地方，人牆早已把榜嚴嚴實實地蓋住。每個人都直著腿前傾著身子，眼睛在油印佈告上「精耕細作」仔細尋找，我急得團團轉，找不到縫插針。

有了，我蹲著腿從那些離牆一尺遠的「腳隧道」鑽進去，沿著「腳牆」蜷曲而行，裡面漆黑一片什麼也看不到，心悶得慌正準備退出來，我發現最下排有張紙沒貼牢一隻角掀了起來，望望腳的主人似乎都在看別處，我鼓起勇氣順手一撕，手上拿到大半張。退到亮處一看，老天爺啊，你太可愛了！我的名字就在上面，不遠處印著「重慶市第廿一中學」。我跳跳蹦蹦往回走。突然，聽見背後有人喊我名字。轉過身去，幾個學習小組的同學，一邊追我一邊吼：「打死齊家貞這個壞蛋！她到學習小組天天帶頭耍，故意整我們考不取，各人考取了。」我嚇得拔腿就逃。幸好，他們沒有追上來。

廿一中座落在石灰市菜市場裡，教室外嘈雜喧囂的叫賣聲，討價還價聲，吵架打架聲令我難以抗拒耳朵分岔，同時，老師們勾魂攝魄精彩的講課又令我心往神馳。我經常在菜市場和課堂裡兩者之間徘徊，跑來跑去。

廿一中是我生命中一個重要的驛站，在那裡我得到許多重慶一流老師的指教。唯一討厭甚至瞧不起的，是不知從哪裡調來的校黨支部書記，不是他的官銜，而是他的業務水平和舉止。這位姓張的書記教政治，口齒遲鈍，心神不定，翻來覆去講不清，摳了鼻子鼻屎擦在講臺下面。五七年反右，重慶二十一中是重災區，包括校長王增慶到一大批最優秀的老師，落馬中箭，與這位不學無術權大無敵的書記有直接關係。

那時，我最欣賞蘇聯「祖國進行曲」裡面那兩句歌詞：「自由呼吸」，「可以自由走來走去」。我天天睡懶覺，上學老是遲到，從床上奔到學校不得不走直線，放學，我一貫從學校朝與家相反的方向沿石灰市較場口走曲線走折線回和平路家，真正是「自由呼吸」、「自由走來走去」了。

石灰市菜市場的攤位，只要是能進口的，我在它面前站就站個坑，坐就坐個氹。三年初中下來，磁巴塊、炸油錢、白糖糕、熨斗糕……每一種食品，我長時間守過嘴，整個操作過程我眼熟能詳，馬上可以當場表演。

到了石灰市街口，全世界的滷菜在這裡集中，滷鴨、滷雞、滷豬、滷牛……應有盡有，異香撲鼻，令我眼花繚亂，饞涎欲滴。口福沒有，但眼福、鼻福肯定是享夠了。

有時候，我並不直接去遙遙相望的較場口，而是朝離家更遠的「唯一電影院」走去，我留戀那裡的雞蛋熨斗糕，煎油發出誘人的滋滋聲、輝煌的蛋黃顏色和頂上那粒美妙欲滴鮮紅的蜜櫻桃，我駐足觀望，不忍離去。

但願有一天，我有許多許多的錢，把我在吃肆店前守嘴入迷的東西統統吃夠。

然後，便是上過毛澤東選集的著名的較場口。

圓形的較場口，像個有餡的麵包圈。圈，是一家挨一家的商店：補牙的、賣傘的、小餐館、小百貨、鐘表修理店……一應俱全。真正精彩的是裡面噴射魔鬼火焰的「餡」——重慶市獨一無二的荒貨市場，即二手貨市場。做這種賣買的人幾乎是清一色的男性，平時，他們挑著籮筐沿街叫喊，收購廢棄之物，從早到晚穿街走巷，日曬雨淋風塵僕僕，一個個又瘦又黑像人乾，我們乾脆叫他們「荒籃」。只要聽見「西藥瓶子牙膏皮子膠鞋底子爛鐵鍋子找來賣錢」這一類的喊聲，那就是荒籃駕到，「荒籃，這裡來。」一陣鎦

二十一中學初三四班畢業照。前排右四齊家貞、右三黃有元。
二排左四老師陳為著，右二起：吳啟承（右派）、教導處方主任、校長王增慶（右派）。

銖必較之後，買賣成交。

所有的「荒籃」，在收到足夠的珍寶之後，便到麵包圈的「餡」裡集中，展示他們輝煌的廢品垃圾，豐富的破爛珍稀，把此地裝扮得光怪陸離陰森鬼氣。重慶人編歌訣的天才，做生意買賣的精明，逢場作戲撒謊騙人的本事，吵架吵得祖宗八代不得安寧，打架打得頭破血流視死如歸的勇氣，這兒是全世界最自由發揮的天地。這裡，從早到晚擁擠嘈雜，人頭攢動，摩肩接踵，叫聲震天。

那些七股八雜古靈精怪的荒貨使我聯想到古墓。塵垢滿面、衣衫不整的「人乾」本身，就像是被社會遺棄，到這裡來尋找新主的荒貨。我無數次興沖沖地進去，又無數次怯生生地逃走，逃走又回來，回來又逃走，每天光顧。家裡一些小「垃圾」也常常被我偷偷拿來「處理」，三分兩分都是一筆生意。想不到數年後，我家出了兩個「荒籃」——其中一個竟是女性，那是我的母親和二弟安邦，兩個荒籃救了監獄裡兩條飢餓的生命。

我花一半的時間和精力在學校過，上半節課專心聽講，下半節「耳朵搧蚊子」，開始搗蛋惡作劇。我花另一半時間和精力自由走來走去，守嘴看稀奇，百分之百地投入。

我讀書的成績從來沒有上過前幾名，總在十五名上下波動，操行評語優點後面老跟著個「但」，「性格活潑開朗，但上課愛講話」之類的。每期成績單交給媽媽看，不補考是給她最好的回報。媽咪不貪心，不說好歹，她知道我皮厚，說好說壞都是對牛彈琴。

老師們傑出的講課把我往學校裡拽，我想做個好學生；外面世界強烈的誘惑，令我腦子裡只想吃只想玩，不想讀書。各種力量拉扯的結果，合力為零。我原地不動，既未變好，也沒有沉淪。

一年半後，舅媽他們搬到人民公園東升樓住了，每個月給媽咪二十五元生活補助。舅舅船到的時候，我和興國去那裡，舅媽總把舅舅沿江買回的便宜東西，雞蛋水果等分一些給我們。有時候，舅舅趁舅媽在廚房裡忙，悄悄塞一卷鈔票給我交給媽咪，總有十五、二十元，這是他自己零用裡省出來的。他知道對於沒有一分錢收入的六口之家，二十五元是遠遠不夠的，我們租的私房，僅房租一個月就要十元。

我家還是入不敷出，拍賣行仍然是媽咪必去之地，稍微值錢的東西早已吃進肚皮，但是，父母從前買了不少美觀實用質量好的小東西，特別是父親從美國帶回來的的剃鬚刀片、襯衫、襪子等都很受歡迎，賣得快。

母親精打細算，盡量讓我們過得好一些。星期天，她給我們每人三分錢零用，還做油炸花生米下泡飯，每碗發七粒，添一碗飯再發七粒。有時候，她在米亭子花兩角錢買一斤沙炒葫豆，每人二十粒，一斤葫豆可以維持好幾週。平時，她很少買四角錢一斤的豬肉，太貴，也不買二角八分一斤的牛肉，蝕耗太大，她老愛買一角四分錢一斤的籤子排骨，上面肉挺多，吃了之後骨頭還可以賣兩分錢一斤。偶爾，媽咪也買半斤五花肉，加一大堆一分錢一斤的大白蘿蔔，紅燒出來，肉影難見但蘿蔔味美，我們像五隻小狗吃得歡快不已。此外，豬肝旁邊的膈子肉和豬連貼（胰腺）都很便宜，母親也買。有時候，媽咪不舒服想吃麵條，便差遣我或者興國去菜市場買半斤水葉子麵，它比大米貴，我們很少吃。母親煮出來的麵條是全世界最好吃的，水爽麵硬，放指頭大小一坨豬油和切碎的蒜苗，光這個香味就夠我們口水長流。我們又排隊了，母親把麵條裹在筷子上，一個一個餵，剩下的歸她。我們還不捨得離去。「媽咪，我要喝口湯。」「我也要」，「我也要」……。

母親看我太瘦，擔心我有肺病，帶我去醫院照X光，我趁興而去敗興而歸，對「兩肺無異常」很不滿，不然，我可以在伙食方面得到優待。有一次我頭昏，媽咪用她的額頭檢查：「哎喲，貞貞，你在發燒。」我狂喜，不僅因為母親親熱地叫我「貞貞」，更因為我可以享受肉鬆稀飯還有蛋皮麵包了。

五十年代初、中期，中國大陸物資豐富，市場活躍，而我家始終在半飢半飽的貧困線下掙扎，我一門心思遊蕩街道旁的「富足天堂」正是對回家後「貧困地獄」的精神補充。

肚子裡撈得太少，腦子裡便牽掛得越多。

五二年底，母親收到父親的來信，告訴他被判刑三年，家屬可以接見了。母親馬上去二塘「公益磚瓦廠」勞改隊看望父親，又坐車又坐船，回家後，媽咪說爹爹叫她不要著急，三年時間很快就過去，回來就好了。她還說有個十二歲的小男孩真可憐，這麼冷的天氣，一個人赤著腳走了兩天路到勞改隊看他爸，他們一起在接見室等候。媽咪本想接見出來，帶他一起坐段車，可是那孩子先走了。媽咪說：「與他相比，我們幸運多了。」

五四年秋，媽咪讓我帶了些草紙肥皂、信封信紙等日用品和一些吃食跟著陸媽媽和她兒子陸寧一起去勞改隊探親，他們看望的陸伯伯是個一生謹小慎微膽小怕事的人，因所謂歷史反革命判刑五年。他在後來沸沸揚揚的撥亂反正給右派反革命平反聲中憂鬱而逝，死前沒有工作，吃飯吃藥全靠老婆兒子，他連要求複查舊案的字都沒敢寫一個。

我抱著那個小包裹在接見室等候，周圍的蕭煞氣氛令人心悸。

當父親被勞改幹部帶來時，我幾乎不能接受這位衣服打滿補丁的破叫花子是我爸爸，他每日梳理得整整齊齊的光亮的頭髮被剃掉了，顯露出海南人特有的扁平的後腦勺，枯瘦的面頰死灰般的皮膚，加上悲切的眼神，才三年多的時間裡，他們把我體格健壯精力飽滿樂觀豁達的父親消滅了，他們把我英俊瀟灑神氣活現有說有笑的爹爹扼殺了。父親白皙的皮膚和臉上時時閃現的兩團紅暈都到哪裡去了？我埋頭哭起來，父親拉拉我的手說：「哎呀，我的家貞女兒這麼大了喲。不要哭，爹爹不是很好嗎？」他把包裹打開，翻出一包花生糖遞給我吃。我曾經在較場口那家兩夫妻開的，專門做芝麻片、花生糖、泡糖的店門口流連、佇立過不知多少次，長久地夢想過它們甜香酥脆的滋味，吞了不知道多少饞口水進肚子裡。今天，面對實實在在垂手可得的花生糖，我的胃口一點也沒有了。

為了看父親，我一夜的激動現在一掃而光，心裡只有一個念頭，還來，還給我原來好看的體面的爸爸。

記不得我們講了些什麼，只記得我說了許多許多好字，我說我好媽媽好弟弟好，舅舅好，舅媽好，什麼都好，那個站在身旁虎視眈眈的勞改幹部，使我想提前走開。

自此以後，每次填表，「父母親解放後受過何種獎懲」，我都感到非常傷心，都會想起我的像叫化子一樣的父親，鼻子一酸，眼淚就滾了下來。

一次，我去像媽媽一樣溫柔的班主任陳蔦君老師處交表。風流倜儻、剛愎自用，不受學生喜愛的地理老師吳啟承也在那裡。他湊過來看，驚叫：「噢，齊尊周是你老漢呀？判刑勞改三年？我們是革大同學。那個時候，挑米運煤，他做起（假裝）那麼積極。」我心裡好氣憤，「做起，啥仔叫做起？我父親表裡如一，不是你講的那種人。」

五七年，吳啟承被打成右派，發配邊遠地區勞改，仕途不順蒙受冤屈，走過二十多年坎坷的人生之路後，他大約會反省一下自己孤傲刁刻，出口傷人的過去了吧。

五五年底的一個晚上，天氣很冷，我們全都在家，儘管為了擋風，媽咪用舊報紙把呲牙裂嘴的窗戶封死，縫太大的地方用厚紙片塞住，關著房門，房間裡還是不暖和，幾個弟弟正在木板床上用枕頭打仗取暖，熱戰正酣。母親坐在旁邊打毛線，時而吆喝幾聲鎮壓他們的氣焰。我站著，伏在五抽櫃上做美術作業，設計花布圖案。在規定好尺寸的長方形框內我沿對角線方向畫了一枝槐樹葉，正在用水彩把它塗成金黃色，金黃色的槐樹葉。我喜歡吃雞蛋，喜歡吃雞蛋熨斗糕，這使我對金黃色情有獨鍾，許多幻想由此衍生而成。

此時，好像有人敲門，大家驟然停下朝門望了一望，不予理睬。我家從無來訪者，更不會在晚上，弟弟們戰事再起。

門又響了兩下，大家好生奇怪，依然停在那裡不動。門，自己輕輕推開，一個高瘦的男人出現在門口。六雙眼睛集中在他身上楞住了，沒人講話。在朦朧的光線下，可以看到男人灰色的短髮，穿一件舊灰布中山服，面龐和五官灰朦朦一片看不真切，從頭到腳好像被灰塵噴灑過。他遲疑地站在門口。終於輕輕喊了一聲「媽咪」。我們已經能夠看到他眼裡閃動的淚花了。

數秒鐘的凝固似乎拉長為一個世紀，我們從驚訝中清醒，像「睡美人」城堡裡的生命復活。一時語塞的媽咪說：「尊周，你快進來呀！」她轉向我們：「喊爹爹，爹爹回來了。」

儘管我記憶裡保存的父親還是五年前的圖畫，儘管我根本不接受勞改隊匆忙一瞥的他，我還是第一個叫了一聲爹爹，興國遲疑了一下，跟我的樣也叫了一聲爹爹，其餘三個弟弟已經不會叫爹爹了，他們的記憶裡沒有爹爹。縱然媽咪給他們看過父親的照片，縱然他們也對著照片喊爹爹，但那是遊戲，是和眼前完全不同的情景，他們呆望著父親沒有吭聲。

媽咪叫我上樓給父親打熱水洗臉洗腳。

他刑滿釋放，現在在松山化工廠牙膏車間就業，無孔不入的牙膏粉灑滿他的全身。今天第一次得歸宿假，為了省車費，他走了許多路，又走錯了地方，滿身塵土。怪不得他全身上下所有的線條都變得模糊，像前面遮了一層霧。他洗了臉再把水倒進腳盆洗腳，母親發現那雙補疤的破球鞋沒有鞋帶，叫我到較場口去買一副。

我飛也似地逃出來，害怕死了，這五年裡，我這個大女兒非常不像話。晚上在外面瘋玩不肯回家睡覺，早晨，賴在床上不肯起來。興國在四樓叫：「家貞，早飯弄好了，快點起床。」我從來不幫媽媽做事，放學回家，書包一扔，跑到廚房：「還沒有弄好呀？」看看菜：「噯呀，又吃這個，怪死難吃。」「小姐呀，你要吃什麼？」媽咪生氣了。我一溜煙又跑下樓玩去了。等到母親弄好了飯菜，端上了桌子，她伏在窗口拉直嗓子喊：「家貞家忠家仁家信阿弟——」五個名字喊得一個緊接一個，像戲臺上女人出場時跑碎步，阿弟的「弟」拉得很長，最後三個字「吃飯了」，則像演員亮相，頓住。媽咪講的是上海音，過往行人弄不清這個女人在樓上喊什麼，止不住要仰頭觀望。以我為首，後面跟著四個弟弟，高舉拳頭呼嘯：「回來了！」一窩蜂往樓上奔。

媽咪託我十件事，我忘掉九件半。那是多少年第一次，媽咪同鄰居去看戲，臨走前叮囑我一定先照料阿弟上床睡覺。我答應得很認真，直到被媽咪揪著辮子從睡夢中驚起，才知道花臉小叫花子阿弟蜷曲在樓梯角睡著了。兩個弟弟打架，叫我去勸，勸不開，我左一拳右一拳同他們兩個打起來。鄰居說：「這個姐姐好扯呀，叫她勸架，她自己打起來了。」媽咪氣極了罵：「你這個小鬼頭呀，為什麼不死嘛！」

大人的頭腦是兩根鐵軌，我的思維是鐵軌以外的荒野，無規矩可循。一句話，爹爹不在家，我這個家裡最大的孩子不好好讀書還帶頭跟媽媽搗蛋。這下，媽咪肯定要告我的狀了，我像要面臨末日審判，心裡好後悔。我從和平路後悔到較場口，買好鞋帶，從較場口又後悔到家門口。

回到家裡，家裡的氣氛已經解凍，父親高興地用廣州話叫我：「嘎金金啊」（家貞貞啊），還是那個腔調，還是那個父親。謝謝媽咪，她沒有告發我！兩個最小的弟弟被父親抱著，同意坐在父親的腿上，一隻腿坐一個，氣都不敢出，深怕這樣的幸福倏然間化為烏有。另外兩個弟弟一側一個美滋滋地緊靠著爹爹，安邦正在清理他整個冬季天天流淌的鼻涕，多情的興國眼睛裡又盛滿了笑意。媽咪在樓上給父親做了點吃的，催促他趕快把孩子放下。

親情永存。

五年過去了，父親愛國坐牢，壯志挫毀，內裡之苦，錐心瀝血，他在無聲之嘆、無淚之泣中熬了出來。今天，在愛妻和五個孩子面前，父親臉上一片祥和，慈愛地笑著。

五年過去了，我們的變化很大。我快滿十五歲了，有的人這個年齡已經爭取進步，入了團，或者交了申請靠攏組織。我，再也不會為這類事爬桃樹摔大跤，從來沒有閃過入團的念頭，好像去了勢的公雞，面對母雞視若無睹。興國不再是跟到大門口對父親和我說再見，守在家裡等我們回家的小遊民了，他已經讀小學四下，常常一個人坐在那裡悶想，小腦瓜裝得不少，嘴巴卻越閉越緊。矮荸薺安邦長了一大頭，敢和哥哥打架比高低，在放牛巷小學讀二年級，用粉筆頭打女生。寫的作文挺有意思：「禮貌很重要。有一次，我禮貌地問一個大人『請問，同志，現在幾點鐘了？』那個人瞪我一眼，理也不理就走了。他對我不禮貌，我心裡很難過。可是，我喊我的小朋友『鴨兒』，不喊他的名字，我也不禮貌，今後我一定改正。」那個盡忠職守撿阿弟尿布回家的治平已經長成一位小紳士。每天，他把自己的頭髮梳得順順的，衣服乾乾淨淨，領子翻正，長衣袖捲起來一層一層理得伸伸展展，拖一雙板板鞋也得穿襪子，絕不苟且。我和安邦熱衷的撿碎布賺兩三分錢吃零食的事他從來不為所動，他說：「我將來有掙錢的時候。」父親離家，阿弟才十五個月，剛會走路，現在已經六歲，即將讀書。他脾氣好，我們最愛發問逗他，他的回答像他本人一樣有趣。「阿弟，媽媽最喜歡哪一個？」「不曉得，反正不是我。」「為啥子？」「每天早晨要我倒痰盂。」每個人都上學，清晨那一大痰盂「黃湯」，他得小心翼翼地捧到四樓去倒。「阿弟，你是個女娃兒。」「屁，我是男娃兒。」「錯了，你肯定是女的，不信問媽咪。」「不管，反正我和他們一樣」，他指指幾個哥哥，「上廁所我不得走錯。」

小阿弟預言的那個「明天」，經過一千八百多個「明天」，經過五年的苦難，終於駕到，父親回來了。在親友們不遺餘力的幫助下，母親含辛茹苦地把我們拉扯大，五個全在，一個不落。這個幸福的家庭又幸福地齊聚。

第九章
猴子變成了人

如果不是廿一中的「定力」，如果後來生活不出現轉機，如果按照我「石灰市文化」、「較場口大世界」、「和平路樂園」的軌跡延伸，它將帶我走向何方，次品廢物、沉淪墮落，甚至毀滅都不是不可能的。

種子播入泥土或者掉進石縫，通常不會殊途同歸。

一九五六年秋，我意外地考上重慶市最好的中學。就像三年前我糊裡糊塗考進了第廿一中一樣，這次，我又糊裡糊塗被市一中高中部錄取。該校必須住讀，我為起碼可以一個人睡一張床而特別興奮。在仔細閱讀通知書全文後，我拿著它發怵，上面提到學雜費、書本費、伙食費一共要交二十元。對於母親，每次開學前都是一個大關口，她得為我們的學費操忙。今年阿弟開始上學，再加上我這筆大數目，我很擔心母親嫌貴不讓我去。

媽咪看過入學通知單，微微笑了一下，什麼也沒說。

那時父親留隊，二十九元五角工資，千儉省萬儉省只能交給母親二十元，那是遠遠不夠的。家裡能拿去拍賣的東西越來越少，檔次越來越低，已經開始光顧厚慈街下面的貸款處，實際上就是當鋪。夏天，母親把用不著的舊鴨絨被棉絮棉衣當進去，冬天設法籌錢把它們贖出來又把夏天的衣物押進去。我同母親去

齊祥侯（敬嬰）叔叔每月從香港寄錢給媽咪，撫養我們五個孩子。

過幾次幫忙拿點東西。當鋪對我家有一個附帶的好處，為我們擁擠的小房間，提供了儲藏雜物的地方。

學校報到的頭一天早晨，和往常一樣，我們還賴在床上不想起來，媽咪已經買好菜從市場回家。這次，她身後跟了個農民模樣的陌生人，進屋就把那架無敵牌縫紉機抬走了。這架乾爹葉宏材送的機器，由我一個人折騰，縫過衣服內褲小東西，向樓上陸阿姨學了機器繡花，用繡花錢給自己交過一學期學費，為家裡打過幾對花枕頭。現在，為了交我住讀學費，媽咪把它賣了一百二十五元。

誰料，半小時後，樓下郵差叫蓋章，這肯定是重要東西，不是包裹就是有錢。媽咪的章好久不用，扔在抽屜裡和線頭布條破本子為伍，驚驚慌慌地找不出來。我坐在門口問郵差：「裡頭是啥仔？」「是錢。」我想，他是逗我好耍，答道：「屁喲。」「你不想要錢嗎？」他問。

拆開掛號信，果然是錢，一張支票。是齊敬嬰（祥侯）叔叔從香港寄來的。他父親齊楨謨幫助我家的接力棒現在傳到敬嬰叔叔手上。九年前他去南京向父親求職不成，漂泊南洋做生意，從海南島老家得知父親窮困處境，立即雪裡送炭寄來一百五十元港幣。從此，「張則權蓋章」的叫聲，每月按時從樓下傳來，敬嬰叔叔親自寄出，發工資般準確，媽咪從未為錢遲到或者忘記寄而受倒懸之苦。

每期開學前，敬嬰叔叔不會忘記多寄一些作為我們的學費。到了過年，他另加一百元給我們五姐弟，教我如何按年齡大小分配，我最大分得最多。他的細心使我們幾個孩子仍然感到生活的樂趣和人情的溫

舅舅一家搬回上海前攝於重慶。

暖。我代表全家寫信謝謝他，他說不要謝，應當謝謝你們的父親，因為他在上海同濟大學讀書時，父親幫助過他很多。父親說：「是嗎？我不記得了。」

五八年春舅舅他們搬回上海後，舅舅因病停職上岸休養，工資大幅下降，無餘力接濟我家了。偶爾寄來一個小包裹，裡面是兩塊香皂或者別的什麼東西，也足見舅舅他們的一番情意。六四年，因藥房發藥失誤，舅舅不幸亡故，丟下寡妻和五個兒女，他們也走過一段極其艱苦的道路，可惜我們後來的處境更加不堪，始終無力回報他們。

我懷著有生以來最輕鬆愉快的心情走進重慶市第一中學。它在沙坪壩區，離我家二十五華里。

沙坪壩是重慶市的學府區，它集中了重慶甚至四川省大部分最優秀的大學和中學；重慶大學、重慶土木建築工程學院、重慶政法學院；重慶一中、重慶三中（南開）、八中（樹人）等等，著名的樹人小學也在此地。

一中學生總數是廿一中的三倍多，但她起碼有三十個廿一中大。

校本部像一本打開的書，分成兩大部分。「書」的中縫是進門的大道和兩排筆直的桉樹。「左頁」是初中部，男生宿舍和教師辦公大樓，「右頁」是高中部，實驗大樓，女生宿舍，還有包括一個合乎規格的舞臺和可以容納三千人以上的大禮堂。全校師生員工在此舉行大會，平時權作學生飯堂。開飯時間一到，學生們從教室湧出，快樂地敲打著碗筷，有說有笑奔向目標。每年十月，學校在此舉行文藝匯演，各班節目異彩紛呈，各有千秋。以「書」的中縫為對稱軸，兩邊各有四個籃球場。籃球場往下走是一個很有氣派的符合國家標準的足球場，六條四百公尺長的跑道圍繞四周。每年三月，學校停課三天舉行運動會，各路英雄龍騰虎躍各顯神威。足球場右側是圖書館和教師宿舍「劉家院」，學生們用「劉家院的燈光」謳歌為學生熬更守夜的靈魂工程師們。還有一個人工開鑿的「共產主義青年團湖」，考試期間不少學生喜歡在垂柳碧湖間尋求寧靜。

一中使我大開眼界。

一中生活規律，校紀嚴明，學習氣氛濃厚，上晚自習學生們自覺忙功課，課外活動時間常常是整班人坐在教室裡紋絲不動。野慣了的我，感到很彆扭。

學校伙食費每月六元，早晨時常吃到油炸花生米，油炸葫荳和豆腐乾，中午兩菜一湯，每日有小葷，每週打二至三次牙祭，紅燒肉、扣肉等，比家裡吃得不知道好了多少。

無論如何，走進這本「大書」，我是一步登天了。

五三年秋季初中人數的大膨脹，使五六年高中、五九年大學也順序膨脹。在正常情況下，一中每個年級只有四個班，約兩百人，可是五六年的高一，一下子招了十二個班，六百人左右，我在第十二班。

第一學期，班上政治空氣不是很濃；覺悟大大提高，是五七年反右之後的事。當時還不太注意家庭出身，同學間開開玩笑相處得不錯。

（上）高一年級僅剩的六個紅領巾。前右一，齊家貞。

（中）高一十二班，八位同學均來自21初中，後左一張學柳。

（下）後左一齊家貞。全班女生攝於高一年級文藝節目演出後，當時政治空氣不太濃厚。

很難忘記班上有個叫袁如玉的男生，名字像個女的，講話秀氣的神態也帶幾分女性，班上送他的渾號很美麗，叫「顏如玉」。正好相反，他不僅不好看，還長了一臉大麻子，麻得太密，大圈重在小圈上，邊沿相疊，疊起無數糾糾，真的很像「石榴皮子翻過來」。他終年剪個和尚頭，身體瘦長，說話有氣無力，性格卻極為開朗。不僅同學們在大庭廣眾叫他「顏如玉」，等於指路標似地把人們的視線指向他的麻臉，他不生氣，同學們唱專門笑話麻子的「麻大哥」之歌，他還自告奮勇一起唱。有人提議把「麻大哥」搞成多部重唱，他第一個舉手：「要得，我參加一部。」全班個個舉手參加。於是「麻麻麻大哥，你的麻子多，十個百個千個萬個，好像蜜蜂窩」這支歌成為五十部重唱。開始是一聲接一聲的「麻麻」、「麻麻」……無數的「麻麻」，最後是一片「蜜蜂窩、蜜蜂窩」……有多少部就有多少個「蜜蜂窩」。一片混亂，一片歡樂。

很多年以後，特別是吃了許多政治苦頭之後，我經常憶起「顏如玉」，他的豁達大度使我肅然起敬。他不信「見到月亮莫說光，見到癩子莫說瘡」的戒律，他接受事實。如果共產黨有一點點袁如玉的氣度和求實精神，中國人的日子一定會好過得多。

課外活動時，教室裡經常滿實滿載，只要有一個人帶頭哼歌，大家就會跟上去。「伏爾加船夫曲」、「三套車」、「大路歌」等大家特別喜愛，一面哼歌一面做作業，鼻音聲輕若游絲時隱時現，像小溪緩緩流淌，我躁動不安的靈魂領略到難得的安寧。

像孩子隔奶，一中隔掉了我吃肆店攤的守嘴，荒貨市場的遊逛，沿街看稀奇的追逐。班上大多數同學都變得很正經，調皮搗蛋惡作劇幾乎沒有市場，它像牙箍一樣把「牙」箍住，不正也要箍正。我過去的荒唐與無聊漸漸隱退。

但我遠非用功的學生。上課聽懂之後和早晚自習的部分時間，我都在不聲不響地精耕細作我的自留地——畫美女。我畫得忘記自己在上課，一聲轟然巨響把我驚醒，憤怒的老師把他的書摔到我的桌子上，我順手遞還給他；我畫得如癡如醉，老師的粉筆頭像子彈一樣把我擊中，我平靜地望他看看。我還是要畫，為了省紙，也為了方便，我把美女畫在書頁四周的空白處。一個晚上，班主任郭治禮進來巡視，發現我的書畫得一塌糊塗。他把書拿到講臺上：「同學們，請看，這是齊家貞的書。」他說，一頁一頁地展示。同學們咧著嘴興趣盎然地一張一張欣賞，我瞪大眼睛也興趣盎然地同大家一起一張一張欣賞。「書角上畫的什麼？」郭老師突然發問。「活動電影」，我毫不遲疑地大聲回答。高中生搞這種小玩意！全班哄堂大笑，我也跟著大笑。

那時候，我是如此地期待每週六下午的歸宿假，不但可以見到母親弟弟，我還可以有短暫的自由再放一下肆。母親每月給我八元，除了伙食費剩下的二元包括文具紙張電影車票全部開支在內，我必須高度的精打細算。從沙坪壩進城來回要花近四角車票費，搭順風車成為學生們星期六下午最大的奮鬥目標。窮學生見車就叫「搭一個」，那時的司機很善良，常常真的停下車來「搭一個」。要是搭到了一個，真像中了頭彩，欣喜之極。

第一學期接近期末時，班上出了一件事。兩個學生湯先覺和賓敬孝的爭論引起全班的注意。他倆你一言我一語爭得面紅耳赤互不相讓，一大幫同學圍在那裡只帶耳朵不帶嘴，站著觀戰，我半中攔腰湊了過去，聽見湯先覺說：「當然是蘇聯比美國發達呀。」賓敬孝反駁：「請問蘇聯全國生鐵年產量是多少，鋼產量呢？還有機器製造業、汽車製造業？」湯先覺沒有正面回答：「蘇聯優越的社會主義制度，決定了它肯定比美國先進。」賓敬孝笑了起來說：「對頭，蘇聯的社會制度優越，我承認，但是這不等於蘇聯的工業就一定比美國先進，這是兩回事。夥計！」湯先覺還在強詞奪理，紅著臉硬爭：「蘇聯的機器製造業，汽車製造業的發展速度，遠非美國能比。」賓敬孝也不相讓，他說：「我一百公尺短跑成績提高的速度世界冠軍也望塵莫及。」

一個上課只聽半截，下課只做非交不可，不交脫不到手的作業，從來不看報，從來不知、也絕不過問國內外大事的，只喜歡畫美女的懶人，這個時候勤快了一下，憑印象插了一句嘴。我對湯先覺說：「當然是美國比蘇聯發達喲。」爭論就此結束。

吃午飯的時候，和我同桌、班上的團支部組織委員張型著，又矮又胖不折不扣的正方體，吃著吃著飯，突然用筷子把碗一敲，生氣地說：「嘿，豈有此理，到底站在哪個立場在說話？」從其他人的眼光裡，我知道她是在說我，我沒有吭聲，心裡好生納悶：什麼叫立場？難道同一件事實，資產階級看來是白，無產階級會看成是黑？學生有什麼立場？學生只是學生的立場。班上一位好心人焦玉華，來自農村，享受的甲等助學金剛夠交伙食費，沒錢買牙刷毛巾，那張臉沒洗乾淨過，線條從來不清楚，因為沒錢理髮，頭髮長得像個森毛賊。五七年元旦，他居然花八分錢買了一本《論立場》的小冊子送給我，幫助我提高認識。我沒有辜負他的好意，認真讀了，上面的每個字我都認得，就是不明白文章上的道理。

五八年三月《人民日報》登出「蘇聯國民經濟實行大躍進，工業生產七年後趕上美國」的文章，我早一年講了一句內容相同的話，被班上同學認為我是「原形畢露，思想落後」。班上超過一半學生是團員，天然優秀的團員與那些向組織靠攏爭取入團的青年一幫一談心。沒有一個人試圖來幫助我，沒有人告訴我班上發生了什麼事情，甚至生活方面的蜚短流長，我似乎被孤立隔離。不過，我這個榆木腦袋，不大去注意這些。我沒有要求入團，不是對入團反感，而是自卑，而是灰心。

五七年春，高一下語文發了一篇油印的補充教材《不平凡的春天》。老師說，「教古文像喝清稀飯，一溜就下去了。教這種政治論文像嚼乾胡荳，硬梆梆的啃不動。」我覺得這個比喻很有趣也很貼切。那篇文章看似易懂卻不知所云，我做夢也不會想到它暗藏著驚雷，隱伏著殺機，一場打擊迫害知識分子的運動正在醞釀正在磨刀霍霍。不過，當時班上一些嗅覺靈敏的同學已經領會到這一篇課文傳達的信息。緊接著反右鬥爭在社會上轟轟烈烈展開，學校組織大家看電影，林希翎慷慨激昂的演講，張百鈞被憤怒群眾包圍的狼狽，我看不出與我有何相干。共青團員忙忙碌碌，同先進青年成雙成對交換思想，全沒我的份，我心平如鏡讀我的書。幸好我不看報，幸好沒人同我交頭接耳，幸好我沒上團課沒人要我交心，否則難保我不說幾句違規出軌的話。我只在一次過路，偶然看見在另外一個空教室裡過團組織生活的團員們全體站起來，憤怒地吼叫口號，我們的班主席低著頭站在前面。離開學校之後才知道，五七年全國反右，大學也反，中學整團，我的初中同學，班上的大哥哥張學柳不知講了幾句什麼話，受團內警告處份。我是白丁，因禍得福。只在生活檢討會上，被人批評「不關心政治」，「只專不紅」，「人生觀灰溜溜的」。那時候人太嫩，只想聽好的，被人當眾這麼批評了幾句，就哭起鼻子來，哭完了，跑出去看電影，回來後腦子裡啥也不裝，又依然故我了。

其實，他們說我「只專不紅」有過譽之嫌，我不紅，是不爭的事實，但是說我「只專」，實在受之有愧。我根本不用功，一直是恍兮惚兮過日子，直到我一位兒時的友人去世。

和平路九十二至一百一十二號不到一百公尺的距離內，住了四個年齡相仿的女孩。五二年八月我家搬到那裡，我們很快就成了朋友。比我大兩歲沒有母親的龔代玲，她瘦如乾柴的父親在九十六號一家姓金的皮鞋作坊做鞋匠，她是這條街第一代越劇迷，我在她的影響下，迅速成長為第二代。與龔代玲一牆之隔的黃學敏，家裡開「黃記旅館」，她皮膚白皙臉色紅潤的母親喜歡平等地同我們孩子聊天，話題只有一個。「五三」、「五四」日本人轟炸重慶的慘狀：「哎喲，日本飛機密密麻麻飛過來，嚇得人只想往地下鑽……」。黃學敏常用她的手扳將鼻尖朝上推，以至於好看直挺的鼻樑尖上有一條橫槓。

離我家三間店面的王熙珍，父親也是開旅館的，王老闆肥頭大耳，老闆娘瘦如餓猴，兩口子無後，王熙珍和她哥哥都是抱養的。她只大我一歲，長得不好看，滿臉大麻子，身材粗壯，發育過份。我可以穿著三角褲赤著上身在公共游泳池游泳，她的胸脯已經像兩個巨大的沙袋。我們一起跳繩玩耍的時候，她的「大沙袋」辛苦地在裡面上下聳動。一個中年婦女把王熙珍從我們當中拉出來，開玩笑說：「你——，一個婦人家的，啷個跟娃兒一起耍喲？」她掙脫女人的手罵道：「你狗×的，屁眼癢呀，老子要嘍。」她又跳進來了。那個女人被她罵了，心裡不舒服。回答：「你個老子這麼會罵人，讀啥仔書嘛，當奶媽去算了。」王熙珍不示弱：「要得耶，老子奶你的男人。」很難還有話接下去了。她又兇又惡，大人娃兒全不放在眼裡，你動手她動腳，你罵她一句，她回你十句，而且葷的素的全來得。她在「存心堂小學」讀書，是班上的女霸王，沒得一個男生敢惹她，罵不贏她，也打不贏她，她一身緊扎厚實的肉就使那些男生嚇得抱頭鼠竄。

王熙珍在外面是八面威風，可是只要她爹媽一聲呼喊，像士兵聽到元帥的命令，像義犬聽到主人的召喚，她飛也似地衝回去，那怕玩興正濃，她都是絕對地服從。在家裡她勤快得難以想像，洗衣煮飯挑水打雜一個人包幹。特別是挑水，他們旅館裡沒有自來水，客人和家裡的用水全部由她從馬路對面防空洞的水站挑回家。通常她用盛一百斤水的桶挑，有時候她逞能，用裝一百二十斤的木桶挑水，在一片喝采聲中疾走如飛。

她喜歡用媽天娘地的粗話同我相交，無論如何抗議，她積重難返。她愛跟我蠻手蠻腳開玩笑表示友好，一巴掌推過來可以令我打幾步躐躐，捏一下我的手，可以起幾個手指印。耍得好的時候，我們四個人一捆韭菜不打另賣，吵起來，分裂成「旅館幫」和「越劇幫」，壁壘分明，勢不兩立。王熙珍是黃學敏的死黨，我是龔代玲的尖兵。有時候吵得太無法開交，黃學敏會出點餿主意洗刷人。她說：「哎呀，看你兩個吵架的臉嘴喲，讓我來照張相片給你們作紀念。」她把手上抱的她姐姐娃兒的光屁股對準我們作照相機，王熙珍在一邊拍手歡呼。龔代玲說：「老子又不是麻子，怕你照相嗎？」戳到王熙珍的痛處了，她吼：「麻子啷個，麻子惹了你？麻子是你老子。」覺得還沒撈夠，再加一句：「麻子是天生的，光板是狗舔的。」雙方吐口水，擤鼻子表示輕蔑，比喉嚨大呵喝翻天。街坊說：「這幾個女娃子吃飽了。」

其實，小孩子和大人不一樣，相罵其實是想相好，勾指頭和好之後的興奮喜悅難以言說。吵了又好，好了又吵，分分合合，合合分分，就這樣過了幾年。我進了一中，黃學敏進了廿九中，龔代玲去越劇團唱戲，幾個月後肚子胖了手桿不胖生了娃兒嫁了人。王熙珍小學畢業留在家裡當全勞動力使用。

五六年秋末，我從學校回家，正要上樓，看見一個人，無法相信，坐在門口這位骨瘦如柴，襯衫和外套像是被一具骷髏撐著的女孩就是王熙珍。她的頭乾縮得只有原來的一半，無神的眼睛落進深深的洞裡，我倆的眼睛沒有相遇，她似乎連瞟我一眼的氣力都不夠，我嚇得趕快上樓沒敢招呼她。

第二次碰到王熙珍，她正站在我家隔壁的鐘錶店前，還是極度地瘦，但精神似乎有了一點，她的嘴巴因為臉的瘦削而顯得極大，對著我笑，但是沒有笑聲。她還想像過去一樣跟我開玩笑，我還是像過去一樣躲避她。過去，是因為我身子瘦小禁不起她的親熱，今天是因為她身體太虛弱經不起我的抵抗。她拉直我的兩根長辮子想圍著我轉，還沒開始，她的腳就打了個忽閃，我怕看她恐怖的模樣，我怕她摔下去站不起來，趕快扶住她，收回我的辮子。我感到她的令人豔羨的健康，她的充滿活力的肌肉和用之不盡的蠻力，已經不復存在。

後來，我沒有再見到她。王熙珍死了，這個知恩圖報的姑娘，只活了十七歲。人家告訴我，她的養父母雙雙因販毒入獄，在彈子石勞改——不幸，我和他們是先後「同學」，後來也在那裡勞改。王熙珍翻山越嶺走長路去探監，頂著盛夏的烈日，昏倒在路上，當天正好月經來潮，醒後發現睡在一塊濕地上（不清楚老天爺為什麼安置此地有水），回家後她從此絕經，一病不起，少年夭折。醫生說她得的是乾病。

過去，我不是沒有見過死人，坡對面倉壩子一個年輕農民，住院屙出成坨成絞的數百上千條蛔蟲之後，醫生說肚子裡還有很多，還要吃藥。這個農民逃出醫院，留下一封寫得很認真負責的遺書，然後在親戚家的屋簷下上了吊，與肚子裡的蛔蟲同歸於盡。我和同學跑去看稀奇，覺得這個農民很滑稽。三樓新搬來的女人，她的非常可愛的兩歲女兒，誤入隔壁無人居住的地下第三層，六天以後才發現她凍死餓死的屍體，令人惋惜唏噓不已。但是，他們的死似乎都與我的死活無關，像掠過水面的蜻蜓，在我心湖上沒有留下什麼痕跡。

可是這一次不同，王熙珍的死大大地觸動了我。一個一起長大的兒時的友人，一個如此強悍的充滿生機的生命，會完完全全地從人間消失，煙飛灰滅。這不是小說，不是電影，是生活中發生的真實。

我突然想到我自己，我也會死。

高一年級的女生宿舍是一棟古老陳舊廢棄多年的地主大宅，叫「項家院」。室內黑暗，終年不見陽光，坑坑包包的泥地潮濕得踩在上面滑嘰滑嘰的。我被安排睡下鋪，儘管生活老師叫工人在每個床下撒乾石灰吸水，一年下來，我的膝蓋、肘彎、肩頭、手指全身關節都疼痛，甚至笑的時候牙腮骨也酸痛。高二年級住女生新宿舍，搬家前我才發現床上的草墊濕潤潤的，草墊下放的學生證霉斑點點。幸好搬了家，再住下去我會在這裡癱瘓。

就是在這個可怕的「項家院」，我開始了人生意義的思考。

我突然把自己與死亡相聯繫，靈魂便開始戰慄，內心的震撼難以言述。晚上，萬籟俱寂，項家院陰氣森森的黑屋子裡，同學們已經入睡，我還睜著眼睛。我聽見我的心跳，我感到我的呼吸。我發現我的耳朵裡有不絕的鈴聲，像秋蟲鼓噪，像小雞歡鳴，像松濤奔湧，像布帛撕裂，可是這一切都被一個揮之不去的念頭壓倒：「我要死，我的父母要死，我的弟弟要死，每一個人都要死。」

想到人要死，好像戴了副墨鏡，看出去，什麼都變得悲涼陰冷。我好像馬上就要死了，每個晚上都變成死神駕到的日子。

我覺得很悲哀，我哭泣，不捨得我的父母弟弟，不捨得這個世界。我感到很害怕，我怕死，怕自己閉上眼睛停止呼吸，躺進淒冷的墳墓去忍受全身腐爛的痛楚和墳墓裡無邊的孤寂。我睡不著覺，身心被恐懼淹沒，實在太累睡著了，又突然驚醒坐起來喘氣。

我更瘦了。一位同學問我：「齊家貞，你覺得你的辮子重不重？」「不覺得。為什麼？」他說：「我看你這麼瘦，手臂沒有你辮子粗，擔心你托它不住。」我告訴父母晚上睡不著，沒講為什麼。父親叫我睡前專心數數，從一數起，不到一百包睡著，不管用。父親又教我念經：「翁達勒，都達勒，都勒，梭哈。」也不靈。

像汽車開進死胡同，此路不通，只有一個出口，這個出口就是死，你別無它擇。我終於無可奈何地認識到，有了生就有死，生的必然終點就是死。接受了生，就得接受死，沒有人能夠拒絕這個歸宿。我覺得很沒趣。星期天在家，看著父母弟弟，想到我們有一天會永別，很灰心。幫媽媽掃地，會突然對自己說：「掃快點，你會死，不要浪費時間。」

悲哀也罷，沒趣灰心也罷，都於事無補，我唯一能夠做的就是怎樣活。

我開始求索。最後我想，既然每個人只能活一次，既然每個人都要死，我一定要活得有意義，絕不能虛度這一生。

父親是我的楷模，居禮夫人是我的榜樣。我要以父親堅韌不拔的毅力勤學苦讀，我要以居禮夫人犧牲自我的精神把自己奉獻給人類，做中國的居禮夫人。

我讀書不再敷衍塞責淺嘗則止，我從此不再撒謊調皮搗蛋，我要做一個道德高尚的有知識的人，我逐步完成了自我的塑造。

高一下期末考試「平面幾何」，我用二十分鐘順利完成其中四道大題，最後八十分鐘全部花在一道求證兩個三角形相似的題目上。圖畫了一遍又一遍，輔助線添了一根又一根，到底沒有證出來。整個高一年級六百名學生中只有兩個男同學做對，其中一位是賓敬孝。

每年高考，是沙坪壩兩間門對門名牌中學市一中和市三中較量角逐的時刻，雙方教師嘔心瀝血，千方百計讓學生考出好成績擊敗對方。敏感的高三同學聽說高一考了一道難題，紛紛拿去試解，也十分棘手。百分之八十的人沒有解出來，解出來的人當中，大部分超過兩個小時，最後解法傳開，人人會做。天下竟有這等奇事，五七年當年全國統一招生高考的數學卷子上，赫然出現了這道題，一字不差，十五分。市一中的學生全部考笑了，乾撿十五分。

我，並沒有原諒我自己，既然題目是出給高一學生的，就沒有理由做不出來，賓敬孝解出來了，我為什麼不能。

當晚，我走到賓敬孝的座位旁，歪著腦袋不好意思地問道：「賓敬孝，今天上午那道題你做出來了，我啷個做不起耶？」他笑笑，指著我跪在旁邊空凳子上的一隻腿說：「你先把腳放下去，」我聽話地照辦了，把身子端正了一下。他接著說：「你這個問題，我回答不起，你自己去解一百道題以後就明白了。」我吃了一記閉門羹，但是我認為賓敬孝講得對，上課我聽一半就歇氣，做作業深怕多費一分力。好，我聽他的話，做一百道題，做一千道題。

我決定放棄暑假的休息與玩樂，和平路十二平米的房間沒有我獨立的天地，我以家裡太擠為由留校。我和還在為高考拼搏的大哥哥大姐姐們一樣，每天清晨六點被鐘聲喚起床，晚上十點熄燈鈴送我安睡，從早到晚一個人在教室裡忙碌。我發現我在沙坪壩一中的坐功與當年在石灰市較場口的站功一樣的好，而且感覺也相同，精神飽滿，饒有興趣。有時候吃過晚飯，我一個人散步，從學校林蔭大道走到街上，到沙坪壩電影院欣賞欣賞海報，再回教室上晚自習。高三的同學奇怪我和他們一樣忙，問我累不累。別班留校的女生見我獨來獨往不明白我在幹啥。一位與我同年級的女生同情地望著我說：「齊家貞，你很不快樂，是不是？」我問：「不，我很快樂。為什麼？」她答：「我看你很孤獨，沒得人跟你說話。」我笑了起來，「是嗎？我唧個不覺得。」其實，不懂的地方弄懂，困難的習題解出，真是其樂無窮。

七月廿日至廿二日全國高考結束，畢業班同學收拾行裝，大考大好耍去了。鈴聲休息了，我不休息，一個人還是嚴格遵守作息制度，不睡懶覺不遲到不早退不逃課。過去在家上樓洗澡我要興國大弟陪，天黑了上樓下樓怕鬼。現在整幢教室大樓，甚至整所學校就我一個人在教室開燈夜讀，我沒感覺怕。我星期天上午回家，到了家無心玩耍，深怕浪費了時間，吃了午飯便吵著回學校，父母親見我神魂不安，莫非學校裡出了什麼事情，他倆帶著四個弟弟到學校探望我，看了我的床鋪，看了我教室的課桌和桌上的書，放心地回去了。當然，他們不知道，從較場口到沙坪壩，我的心有過怎樣一段不平凡的歷程。

這個暑假，我做了從初一平面幾何點線面開始到高一課本上所有的習題，認真學習了一本由兩個日本人寫的平面幾何書和解了上面所有的習題。回過頭來再看那道難倒我的考題，感到「一覽眾山小」了。

高二上開學，我退出參加了一年的文藝團舞蹈組。雖然，學校的伙食比家裡的好得多，我還是長得矮小乾瘦，在舞蹈組裡只有跳「半邊裙子」裡那個沒有情人，一個人到處亂鑽發現懶姑娘祕密的小女孩之類的角色，沒意思，更主要的是我想多花時間讀書。

我認為我的「只專」是從五七年夏天開始的。

經過暑假的自我補習，腦子好用了許多。數學，包括三角函數、立體幾何、代數和與數學有密切關係的物理、化學幾門功課都水漲船高了。代數老師譚仲友課堂抽問，只要碰上同學們蔥似地站一排，答不出或者答不對，最後一個他必然叫我。看見他眼裡閃耀著得意的光芒，我沒有令他失望，內心十分快樂。最有意思的是物理老師宗賢，重視速度訓練，每堂開課前，必匆匆要大家拿出紙筆測驗。他飛快地把題目寫在黑板上，「不抄題，兩分鐘！」複雜一點的也絕不多於三分鐘。這點時間意味著等老師把題寫完，你已經全部看懂，揮筆疾書，已知求解運算結果簽大名交卷。多看兩遍或者任何猶豫遲疑，都只能導致顆粒無收。時間一到，他像催命鬼：「交卷子，交卷子，遲交的以零分計算。」卷子發下來，吃鴨蛋（0分），扛甘庶（1分），拎鴨子（2分）佔大半，能撈個耳朵（3分）已是不錯，我每次五分，怡然自得之情溢於言表。有的同學兩三分鐘內題目都沒看懂，寫好名字交白卷，背後罵宗賢故意整學生考不及格，與學生為敵。有人說他解放前是偽軍官，那隻左眼是在同解放軍頑抗時被打爆的，活該當獨眼龍。

我與班上一位比較接近的同學談心，告訴她父親四六年從美國回來，是為了報效祖國。我說：「我的父親不是共產主義者，但他是個愛國者，解放前他對國民黨不滿，罵它貪污腐敗，共產黨判他三年刑是很冤枉的。」沒想到她當時正在聽團課，積極爭取入團，被介紹人幾說幾說，就把我的話全部抖出去了。

我的體育孬得沒底，每年校運動會，我都是只夠資格給班上運動員倒倒開水捶捶腿，從未參加過任何項目的比賽，高中畢業要不是體育補考及了格，差點拿不到畢業證書。五八年春季運動會，班主任郭治禮老師走來同我聊天。他突然問我：「世界上你最愛的人是誰？」我不假思索地回答：「爸爸、媽媽。」郭老師的驚異使我驚異，我不知道我又講錯了什麼話。他囁嚅地說：「當然，當然。唔，從個人的角度講是這樣。但是，但是，我們應當從大的方面去考慮。」我沒聽懂他的意思，大概他認為我不能愛我坐過牢的父親。他們推斷一加三等於五，五是質數，你說一加三是四，四是合數，那就大謬不然闖禍了。可惜那個時候，我們還沒唱過「天大地大不如黨的恩情大，爹親娘親不如毛主席親」的頌歌，否則，我給郭老師的答案或許會更正確一些。不過，也很難說，我未必不像在達育小學唱「嫁人不嫁人」之類的歌一樣，歌詞常常不往腦子裡裝。看來愛毛澤東共產黨要像胡秀英愛史達林那樣：「史達林死了，我就倒不成尿罐了。」就對了。

這樣，在班上，我從落後分子，變成與反動家庭同聲相應，同氣相求的孝子賢孫了。這個結論得到公認，有時候我自己也感到好像的確是這麼一回事。

語文課學曹禺的《人與人——昨天與今天》這篇文章，談到建築學家梁思成祝賀他女兒入黨，女兒說她不僅要當黨員還要當黨員的女兒。曹禺歌頌她是中國的新型孝女，體現了新的人與人之間的關係。那位戴著深度近視眼鏡的教了幾十年語文，永遠糾正不了他講課時「非常很美麗」、「非常很痛苦」病句的萬老師，佈置了一道思考題：「什麼是新型孝女，你的父母是怎樣教育你孝順他們的？」我預感到老師會抽我。

果不出所料，「非常很」老師第一個就抽我起來，所有眼睛一下子盯住我，滿懷興趣等看好戲。我感到被當眾羞辱了，鼻子一酸就想哭，強撐著回答了前半題什麼是新型孝女，眼淚忍不住就流了出來。「非常很」追問：「那麼，那麼，你的父母是怎樣教育你孝順他們的呢？」這才是他要抽我的理由，我是個反面教員。我感到極大的委曲，哭出聲來，抽抽噎噎地說道：「爸…爸、媽…媽，」無法再說話。「非常很」沒料到我會這樣，有點不知所措，猶豫了片刻，叫我坐下。

剛坐下，我就後悔了，我恨自己如此不中用，為什麼要哭，為什麼不告訴大家父親在我進一中時的入學贈言。那個寫著贈言的本子就在課桌裡，我經常翻看，大部分都背得出來。第一條：發揮偉大的愛，愛祖國愛人民愛人類，愛惜人力物力財力，愛護公共財產。第二條：對人要真誠、謙虛、謙讓，牢記「精誠所至、金石為開」，「不誠無物」以及「謙受益、滿招損」的古訓，堅持「嚴以律己，寬以待人」。第

三、四條現在我已記不詳細，是講要勤學苦練積累知識和堅持不懈鍛煉身體，把「為人民服務」的熱忱變成為人民服務的實際行動。看吧，這就是所謂反革命的父親對我的要求，就是我父母的希望，他們從未提到過「孝順」二字，我自己認為，做到這四條，就是對父母最大的「孝順」。

我想舉手要求重新回答，想到父親是坐過牢的，就洩氣了。後來「非常很」抽賓敬孝，又是非常有針對性的，那次「美蘇」之爭，大家認為他反動。賓敬孝很聰明，他文不對題地瞎扯，父親的國民黨黨證什麼的，大家都沒有聽懂，老師嗯嗯啊啊了幾聲，叫他坐下，事情也就不了了之。

五八年暑假老師集中學習，「非常很」被糾了出來，說他是歷史反革命。其實，萬老師緊跟黨的政策，積極貫徹黨的教育為無產階級政治服務的路線，明顯看得出，他最喜歡最信任班上的團支部書記和團員同學。到頭來，還是逃不掉挨整。

五八年下半年，父親去修鐵路，我在學校為國家年產一千零七十萬噸鋼鐵貢獻力量。學校已經成為煉鋼廠，校內小高爐林立，男同學煉鋼，女同學打雜。半夜三更把我們從睡夢中喚醒，把鐵礦石、白雲石、石灰石搬下車，然後坐在地上勾腰駝背地把它們捶成小塊，保證高爐吃飽吃好。到早上四、五點眼睛睏得睜不開，鎯頭直往手指上捶，痛醒了又睡著，睡著了又被捶醒。學校文藝團編排了各種小節目到煉鋼火線演出助陣，最有名的節目，是一個歌頌用煮湯的沙罐代替高爐煉鋼的二重唱。歌詞自始至終只有一句：「沙罐不燉雞要燉鋼」，通過曲調高低快慢，漸次激越來強調煉鋼的主題。不過，聽起來好像是在歌頌又似乎是在譏諷，很有餘味。

白天上課，男女同學個個像喝醉了酒，東倒西歪公開打瞌睡，有幾個煉鋼主力包括爭取火線入團的，乾脆在宿舍裡睡覺。老師知道學生晚上煉鋼，有意見，沒人有膽量說出來，他們睜隻眼閉隻眼和尚念經，上課來下課去，不多說半句。我很怪，不管多疲倦，走進教室坐在椅子上，好像被充了電，精神立即振奮，從來不打瞌睡。學校三天兩頭組織學生敲鑼打鼓到區委報喜，煉出了多少鋼，並且絕不忘記寫上「做到了讀書煉鋼兩不誤。」

那陣子，學生們的政治任務特別多，走馬燈似的一件接一件，弄得人人昏頭轉向。煉鋼煉人，勤工儉學，校辦工廠，貼老師大字報搞教育改革，停課三天清查學生偷竊行為等，不一而足。並沒有認認真真上幾節課，末了，還是逃不過上殺場——考試。

代數期末考試，賓敬孝交第一卷，我交第二卷，我忙著要同他對答案，他不理會這個，卻對我說：「這是我最後一期，下學期我不上學了。」「什麼，你在講什麼？」我吃驚地問道，他把剛才的話又重複了一遍。只有一學期高中就畢業了，有什麼了不起的理由要停學，我要設法問清楚。

我們繞過實驗大樓，沿著籃球場旁邊的林蔭道走去，兩旁法國梧桐落葉滿地，光禿禿的樹幹在冷風中呆立，我感到很冷。好像在求賓敬孝，我說：「無論如何，把高中讀完了再說。」我心裡很難過，十分為他惋惜，可是賓敬孝的神態一如既往，平靜和氣不慌不忙。他主意已定：「不了，不讀了，在他們的眼裡，我已經是百分之九十九的右派，只剩下百分之一的希望留給我自己爭取。」我還不放過，還想說服他改變主意。我說：「你不讀書，太可惜了，功課這麼好，肯定能考取好大學。」他抿嘴笑笑，搖搖頭。我不肯放棄，要求他：「再不然這樣，今年夏天，以同等學歷參加高考，你完全有把握考過所有的人。」賓敬孝堅決地答道：「不，我參加工作。」倒好像是我被踢出了學校，看見我著急傷心，賓敬孝反過來安慰我：「不要緊，人生的道路還很長，參加工作一樣可以做出成就，知識不一定非在學校裡學到。」

賓敬孝的家境非常貧困，父親是個押運員，把生豬從隆昌押運到重慶，每月三十五元工資要養活三輩人九口之家。在學校，賓敬孝一直領甲等助學金，這點錢正好夠交伙食費。他沒有零用錢，沒有牙膏牙刷理髮費。如果哪一天他清秀的臉從長髮中亮了出來，那一定是哪位好心人給了他一角錢理髮，郭老師有時候幫他買牙膏牙刷。有個假期他有事去農村，來回走了一百里路，只吃了一分錢一碗的剝了筋的橘柑瓣（筋被用作中藥）。冬天，他穿一件空心棉襖，是學校發的，外面沒有罩衫，裡面沒有襯衣，冷風對穿對過。下面是一條在風中打飄飄的薄單褲和一雙凍得通紅的赤腳。他經常把雙手抄進袖筒裡，身子蝦似地躬著，依然冷得嘴唇青紫周身發抖。這一切並不能扼殺他與人交談時和藹的笑容，不能遏止他求知的熱望，他已經自學完高中的主要課程，開始自學高等數學——面前這個矮子兵齊家貞，她睜大眼睛似懂非懂靜聽賓敬孝向她講解羅巴切夫斯基平面幾何體系，關於線外一點可以引出無數條平行線的道理。

賓敬孝曾經抄給我一張長長的世界文學名著的單子，分為泛讀、通讀、精讀三類，建議我抽時間分批讀完。當時我讀過的小說有《卓婭與舒拉》、《古麗雅的道路》、《鋼鐵是怎樣煉成的》、《牛虻》、《居禮夫人》，加上吳運鐸的《把一切獻給黨》，十個指頭數不完，他給我的書名我一個也沒聽說過。班上一位男生從校圖書館借了司湯達爾的《紅與黑》，賓敬孝的名單上有，我就把書「偷」來，用左手寫了個條子：「喂，莫著急，書沒有掉，三天後完璧歸趙。」署名「偷書賊」。只看了二十多頁就看不下去了，完全沒興趣，提前把書歸還。後來，這張名單在逮捕我的時候搜走了，監獄斷送了我按照賓敬孝建議閱讀世界名著的機會。不過，多數書名已經記在我的心裡，只要有機會，我肯定不會放過。

賓敬孝頭腦慎密，思維敏捷，思想成熟，知識面廣，積極向上，是個很有培養前途的青年。現在功虧一簣，只差半年就高中畢業了，卻要退學，這是為什麼？

五八年八月，中共政治局北戴河會議召開了，作為政治課的補充教材，學校要求每個學生必須購買一份活頁資料。那天，政治老師黃慧靈到教室逐個檢查，走到賓敬孝面前，他桌上空無所有。黃老師問：「你為什麼不買？」賓敬孝回答：「應當買的書我都沒有買哩。」老師看著他，生氣地質問：「難道你認為有關大躍進大煉鋼鐵的北戴河會議的文件不應當買？」賓敬孝不改他一貫的溫和，回答：「不是的，我不是這個意思。」他笑笑忍住了，沒再往下解釋。或許賓敬孝認為他的經濟窘況眾所周知，何必再當眾強調展示一番，任何一節課，他都是光桿桿坐在那裡，桌上沒有一本書，大家習以為常，也沒有一位教師對此提出過異議。他的意思是連必備的教科書都買不起，哪有錢買補充教材；或許黃慧靈老師的氣勢洶洶令賓敬孝欲言又止吞回他想作的解釋；或許中國人不求人知但求無愧的德性使人在委曲面前選擇了沉默。

這件事彙報到一中的老高中畢業生，留校的團委書記方延惠耳裡，他在全校大會上怒火沖天地詰問：「十二班的賓敬孝，拒絕購買規定的北戴河會議文件，公然聲稱他該買的書都沒有買。什麼書是你應該買而沒有買的？蔣中正的《中國的命運》？還是他的《勦匪手冊》？真是膽大包天，豈有此理。」

盲腸有點痛，手術刀割下心臟！

怎麼會把北戴河會議文件與蔣介石的著作掛上鉤？方延惠的聯想天才令人瞠目。賓敬孝被方大人這席話嚇了一大跳，不知如何是好。甲等助學金怎麼能給這麼反動的學生？於是方延惠的話使賓敬孝的助學金降級，從甲等降到丙等。這就是說，賓敬孝過去沒錢買書，現在連飯錢也不夠了。甲等剛好夠伙食費，乙等補交一元，丙等補交兩元，如果賓敬孝拿不出這兩元錢，他就必須戒飯十天。這是在逼他退學，賓敬孝心裡明白。自那次與湯先覺爭論蘇美問題起，他一直是上面注意的對象，他的檔案裡早就裝了「炸彈」，這次找了個好機會爆炸而已。他不必嘗試同等學歷參加高考，還沒參加考試，大學已經對他大門緊閉，他去塑膠廠當了工人。

不知道後來方延惠想過沒有，一位年輕有為的高中生賓敬孝作出犧牲，為他仕途的升遷墊腳鋪磚。

高中最後一期，我的情緒很低落。我敬重的、像大哥哥一樣幫助督促我的賓敬孝中途輟學，唇亡齒寒，一葉知秋，我的前途一片茫然。兩節晚自習間的十分鐘休息，我常常一個人退守到外面操場，希望整理我混亂的思緒。望著漆黑的天宇和閃爍的群星，我輕輕哼唱無限溫情充滿憂鬱的《三套車》、《草原》這兩首我最喜歡的歌，我讓眼淚自由滴落，釋放我心裡的憂傷。我認為馬車夫是世界上最有人性的人，期望將來我嫁給一個馬車夫。

上課鈴響了，我擦乾眼淚，走回教室，好像什麼事也不曾發生。

高考臨近，儘管有的人由於家庭出身好而自命不凡，有恃無恐，可以享受保送大學和其他特殊優待，但那畢竟是明天的現實。今天，他們還得要拿起筆桿平等地在考卷面前交底。前段時間荒廢的學業太多，每個人都緊張起來。復習時，各科室選一位王牌老師在大禮堂舞臺上講課，十二個班六百人濟濟一堂，除麥克風外沒有別的設備幫助學生看清黑板上的演示，搶奪正前面的座位成為一場戰鬥。在此關鍵時刻，我的處境陡然改善，所謂「孝子賢孫」、「白專道路」之類的帽子統統扔開，為了得到某種好處，有人早早就把笨重的大木椅替我搬到禮堂，搶佔最佳位置，我只需甩手甩腳走去就坐。在我的旁邊，不懂之處可以立即得到解答，下來後，有解不出的題，我肯定幫忙。也算是一種換工吧。

高三上，來了一個插班生計秉一，坐在我旁邊。離開學校後，她告訴我，剛到這個班，團組織就提

右起：計秉一、趙清敏、齊家貞。
後面是一中大禮堂。

計秉一（右）與齊家貞。

醒她：「注意齊家貞，她很反動。」一年同學下來，她說：「我不但不覺得你反動，反而覺得你很好。」

其實，我對老師和同學長期對我的虧待和歧視沒有反感，一貫地心存善意逆來順受聽任擺布，不僅我和幾個弟弟是這樣，連父親母親也是如此。結果板斧還是高高舉起，還是說你「反動」。「反動」的內涵無所不包，「反動」的外延無所不指。「解放」前留下了無數的「反動」，「解放」後又新生了那麼多的「反動」，共產黨內自己培養了數不清的「反動」，彷彿社會主義制度本身就是不斷生產「反動」的機器。

拳頭打在沙袋上，那時我對他們已經做了什麼和正在做什麼，一點沒有感覺。我不在意他們不是根據我的真實成績而是根據我的「政治表現」在畢業成績單上「政治」課三分的事實，我也不計較他們並非根據我的個人品德而是根據反動與否的印象給我操行三分的評價。我領會不出政治三分，操行三分傳達的訊息，也不考慮招生與出身之間的聯繫，還是一心一意要學原子核物理，要當居禮夫人。大學志願表上，我只選擇了一個專業，只填了幾個有這個專業的中國第一流大學清華、南開等。班主任黃惠靈旁敲側擊地建議我填志願和填學校要像下樓梯一步一步往下滑，不能填成平板。他說：「你的成績，當然……，但是，你還要考慮別的因素。」我覺得這好像在做生意討價還價，沒有理睬他。

可悲的是，我不知道一個至關重要的或許除了我無人不知的事實：原子核物理專業根本不對外招生，只從保送學生中選取。

我不明白，高考之前，貼滿幾堵牆的大學招生簡章簡報，每一所大學似乎都在張開雙臂歡迎你，每一所大學都熱情滿腔地介紹他們所有的專業，沒有一所大學對原子核物理專業作出特別要求的說明，他們團結起來欺騙人。

一切都是一廂情願，我浪費了全部的志願。

第十章
一扇門關了另一扇門也關了

父親在松山化工廠「留隊」，所謂留隊就是滿刑後留在勞改隊裡就業，有範圍內的自由，週末可以回家，實際上仍然在公安局管轄之下變相勞改。父親偶而被派到沙坪壩當採購，他就順路來學校看我。

第一次我走出教室，突然看到父親笑咪咪地在等我，我也對他笑了。我的腳朝他走過去，但是我的靈魂頓了一頓：「哎呀，同們學肯定都在看他，這就是齊家貞的爸爸，歷史反革命，勞改過的。」我情不自禁轉瞬即逝地閃過一絲羞恥感，儘管也許好些人並不知道我的家庭背景。

父親沒有察覺出他的女兒跟著別人亦步亦趨。事實上，他曾經對我講過，如果在班上處境不好，當著同學的面罵罵他沒有關係。我不願意這樣做。

這天，父親非常興奮，請我出去吃飯。按規定他有兩角錢誤餐費，我們在沙坪壩一個小館子裡坐下，他叫了一份燒白一角五，一碗番茄豆腐湯五分，一碟鹹菜兩分，兩碗白飯四分，自己只需掏六分錢腰包。菜肴說不上奢侈，但這是我懂事以來第一次享受與父親在餐館共進午餐。他覺得女兒已經長大，可以談談心了。

父親的談興很濃，像與媽咪講話，他老在求：「噯，你耐心聽，好不好。」先講了一陣蘇聯赫魯曉夫什麼的，我沒聽懂，但為了不影響他的情緒，我一個勁點頭裝做懂了。他接著說：「家貞，好消息來了，報上登載要招聘高級知識分子。知識分子是國家的財富，國家要啟用有真才實學的人了，我決定去應聘。」想到父親有機會學用一致，脫離牙膏廠，我為他高興。父親接下來說：「家貞，你要知道，一個社會政權的更迭，那是翻天覆地的大事。在這樣的情況下，難免泥沙俱下玉石俱焚，難免魚龍混雜，好人受屈。但是，只要社會進步了，國家富強人民幸福，個人受些委曲受點損害何足道哉。就是為此犧牲，我也心甘情願，何況過去發生在我身上的只是一些誤會和對你們的連累，我們只是吃了點苦，並未毀滅，統統都不必計較。現在，國家號召高級知識分子應聘，聽說是周恩來的主張，為人民服務的機會馬上就要來了。」這類事我從來沒有想過，插不上嘴，只覺得很有趣。父親夾了兩塊燒白放進我碗裡，神采飛揚地接著說：「我早就認為，也早就對媽咪講過不知道多少次，任何政權，都要搞建設，一定需要人才，不可能永遠把知識分子閒置不用。現在驗證了吧！」

我用筷子敲敲爹爹的碗，提醒他別忘記吃飯。他笑了：「你想，解放前，不提八年抗戰，單是全國內戰就又打了三四年。像一個家庭打架，能是好事嗎？花瓶打碎了，尿罐打翻了，房間裡亂七八糟不成體統。共產黨接下這麼一個爛攤子，這樣的情況下，你說，他們首先要做的事是什麼？」他望著我，眼睛裡飽和著期待。他淺顯直白的比方容易理解，我馬上回答：「當然是做清潔。」「對了，你說對了」，父親高興地說下去：「所以，解放初期，政府首先要做的事情是打掃清潔，打掃清潔需要什麼？需要畚箕掃帚。」我補充道：「還有拖把。」父親說：「是的，那些金銀珠寶值錢的東西，一定先要好好收藏起來以免損壞。等到房間打掃乾淨了，然後，怎麼樣？」他看著我，眼睛放射出孩子般明澈的光亮，自問自答：「再把好東西，有價值的的東西擺出來，房間就漂亮了。現在政府正是在做這件事情，知識分子要派上用場了。」父親的臉微微泛紅，喜孜孜的眼睛望著我，勞改釋放犯的晦氣一掃而光，我又看到我先前的爹爹了。他多麼盼望有機會大展鴻圖，施展才華啊！

我敬佩父親。哪怕「新中國」把「金銀珠寶值錢的東西」保管進了監獄，哪怕他當交通部長的夢想在勞改隊裡「積功晉級」，他從國家老百姓利益出發，不因為自己和家人遭到一連串的冤屈挫折而苦澀抱怨心灰意冷，他依然胸襟開闊對未來充滿希望。我真心實意接受他的觀點，那怕現在還背著反革命子女的黑鍋，與國家利益相比，像數學上常常說的，「小得可以忽略不計」。

父親以美國實習深造人員，美國鐵路高級管理人員協會會員和重慶大學鐵路運輸系正教授的資格應聘，寫了篇「論中國鐵路電氣化」一萬字的論文交上去。不久，成都招聘委員會回信：「應聘合格，等候分配。」

父母親歡欣鼓舞，全家喜氣洋洋。過去的一切——父親勞改，女兒當小犯人，媽咪被老虎隊狠逼，與國要燒房子，幾個小弟弟一懂事就覺得自己和別的孩子不同低人一等——已經死亡，我們譬如今日生。

五六年底，父親同母親商量之後，以等待應聘分配為由，從公安局松山化工廠辭職回家，與勞改隊脫了干係。

在此之前，父親還來學校看過我一次，他與班主任郭老師聊了幾句，老師說我是個五分的學生（當時沿用蘇聯五分制），因為不用功，我成績只在四分和五分之間波動。又說我喜歡畫畫，但是盡畫女洋娃娃，問我為什麼不畫點諸如社會主義建設和祖國錦繡河山等有意義的畫。我試過照物理書畫法拉第、羅蒙羅索夫，不錯；畫正在上課的化學老師，他長得很像墨西哥電影《生的權利》裡的阿爾培托醫生，很像；還憑記憶畫了初中畢業照上的我自己，挺好。但是都沒興趣，最後還是九九歸原，回到我的美女中間。

等待應聘的這段時期，父親去民辦中學代課，教平面幾何，每月工資十三元。當時和父親一起代課的勞改隊朋友王伯伯開玩笑說：「每次領工資，我都想畫一幅漫畫：我雙腳顫巍巍的，頭上頂一張十三元的鈔票，鈔票上面站著我的老婆和四個孩子，隨時要摔下來。」週末，我從學校回家，父親向我提教學中的問題。沒想到，小時侯父親幫我補習數學，現在，反過來請教我了，我很得意，老是用「同志」稱呼他：「同志，你聽我說」，「同志，你曉不曉得」。母親嗔怒道：「沒老沒小的，對父親講話，什麼同志不同志的。」父親笑著說：「媽咪，這是家貞對了。我不僅是他的父親，也是他的同志，還是她的朋友。」叫他同志，是我故意調皮，說我們是朋友，過去我沒聽說過，但父親這個新鮮提法我很欣賞。

只要有機會掙錢，父親都不放過，包括下力。對面倉壩子一個瓷罐店的空鹽酸罈子和瓷管要運到南紀門河邊，這活相當辛苦，吃力不討好，這麼長一段路，運一個才兩分錢，挑去的時候一路上全是狹窄的石梯坎，下坡時要把十個腳指頭抓緊「煞車」，空手回來，一溜接一溜的軟腳坡老是爬不完。加上這類東西易碎，體積又大，要特別注意躲開熙來攘往的人群，撞破了哪怕一個，全天的力錢都得賠進去。即使是如此，這種活並非天天有，叫做的時候，父親搶機會多跑兩趟，從清晨到傍晚，只要能看清路。興國也跟父親擔過幾次，他說，就從那個時候起，他學會了瓶口結和用一塊木條魚刺式地橫卡住瓶口的挑罈子的方法。我週末回家，看見父親一趟又一趟從窗前經過，還舉手高興地同我們打招呼，想到他苦學成材報效祖國的抱負，想到他勞改隊那副屈辱相，我直想哭。不過，父親不計較這些，他心裡依然很快樂，因為高級知識分子應聘的曙光在望，他就要歸隊了。

學校放假，父親曾數次帶全家去大田灣踢球。球是舅媽在海員俱樂部做義務管理員時買的舊的。母親觀戰，我去過兩次，不肯加入。五個運動員年齡從四十五歲至八歲，打得認真，搶得激烈，幾個大哥分毫不讓，小阿弟腳尚未碰到球，機會已經失去。可是，僅僅與爹爹一起在場子裡追來逐去，吼天叫地已經夠大家開心不已了。有一次，全家還去嘉陵江拾貝殼、鵝卵石，弟弟們口袋裡沉甸甸地裝滿了「寶貝」，自願把最好的進貢給家貞。回來的時候，在河邊批發蔬菜的木船上買了大白蘿蔔，十斤才一角錢，最小的也比我們的腦袋大。一共買了七個，父親拿兩個最大的，我們五個年齡大的拿大的，依次遞減，優待媽咪打空手。一家人拿著白玉般的蘿蔔走一串說一串笑一串回家。

六年來，我們五姐弟沒有一起去外面玩過一次，都是貴州鴨子打單放，各耍各的。有時候我要去什麼地方玩，弟弟拉著我的手要求同去，我既無大家一起玩的習慣，也無這樣的概念，總是不肯。我說「你去嘛，你去我就不去了。」現在，有了爹爹，這個家又團到一起來了。一點點小事，大家湊到一起一齊享受，也快樂無窮。

有爸爸和沒有爸爸真是天壤之別。

五六年八月十二日《人民日報》登出一小篇由「中國科學院高等教育部門」發出的「招聘科學和教育工作人員」的通知，使父親的熱夢做了十個月，但是空雷無雨，沒有後繼文章出臺幫腔。當時中共中央、國務院經常寫社論指導人民思想行動，什麼「除四害」、「打蒼蠅麻雀」、「節約糧食」，後來甚至還出過「給生豬配種」和「牛糞餵豬——牛糞成為豬的飼料工廠」之類的社論，這樣的屌事都管到了，就是沒有看到過一篇反對人材的浪費，積極支持招聘知識分子的社論。代之而起的是各機構大裁員和毛澤東籌劃的反右「陽謀」，把那麼多在位的知識分子、高級知識分子打成「毒草」，還要把他們漚成「肥料」。父親「知識分子是國家的財富」、「有價值的東西擺出來」的想法只是善良人一廂情願的奢望，毛澤東共產黨從來沒有把知識分子打成價錢，在位的尚且要漚爛了做肥料，父親連當肥料都不夠資格。

知識分子應聘的事，由於上面做事朝令夕改、立廢無常而夭折，當時只有天津、漢口辦得迅速，安插了應聘知識分子，重慶沒戲，父親做了場白日夢，空歡喜。

知識分子的單純幼稚永遠敵不過上面的陰謀詭計。

父親從希望的頂峰落到走投無路的谷底，內心極其痛苦沮喪。

收到敬嬰叔叔來信，告訴我們最近他以父親的名義將祖父母在金邊的故墳修葺一新，立了一塊新墓碑，上面刻著父母親和我們五個孩子的名字。敬嬰叔叔問父親：「你是不折不扣的華僑後裔，為什麼不申請出國？我的生意需人，你出來做我的幫手吧。」他的家眷安頓在柬埔寨，自己在香港做進出口生意，澳門還有一家「多明麗製衣廠」。

一扇門關閉，另一扇門開啟。四九年乘飛機坐輪船三請四邀拒絕出國的齊尊周，現在，出國成為他全力爭取的一家人的活路。

和當今不同，那時出國，關鍵不是簽證而是護照，發了護照就是恩准你出國。

五七年夏末秋初，父親提出護照申請，理由是出國謀生。

在父親方面，一個正當壯年，身強體健頭腦清醒的男人，窩窩囊囊活了七、八年，且不提盡忠為國，連老婆孩子都依靠別人養活，實在是奇恥大辱，因此，「出國謀生」名正言順天經地義。但是，在公安局那方面，哪怕他們從來沒有關心過這些孤兒寡母的死活，從來沒有給過這個家庭一分錢的救濟，他們不高興「出國」與「謀生」這兩個詞聯繫在一起，「出國謀生」使他們深感刺眼錐心，它準確無誤地點出這幫人沒有人性，老百姓在溫暖的社會主義大家庭裡死路一條。他們懼怕讓一個歷史反革命勞改釋放犯出國，這無異於放走了一個敵人，敵人怎麼會唱「社會主義好，共產黨好」的頌歌？這些傢夥做壞事整人害人的時候肆無忌憚不考慮後果，但事後，他們卻極端畏懼有人戳背脊骨說他們壞話，特別是在他們鞭長莫及的國外。因此，這本護照拖了半年還發不下來。

等待，長久的焦心的等待。

五八年大年初一，發現二弟安邦口袋裡有個陶瓷兔子，那是頭天晚上在舅媽家吃年夜飯時，從他們家裡拿回來的（當時他們還沒搬回上海）。父親生氣地問安邦是怎麼回事，他理直氣壯地回答「我要拿，啷個嘛？」做錯了事還嘴硬，父親一巴掌打在他肩上，他先愣了一下，出乎意料父親打人！接著安邦哭了起來，一面哭一面說：「我要，我要，該我翹。」還用大拇指做抹鬍子的動作說：「翹鬍兒，長冠兒。」父親更生氣了，把他摁在地上痛揍屁股，安邦更加歇斯底里亂蹦亂跳，父親被安邦弄得累休休的。過去，我們做了錯事，父親從來都是和顏悅色地講道理，他老是勸媽咪對孩子要說服教育要有耐心。可是今天，他發這麼大脾氣，還打人，站在一旁的我們四個嚇得沒一個敢講話。父親漲紅著臉說：「養你這麼大，好的不學，倒學會拿人家的東西了。做了錯事還要翹。」又打兩下，「看你還翹不翹？」又重重打兩下。安邦氣憤極了，翹起頭來罵道：「你個狗×的，啥子爸爸喲？認不到你！」

父親驟然停下來，一言不發。

我們這個家，幾乎有六年家庭教育的空白。母親為五個孩子三餐一宿從早累到晚，心力交瘁，父親只咫天涯被鐵窗阻隔，心有餘而力不足，我們基本上過著放任自流自生自滅的日子。

下午，父親把我們召集在一起，開門見山地說：「現在，我向你們作檢討，」我們你看我我看你，以為耳朵聽錯了。從盤古王開天闢地起，「天下沒有不是的父母」，哪裡聽說過父母向子女作檢討的。母親坐在父親身邊默默地織毛線，父親的眼睛紅紅的，他流過淚。他說：「首先，在你們面前，我這個父親是有愧的。我沒有給你們應有的正常人的生活，和你們一起相處的時間相當有限。我也沒有給你們應有的家庭教育，向你們解釋做人的道理。一日三餐尚成問題，更遑論給你們買玩具、書藉。」他兩大隻手在治平、大同的頭上輕輕撫摸，接著說：「對於國家，我崇尚民主治國，讓老百姓發表意見；對於家庭，我主張家庭民主，對孩子進行說服教育，反對打罵體罰。安邦做了錯事，我本應弄清經過，給他講人窮志不窮，『餓死不吃貓兒飯，凍死不烤佛前燈』，做人要有骨氣的道理，使他明白是非，自己把東西送回主人。我最苦惱的是，由於長期不能同你們在一起，你們根本不知道自己的父親到底是怎樣的一個人。在這個非常的時期，非常的環境，非常的心境下，我做了自己一貫反對的事情，不分清紅皂白打了安邦，你們對我更加迷惑，更加不瞭解了。對此，我非常難過，這是我不對，我向你們檢討並且保證，今後無論在什麼情況下，我都絕不再打你們。萬一我又犯了，請你們提醒我，『爹爹，你講話不算數，怎麼又打人了？』我就會馬上停下來。」

父親的心情非常沉重，一直在眨眼睛拚命把眼淚眨回去。我們從來都以為父母親打罵子女是天經地義的事情，鄰裡街坊打孩子是家常便飯，這簡直就是家庭教育的一個部分。父親的坦誠使大家很受感動，也接受了民主思想的啟蒙。

這件事使我回憶起其他一些往事。

父母親情深意篤相親相愛，除了上班，父親從來不一個人出門，探親訪友看電影聽音樂都與媽咪出雙入對，媽咪為人聰明乖巧隨和，有時候要應付親友三缺一打麻將，父親就坐在一旁，耐心等候。發了工資他全部上交，給零用錢也很少要，需要時再像孩子一樣伸手討。做的飯菜鹹淡冷熱父親從來不發表意見，一律好吃好吃樂呵呵請下肚去。只有兩件事他同媽咪爭執。一是為了孩子，一是為了傭人。媽咪脾氣急燥，多說幾次我們不聽她就要打人。假如父親在，他一定制止，說媽咪不對，要說服教育。母親則認為父親當著孩子的面護短，平時都是她在管，沒有了威信以後更難教了，常常生父親的氣。有時候，傭人的事沒做好，媽咪批評，父親總是無條件地站在傭人一邊為她們辯護。父親覺得她們都是農村窮人家出身，沒受多少教育，要求不能太高。母親說正因為如此，就需要教會她們怎樣做得更好，比如買了牙刷牙膏，那一口大黃牙不捨得刷，客人來了衝別人講話，你當主人的不丟臉嗎？這一類事急得母親有時候眼淚汪汪，覺得父親站在孩子、傭人一邊與她作對。不過，只要母親生氣，嗓子一大，父親馬上就啞了就讓步。他說：「我不願意使我愛的人生氣，等她冷靜下來再講理。」他悄悄對我們炫耀：「私下裡都是我贏。」

只有一次母親同父親吵得很厲害。那是五〇年底的一個晚上，五個孩子已經入睡，我被說話聲弄醒，只聽見母親一邊生氣地說著，一邊在哭，不清楚為的是什麼。父親開始還申辯解釋，想平息母親的怒氣，可是事與願違，母親越說越激動甚至有點歇斯底里起來，雙手像打鼓似地捶打父親的胸脯。父親非常吃驚，他本來是坐在床邊的，趕緊退縮到門口，背貼門站著，一動不動任憑母親打。他後來在留下的文字裡寫到，我對自己說：「這是我愛的人，我絕對不做傷害她的事情。」最後，母親大吼一聲：「離婚！」房內頓時一片寂靜，我嚇得瞪大眼睛，趕快用被子把頭蒙住。過了一會，聽見父親非常冷靜地對媽咪說話了：「則權，如果你感到和我終生相伴很痛苦，沒有幸福可言，那麼你回上海去另找你幸福的前途。正如和你結婚前我說過的幾句話，『我愛的人幸福就是我最大的快樂』。五個孩子留給我，我想辦法照顧撫養。」我在被窩裡，覺得他倆沉默了好久好久。突然，媽咪輕柔地喊了一聲「尊周」，父親沒有回應，他大約在默默流淚，媽咪又喊了一聲。不等父親開腔，我已經急不可耐把被蓋一掀，大喊：「爹爹，媽咪在叫你，你為什麼不答應？」後來，他倆嘰嘰咕咕說了許多悄悄話，我聽見媽咪給父親道歉。此後，無論在什麼情況下，那怕天要塌下來，母親絕對沒有再提過使夫妻生畏的那兩個字。

很多年以後，再回想這次父母的爭吵，我覺得我找到了其中的原因。

父親主張民主，在許多方面他身體力行，但在家庭大事的決策上，他卻忘記了給予母親發表意見的權利。這類事都是由他說了算，從上海到重慶，母親只有跟著他的決定走，解放前夕是留下還是出走，他同母親商量一下的念頭都沒閃過，就拒絕了出國的邀請。父親對母親意願的忽視是對母親自尊心的傷害，也是對母親聰明才智的低估。其實，在許多事情上，母親的判斷非常敏銳精當，如果父親少一點東方人男主外女主內的思想，多一些西方人夫婦有平等發言權的觀念，在去廣州還是來重慶，在飄洋過海還是堅留大陸生死攸關的問題上，完全可能做出相反的決定，那麼，齊家貞一家的命運就完全改變了。

在國家大事上，我主張男人當領導，在家裡，我認為女人說了算。

後來，安邦把瓷白兔送回去，舅媽給他，他不肯要。至於父親授予我們制止他打人的權利，我們沒機會行使，一來他沒有再犯，二來他同我們相處的時間更少以至於無了。

考慮到這個家又將分離，而且可能是較長時間的分離，在父親遞交出國申請後不久，全家去解放碑「留真照相館」合了個影。爹爹用梳子給四位小男士的頭髮梳得光滑得螞蟻上去也要撐拐杖。家仁和阿弟穿的是敬嬰叔叔寄來的花衣服（男孩穿花衣服，在當時的中國特別是閉塞的重慶是少見多怪的事情），家忠和家信沒有合適的好衣服，只得換上乾淨的粗布學生裝。母親賣掉了父親的許多東西，但是給他留下了一套西裝，一件白襯衫，一條領帶，她堅信有一天，父親有穿它們的機會。媽咪自己穿的是一件暗紅色薄

全家照不久，父女雙雙入獄十三年、十年，這個家再無團聚之日了。

呢旗袍，我則是玩洋格，穿的都是外國貨，襯衫是敬嬰叔叔寄的一件印有英文字母的夏威夷衫，外面是父親從美國帶給我推遲了十年才批准穿的那件淺藍色薄毛衣——很不幸，被捕時就是它跟隨我。

拍完照出來，父親神采飛揚，母親秀美高雅，五個孩子個個活潑可愛，引來不少過路人羨慕的眼光。儘管興國、治平的衣服與全家的不大協調，但照片拍得很好。想不到它竟是我家僅有的一張全家福，之前，我們沒有父親沒有錢；之後，這個家鑼齊鼓不齊再也沒機會全體到齊了。

護照難產，敬嬰叔叔動了腦筋，他邀約他的兩個哥哥齊祥卿齊祥文三人聯名寫信給北京華僑事務委員會主席何香凝，要求協助堂兄齊尊周出國與他們共同經商，僑務辦公室回信稱已去信給重慶市公安局催請妥善處理，敬嬰叔叔把他們的去信和回信的複印件寄給父親，全家又開始新一輪快樂的期盼。

過去，盼招聘結果的佳音，現在盼父親出國的喜訊。

我告訴父親如果有了好消息，馬上寫信到學校，我期望有朝一日踏著父親的腳印出國深造。久等之下，無事發生。

學校已絕非讀書聖地，偉大的毛澤東五七年整倒了知識分子，在訪蘇回來後，又頭腦發熱，要中國人十五年趕超英美，轟轟烈烈的大躍進開始。

五八年暑假，一中全校師生分期分批放棄兩週假日，高呼「以鋼為綱，為鋼而戰」的口號，浩浩蕩蕩開到「重慶鋼鐵廠」，為鋼鐵元帥升帳流汗流血。十一班一位女生因中暑送命，這個秀氣沉靜的姑娘，在年級大合唱時緊站我身旁，學校怕她死亡的真相外傳有損大躍進光輝，氣急敗壞規定所有學生：一、是她自己心臟病突發死亡；二、任何人不准出外亂說。

根據教育改革的要求，校方要我們勤工儉學，所以煉鋼後剩餘的暑假，我在較場口變壓器廠做工。那天下班回家，父親告訴我有幾個上海來的幹部調查他解放前一個下級的事情。那年春，舅舅一家搬回上海時，父親把他解放後記的三本日記交給舅舅，請他藏在上海，準備出國時經上海帶走。

日記放在重慶家裡擔驚受怕，放到上海還是不得安寧。才幾個月，突然有人從上海來此外調，父親認為那是別有用意，說不定與日記有關。一聽到這，我馬上覺得父親又要坐牢了，我們又要沒有父親了，眼淚掉個不停。父親用他的大手撫摸著我的頭說：「嗨嗨，家貞，鋼鐵是怎樣煉成的？你忘記啦？」

在憂心忡忡之中，公安局終於有了點響動，他們叫父親再填一張表，具體說清楚出國路線——經由澳門到金邊，準備攜帶的行李——小提箱一個，內裝襯衫兩件，長褲一條，背心一條，內褲兩條，手帕兩

母親（左）與章傑的妻子、我的表姐張延芳。

塊，牙刷一把，牙膏一支，毛巾一塊，地址本一個。大概是何香凝的信起了作用，他們打算放行。

父親一趟趟去公安局催問，護照還是難產。一天，碰到我段的向戶籍，他驚奇地問父親：「你是不是來拿出國護照的？」父親說「不是的，是問我經澳門還是經香港。」這說明父親的護照已經在公安局的案桌上，就是手抖抖的捨不得發下來。

如果他們發通行證就像他們發逮捕證那樣乾脆，那樣不發雞爪瘋就好了。

政客詭詐，風雲突變。五八年八月二十三日，毛澤東風濕疼痛神經寒熱發作，下令炮轟臺灣的金門馬祖舒筋活血退火消腫，然後被自己製造的鬼影嚇懵，大喊大叫。兩天後，報紙聲稱「嚴懲賣國求榮的罪惡軍隊」，召開「祝捷大會」，發表「周恩來關於臺灣海峽地區局勢的聲明，堅決反對美國的軍事挑釁，嚴正聲明我國領海寬度為十二海浬。」然後是中國特產的全國各地幾萬人的大示威大遊行大反對大支持。

一時間，遠東、中東、全世界好像都得了風濕疼痛神經寒熱，都需要舒筋活血退火消腫，局勢驟然緊張起來，越來越緊張，越來越深沉。

八月二十三日晚上大陸對金門馬祖數萬發炮彈轟擊的直接結果，是三位海陸空將級軍官金門防衛副司令的犧牲和兩萬多條老百姓性命的毀滅。據說那天，蔣介石去那裡視查後與將領們正在開會，轟炸前，有人看見會議室外升起顏色信號彈。我的表姐夫臺灣空軍少將金門防衛副司令章傑結束了他正當壯年的生命。這次轟炸的間接結果是父親與我們短聚之後再次的長別。

家在上海時，才五、六歲的我親眼看見父親和我表姐夫章傑（兩人輩份不同但年齡相近），一見面就打嘴仗，父親愛國心切痛罵國民黨無能，表姐夫也愛國心切怒斥毛共匪兇殘，一個書生氣十足儒雅的鐵路文官，一個威風凜凜不無傲慢的空軍武官，兩人針尖對麥芒互不相讓。罵國民黨的留在大陸愛國愛共產黨，罵共產黨的去臺灣升任國民黨空軍少將。愛國愛共的齊尊周進了共產黨的監獄前後二十三年，留下一個活寡母五個孤兒由親友代養；金門防衛副司令章傑吃了毛澤東的炮彈光榮殉職，也留下一個寡母五個孤兒靠政府撫恤。前者夭折在「母親」的懷抱裡，後者為信仰捐軀。大陸這個受歧視挨白眼的六口之家在分文無進艱難蹣跚的困境中吊命，連年輕的女兒也陪進了監獄；臺灣章傑晉升為空軍中將，老婆張延芳用政府發的死人錢安排五個兒女去美國找活路，接受良好教育事業有成生活安定。

此時，是性格決定命運，還是政治識見決定命運？

十月一日國慶節，父親和段上其他牛鬼蛇神，集中在我家斜對面的公共廁所前面集體聞臭，同時觀看遊行，瞧瞧人民力量有多大。數天後，你齊尊周不是要求「出國謀生」養家糊口嗎？那好，政府安排你工作——修築小魚沱鐵路，為你終生熱愛的「鐵路事業」作貢獻吧。

父親申請到的不是護照，而是「集改」。他們搞「淨化城市」，把所有坐過牢、戴過帽的人從社會上清理出去「集體改造」——名目繁多的剝奪人身自由的又一種花招。

去集改前，父親、媽咪和我三個人到解放碑「和平電影院」看了一場香港電影《天倫情淚》。電影一開始就是一個男人帶著他一雙小兒女祭墳，然後倒述一個出身富貴家庭的女子，不顧她父親的百般阻撓，堅決嫁給自己的窮戀人，受盡生活的折磨煎熬過早離開人世的故事。電影演完後，觀眾紛紛散去，我和母親站起來準備離開，父親坐在椅子上紋絲不動，我提醒他，場內已經沒有人了，父親彷彿沒有聽見。一陣，他站了起來，淚流滿面地對我說：「和這個電影一樣，你媽咪因為愛，嫁給了我。但是，我卻不能給她幸福，我愛她卻害了她。」

父親的意思是，如果媽咪嫁的是楊子漢，他們解放前遷去新加坡經商很發達，那麼，媽咪現在就在新加坡當富翁太太享福不盡而不是留在大陸當反革命家屬苦海無邊了。但是，媽咪清楚，父親沒有一點過錯，自己為愛做的抉擇也一點沒有過錯，母親永不言悔，一直咬緊牙關與父親有難共擔，同舟共濟。

想到這個美好的家庭又要破碎，媽咪和我默然淚下。

應聘的門關了，出國的門也關了。在強大橫蠻的政權面前，個人是絕對被擺布的。

第十一章
「犯罪」事實：廣州就是外國

我坐在「靠椅」上，漫不經心地把信拆開，看我的大學錄取通知書。像祥林嫂不知道下雪天，狼在山坳裡沒吃的，犧牲了她的寶貝兒子，我不知道原子核物理系只收選送生，葬送了自己的前程。我的全部志願作廢，被「重慶市煤礦中等專業學校」收進它們辦的大學專科班，我們叫「帽子班」，中專戴了個大專班的帽子。我決心不去。媽咪說「我認為你還是去的好，總是個讀書的地方。」我硬撐撐地回答：「沒有商量的餘地，可以商量的是今後我怎麼辦？」怎麼辦，誰知該怎麼辦？母親不再講話。

一九五九年九月一日，全國所有大小餐廳、飯館、麵攤，開始實行收取糧票制度，也就是說，出外進餐，既要鈔票又要糧票，缺一不可。「自然災害」的帷幕正式拉開。

我把媽咪高考時給我用的父親送給她的浪琴表買了六十元，問她要了十斤「滿天飛」（全國通用糧票）闖天下去了。對此，母親既沒有鼓勵，也沒有阻止。

九月中旬，當我的同學們沐浴在玫瑰色前程的光輝裡，在社會主義祖國的大學階梯教室凝神注目，聆聽老師講課的時候，我開始在一條截然不同的人生道路上艱難地跋涉。

提著黑色小旅行包，放了幾件換洗衣服和其他一些小東西，我一個人走到朝天門，搭輪船到武漢，由武漢再轉火車去廣州。

汽笛陡一聲吼叫，我的心突一下猛跳，活了十八年，第一次獨自離家出遠門。輪船在蘇聯「禁衛軍進行曲」聲中離岸，我的豪情被這首威武雄壯的歌曲鼓動起來，同近衛軍一起「踏上征途」。歌裡「再見吧媽媽，別難過莫悲傷，祝福我們一路平安吧！再見了親愛的故鄉，勝利的星會照耀著我們」，正是我心的寫照。

重慶在霧靄中隱隱退去，岸上沒有注視我的目光，前面不知道路通向何方。

五等艙意味著窮困擁擠和骯髒，我得花兩角錢租一張席子鋪在地上。為了防止睡夢中往江心裡跳，我把鋪安排在樓梯口，和幾個叫花子模樣的男男女女擠在一起，一夜都在為忙上忙下的旅客縮腳讓路，哪裡能睡覺。

儘管憲法上寫明人民有遷徙自由，那只是黑烏鴉貼在身上的彩色羽毛，講得漂亮，事實上農村不能遷入城市，小城市不能遷入大城市，甚至郊區不能遷入市區，一個地段遷去另一個地段都談何容易。父親四九年放棄去廣州到了重慶，現在我千方百計想把戶口遷到廣州。據說那裡申請出國護照比內地容易，我想申請去美國讀書。此外，祥卿叔叔的兒子齊必凱當時在香港，要是他能回來見面，或許能助我一臂之力。

住在乾爹高謂初的家裡，他是父親過去鐵路局的同事好友，口頭上收養我為乾女。大女兒去香港「繼承遺產」，打工求生存。二女兒不斷收到香港來信求愛，最後要求去「完婚」，在那裡與姐姐一起開拓。聰明人取巧，旗開得勝；偷渡者，不少被抓回，有的人飲彈長眠；父親老老實實申請，打入另冊罪加一等。他曾建議我與一中認識的華僑學生假結婚，逃出虎口留學深造，被我一口拒絕。

除了兩個已在香港的女兒，乾爹還有兩個兒子。大兒子在成都鐵路局，小兒子高中畢業閒耍在家。家裡還有一個五歲的小孫子，是大兒子五七年被打成右派後，從成都送到廣州祖父母家來的。

高謂初乾爹很沉默，是個善良的長者，吃飯的時候，他時常給我夾菜，有天下班回來，他買了一盒衛生紙給我，正是時候。

一個月後的一天，我去郵局寄信回來，敲門，乾爹的小兒子把門打開一半，用他瘦高的身子把門擋住，不讓我進去。

他彎下腰冷冷地說：「你聽著，現在請你走！」我仰臉盯住他鼻子上長的一顆大肉痣，想起動物園裡的犀牛。我平靜地回答：「好，謝謝你。」

那時，我記一些日記，我記時光流逝的痛惜，前途渺茫的徬徨，在家日日好的快樂，出門處處難的焦愁。這一切都是出自一個有志向無出路的青年的心聲，是我當時實際的心境，與乾媽他們完全無關。乾媽做家務，照料孫子，我與乾弟一直相處得很好，常常你一言我一語開開玩笑。有一天，我從枕頭下拿出日記本準備寫點什麼，「小孫子」走了進來，要我給他畫手錶。他把手腕上我畫的錶當成真的到處炫耀，祖母不小心洗澡去掉了，他哭鬧不止。作為補償，我乾脆給他左手畫一個，右手也畫一個，使他破涕為笑。靠這種無本生意，我倆建立起極為友好的關係。看見我手上的日記本，「小孫子」調皮地說：「嗨，你這個本子，我奶奶拿來看過的。」大約覺得我狗坐筦箕不識抬舉，給你這麼好的日子，你還不滿意。從此，乾媽對我態度大變，整日黑著一張臉，我要掃地，她把掃帚奪過去，我去洗碗，她叫我休息。我欲哭無淚，不知如何是好。

我整理好提包，到廚房向乾媽告別：「寄媽，我走了。」她不安地回過頭問：「你到哪裡去呀？」想不到我竭力討好乾媽誠惶誠恐小心謹慎過日子，竟得到被趕走的下場，我嗚咽的喉嚨說不出話來，匆匆開門走掉。背後傳來「小孫子」嚇我的聲音：「阿姨，你衣服上有個洞，警察要抓你勒。」

走到街上，我一下子感到解脫、解放了。幾天來的壓抑一掃而光，眼前人頭攢動車如流水，巨大的廣告牌矗立在街道兩旁，西方式的高樓大廈一幢接一幢，比重慶洋氣多了。可是，哪裡是我的去處？

我叫了一輛三輪車，敲開關紉蘭小姐的家門，一個二十八歲小巧玲瓏的單身女人，乾爹大女兒的同學，我每週兩次在她家學英文。她全家在國外，只剩下她一個人，申請護照無數次，無數次被拒，決心用鐵杵磨成針的精神申請到底。

三天後，關小姐把我送到表叔黃品傳的家裡。

表叔的母親和爹爹的母親是親姐妹，是父親所有親戚裡血緣最近的親戚。表叔表嬸在香港，廣州這座三層樓的房子，第一層租人，第二層只住他們的獨生女兒黃霖和表叔的嫂嫂，我叫她嬸媽。霖姐是中山大學化學系的學生，每週回家一次，平時只有我同嬸媽兩人。嬸媽十五歲嫁到黃家，終身未與丈夫蒙面，因為是包辦婚姻丈夫不承認，他在外另娶了妻室。嬸媽照料公公、公婆，送二老歸山，一輩子守空房，從青春少女守成滿面皺紋的老嫗。生是黃家的人，死是黃家的鬼，每月由表叔從香港寄錢養她。

嬸媽只會說海南島語，不懂國語，不懂廣州話，可以在外面買一些簡單的東西，啞巴似地比比劃劃。每天除了上三樓做飯，其餘時間便盤腿坐在床上，和尚參禪似地定著，繼續空守下去。

我倆之間只能你望著我我望著你，用傻笑表示友好，她不懂我的普通話，我不懂她的海南語，彼此像是外國人。我剛來的頭兩天由樓下佃客翻譯，她說：「你看起來像你的爸爸。」那就是說她見過我小時候的父親，我很有興趣想知道父親兒提時代的故事，設法向她打聽，但是，一切努力都是瞎子點燈白費蠟。幾個月下來，我自己明白的只有一句：「你爸爸小時候愛吃雞。」她學了幾聲雞叫，伸開整個巴掌比劃兩下，大約是說父親喜歡吃巴掌那麼大塊的雞。對還是不對，只有天曉得。

表叔不肯收我的伙食費，他說我們是親戚，母親只需在來信中夾一兩元人民幣給我零用。當時廣州這樣的大城市也無可逃遁地被飢餓籠罩，走在街頭，經常看見有人踏著三輪拖車去郵局運回五十斤一袋整袋整袋從外國寄回來的大米和麵粉，有的人家一次就收十袋八袋，令人羨慕得眼睛發綠。

嬸媽好像有輕微顫抖病，每次拿碗打米的時候，她發抖的手都相當猶豫，米抖到鍋裡，又舀一點出來，怕不夠，再抖些進去，然後再用手抖抖地抓幾粒出來。煮的時候，多放些水，使每一顆米盡可能地膨脹，吃到肚子才有撐和飽的感覺。飯桌上，我假裝秀氣，不把飯裝得太滿，因為如果我真正吃飽了，就意味著她將為我挨餓。但是背著她，我經常到外面像條餓狗轉來轉去找吃的。廣州的供應比重慶好多了，素炒沙河粉和魚粥才五分錢一碗，兩碗下肚，份量是有的了。週末，霖姐從學校回來，菜就稍微豐盛一點，那碟甜香的廣式臘肉，聞著它可以使人醉倒，我敢打賭，我們三人當中的任何一個，都可以不費吹灰之力把它一掃而光。可是大家都不好意思動，都忍著，於是這碟肉就像笑話故事裡那個「千儉省」，每餐端出來下飯的「木頭魚」，永遠不會少。我趕緊下席，好讓每週才回來一次的霖姐放鬆地吃，我在外面另有油水可撈。

「解放」以後，父親與謝文龍先生失去聯繫，通過香港友人，找到了他的地址。父親寫了封信去，他高興地對媽咪說：「我的字燒成灰，謝老也認識。只要收到信，他肯定回。」

謝老全家「解放」前夕搬到香港，他先在澳門書院當窮教授，後來擔任瀕臨破產的「南洋汽車公司」總經理，使該公司起死回生。「解放」初，廣東方面用高音喇叭向他喊話，請這位連任三屆廣東省建設廳長的謝文龍回國，政府要重用他。謝老認為共產黨言而無信，不為所動，後來移民去美。六十三歲讀大學，九個月拿下會計學位，替兒子的房產公司做事。

父親在信中提到女兒想出國讀書。謝老回信：「家貞天資聰慧，如果意志堅定，勤學苦讀，設法來美，定可得到很好的發展。」聽說我去了廣州，叫我去他廣州哥哥家裡拿五十美元零用。

來廣州兩個月，我整天無所事事一門心思想吃，母親寄來的零用謝老給的鉅款我全部吃進了肚皮。離開學校，托「自然災害」的福我開始長肉，現在，長了更多的膘。一長串小孩跟在我後面唱「肥仔，肥仔」，像蒼蠅一樣驅之不去。

十一月底，必凱兄從香港回來，我到火車站接他，兩人失之交臂，連相片都沒見過，哪能認出來。他已來過我住的地方，叫我去華僑大廈餐廳見面。

我特地換了件新襯衫，淺綠底顯深麥綠色圓點，圓點靜電植絨而成，敬嬰叔叔寄來的時髦布料，可是，樣式太中規中矩了。第一次面對如此氣派豪華高大的建築，我心裡直鼓搗，這是給窮人看的，哪輪得上進去？自覺太寒酸，我站在門口不敢追隨那些神氣活現進進出出的人流，躊躇了好一陣才推門，必凱兄一眼就猜出了這個重慶城裡來的鄉下姑娘。

必凱兄的父親齊祥卿是楨謨叔公三個兒子中的老二，叔公還有五個女兒。兒女們在愛國問題上的態度不完全一致。敬嬰叔一邊倒只親臺，「解放」後幾十年從未回過大陸一次，對共產黨政權他不予承認。其餘的多數既親中國大陸又親臺灣小島，都是自己的同胞。兩邊政府各有千秋，臺灣富有，子女去那裡讀書免費，還發點生活津貼，大陸的版圖大人口眾占優勢，是中國人希望之所歸。和許多華僑一樣，楨謨叔公的子女們，在國外居住幾十年，仍然保持中國國籍，表現了對祖國不二忠貞。他們定居柬埔寨，中國駐金邊大使館出色地扮演了祖國母親關心海外孤兒的角色，經常邀請他們參加使館組織的各類活動，還榮幸地請去北京天安門出席國慶觀禮。在中國大使館的宣傳鼓動下，他們的子女也學習雷鋒、王傑，文化大革命時期也背毛澤東的「老三篇」，狂熱地跳忠字舞，唱革命歌曲，與大陸同胞一樣政治熱情高漲。也和絕大多數大陸中國人一樣，他們接受共產黨愛國就是愛黨，愛黨就是愛國的思想灌輸。

直到一九七五年，波爾布特高舉屠刀，殺戮兩百萬手無寸鐵的柬埔寨老百姓，其中包括許多華人的時候，他們才發現，他們認錯了娘。

當時各國使館急如星火，把拯救自己同胞的生命視為壓倒一切的大事，各國紛紛派出專機把本國子民救出屠場，印度這樣的窮國也派去了飛機，連養的狗也帶了上去。可是，在生命攸關的時刻，中國駐金邊大使館卻重門緊鎖，見死不救，把成千上萬湧去那裡求救的仍然是中國籍的華僑關在大門外，以此討好屠夫波爾布特。許多愛國華人整家整家地從地球上消失。祥文叔的大兒子一家四口全部被殺，惠蓉姑媽的大女兒一家三口滿門抄斬，女婿那支脈的家人無一倖存……。

祥卿叔與齊姓親屬二十多人攜老扶幼逃難，拋棄幾十年辛苦積存下來的樓房生意和大部分的金銀財寶，從金邊步行二十二天到西貢，一路上餐風露宿飢寒交迫，拿金條換田鼠充飢，喝溝邊髒水解渴，用剩餘的錢買通邊境關口到達南越。經不起人間地獄活罪煎熬的人倒下去不再起來，剩下的活人被美國、加拿大、澳大利亞、英國、法國等罪惡的資本主義國家接納去吃難民糧，住新修的難民樓。定居美國的表弟師貴的活潑美麗的太太說：「當然有奶便是娘囉。沒有人給我們飯吃，沒有人管我們的死活，美國政府收留我們，對我們這麼好，為什麼不是我們的娘？」對中共，他們深感受騙上當，二十多天的苦難歷程，摧毀了他們二十六年的希望。

可是，在我見到堂兄必凱的時候，祥卿叔還是一個真心的熱烈的愛黨愛國者，有足夠的財力送兒子去西方留學深造，但是，他選擇了去中國。

五十代中期，海外華人潮水般湧回大陸讀書定居，我就讀的重慶市一中和對面的三中以及學習環境好，師資力量強的中學也分配來了不少華僑學生。他們穿戴整齊，和藹有禮，平均年齡比我們大。大多數來自馬來西亞、印度尼西亞、南越、香港、澳門等地。在學校，他們受到各類優待，伙食比我們的貴，菜飯比我們的好，洗澡上單間。一般來講，大陸學生不能夠接受男華僑的緊身褲和飛機頭（我曾對男生梳頭照鏡子少見多怪），對於華僑女生繽紛美麗的服裝內心讚嘆，當面卻側目而視。總之，同他們保持距離，他們多數仍然活動在自己的華僑圈子裡。重慶的這種學生少，上海、北京、天津、廣州更多。從五七年反右，批判資產階級個人主義，反對走白專道路到大躍進後的飢荒，「潮水」又退了回去。五九年前後，許多華僑學生紛紛離開大陸回到父母身旁，到六十年代初，華僑學生已所剩無幾。堂兄必凱和堂弟必成就是祥卿叔在「漲潮」洶湧之時把他們送回來的。必凱兄在廣州河南第五中學就讀，必成弟在天津。必凱兄不喜歡這個令人窒息的地方，他覺得這塊土地不生長希望，於是「退潮」到了香港，準備回柬埔寨。祥卿叔為此很生氣，拒絕他返回金邊，責令他回到中國，必凱卡在香港，進退維谷。

不苟言笑、將近一米九高的大個頭必凱兄，應我的要求回穗見面之外，還見了另外一個人，此時他就坐在餐桌旁我的身邊，一位穿白襯衫的瘦削精明的中年人。必凱介紹這是他的朋友，原廣州河南第五中學的體育老師莫斌，現退職在家賦閒。這個名字我知道，敬嬰叔叔的錢有若干次不是由香港寄來，而是從廣州寄出的人民幣，匯率與政府差不多，寄款人是莫斌，他套購港幣。當然，套購港幣，這是我後來才懂的名詞。

面對心事重重的堂兄和另外一個成年的陌生男人，我有點局促不安，不知說什麼。莫斌先講話，他指著旁桌一對正在沉默進餐的青年男女對我講：「和你們一樣他倆也是兄妹，從非洲最南端的毛里求斯回國，原計劃住兩年，才四個星期就決定回去了。」看著這對穿著高雅講究的進餐人，我想他們對中國的現狀一定很失望。

接著，莫斌問我為什麼來廣州，我告訴他我家的故事和我想出國讀書的願望。莫斌說：「想把戶口從內地遷來廣州簡直比登天還難。結婚十年仍兩地分居戶口遷不進來的夫妻多的是，其他人就更別想了。」他問：「你知道廣州申請出國護照的情況嗎？」我說是的，我去派出所看過，一進門就是一個大黑板，「已准」下面的名字寥寥無幾，「不准」下面的名字一個又一個。莫斌說：「申請出國護照不僅要有充分的理由，更重要的是要他們放心，出去之後不說共產黨壞話。內部有文件規定，幾種人不能放出國，其中包括坐過監牢的人。你父親被共產黨整了，他……」，一聽至此，心都涼了，我想起了父親。大約他發現我的情緒低落下去，設法轉移話題。他問我：「家貞，你看過報上登的蘇加諾總統訪問中國時在上海對青年人的演講嗎？」我回答說：「沒有，我不看報。」他聳動肩頭笑了起來：「你不看報？高中生不看報？」深感不好意思我有點發窘，還是誠實地答道：「是的，我從來不看，沒有興趣。」他說：「印度尼西亞總統訪問中國受到十里鮮花鋪地的歡迎，他對上海青年說：『毛澤東是要死的，我蘇加諾，也是要死的，高舉人類進步火炬的是你們，青年們！希望寄託在你們身上！』」「毛澤東是要死的」這句話的大膽和真實，令我很吃了一驚，中國老百姓高呼「毛主席萬歲」唯恐不及，腦子裡連這個念頭都不敢閃過，蘇加諾竟在大庭廣眾之中公開講出這句大實話，令人敬佩驚嘆。莫斌鼓勵我：「蘇加諾講得好，你這麼年輕，前途是無限光明的。」

與我平時吃的五分錢一份的腸粉魚粥相比，菜單令我眼花繚亂，價格使我望而卻步，我無法決定自己吃什麼。必凱兄為我訂了什錦炒麵，大份，他認為我不僅需要質量，數量更不可忽視。這一份炒麵的價格夠我吃一百份沙河炒粉，我用極大的努力，將盤中物全部吞下肚皮。

飯後，莫斌講的話令我更加吃驚。

他們給我要了甜食，粉紅、黃、咖啡色三個冰琪淋球放在一個大玻璃杯裡，杯中是紅豆沙汁，這種吃法是我一生中第一次，我省著吃慢慢地享受。莫斌湊近我的耳朵，輕輕說：「我正在尋找出國門路，設法偷渡出去。」他的話差點沒讓我把扶著的杯子掉下桌。我之所以驚嚇，一是「偷渡」這個詞本身的可怕，我的頭腦裡從來沒有出現過；二是「偷渡」這件事像石頭開花馬長角一樣，不可能在社會主義中國發生。我說：「真的？這不可能！」莫斌平靜地答道：「很多人都是這樣出去的。」他講話的神態嚴肅認真，我看了必凱一眼，他知道我們在講什麼，沒有否定。

我眼前浮現出一塊大地，大地上面有一根線，那就是邊界，只要設法跨過那根線，你就自由了，新生了，這就叫「偷越國境」。廣州人是通過水路去香港的，所以他們說「偷渡」。我不知道那根「線」在哪裡，也不知道怎樣才能渡過去，但是，它實在太誘人了。我斷定，與比駱駝穿針還艱難的護照申請，這條路顯然簡單得不能再簡單了。我請求莫斌到時候把我也帶出去，我要讀書。莫斌說：「你父親被共產黨整了，你有天大的聰明才智，共產黨不會用你，出路是沒有的。」他爽快地答應了。我得寸進尺，對莫斌要求：「父親的前途已經完全給毀了，你能不能也帶他出去。如果一次不能走太多的人，讓父親先走，我年輕可以等。」他也慷慨地應諾了。

一隻船，上面坐著父親還有我，努力划過那條線，快樂地駛向自由光明的彼岸——在南京的時候，父親不是表現過他划船的天才嗎？我甚至想入非非，覺得面前這只杯子裡絳紫色的豆沙汁已經變成蔚藍色的海水，它載浮著一隻粉紅、黃、咖啡的三色帆船，向美國駛去。

這段交談和空洞無憑的許諾，後來成為企圖偷越國境叛國投敵的犯罪事實，並據此判刑。必凱回香港了，留下莫斌做我的希望。

想不到遇上颱風天氣，廣州也相當寒冷。這張大木板床，薦子下面只有一床薄棉絮，單靠蓋羊毛毯冷得睡不著，我起來把所有衣服穿上，還是不行，想個好辦法，在床上打滾，用毯子把自己像春捲似地裹幾層，成了個硬人，一樣睡不著。

莫斌偶爾來信，字跡小而工整，寥寥數語告訴我他去了什麼地方什麼時候回廣州。有時候，他推著自行車來看我，忙忙慌慌只停留十來分鐘，偶爾也帶我出去走走，到沙面吃三色冰淇淋，或上飯館進餐，有兩次還給我零用錢，每次十元。

白天，我和嬸媽盤腿對坐，像兩尊菩薩彼此呆望。她在期待空無，我在渴求「門路」。

無數叮叮噹噹的自行車鈴聲在窗下急急地響著，由遠而近，又由近而遠，沒有莫斌那輛車在我們樓下打住。他非常忙，對我講過：「我們需要大量的錢。目前，首要的任務是利用政府下放給生產大隊的權力，盡量做生意賺錢。」大隊權力和做生意有何相干，賺錢和偷渡又有什麼聯繫，我不知道也不過問。莫斌說：「幹這些事的不是我一人，我們有一群人。」我聯想到連環畫和電影裡共產黨搞地下活動的故事。但是，我心裡非常明確，自己是要出國讀書，對這類事情我肯定不會告發，但是也絕不介入。

那天，莫斌有空帶我去越秀山公園遊玩。雖是冬天，園中樹木依然繁茂蔥鬱。天色已經昏暗，我們沿著坡路石級上行下走，我靜聽莫斌講門口五羊群雕和廣州「羊城」的來歷，聽他講統購統銷政策把經濟統亂統死，大飢荒使民心不穩民怨沸騰等等。他講話滔滔不絕不容置喙，我似懂非懂深感慚愧。學校裡所謂「學會數理化，走遍天下都不怕」已無用武之地，在莫斌面前，我是個一年級小學生。

正處於對母雞下蛋也要崇拜一番年齡的我，崇拜莫斌。

突然，我停下來，指著一步之遙的越秀湖問莫斌：「你猜，會不會有人在晚上，把湖泊當成是路面的延伸，徑直前行，掉到湖裡去。」莫斌被我奇怪的提問弄笑了。回答說：「唔，唔，完全可能。說不定已經有人這樣掉進去過了。」我說：「你看，這黑黝黝的湖水同幽暗的路面連成一體，簡直看不到界線，像個連通的大平面，剛才我就差點踩過去了。」慶幸自己沒有出笨，我總結道：「哇，世界上什麼稀奇古怪的事都可能發生。」莫斌扯下一簇開著小白花的樹枝，贊同地說：「是的，你說得對。比如吧，我倆發生愛情也不是不可能的。」我從來沒有想過這個，斷然回答：「這是不可能的，絕不可能。」他一面笑一面點頭，糾正道：「好好，不可能，不可能。那麼，假如不是兩個人，而是我們當中的一個，就算是我吧，愛上了另外的一個，那又怎麼樣呢？」我不假思索地回答：「那也絕不可能。」莫斌大笑：「好，好，也不可能，也不可能。」

十二月中旬，收到莫斌幾個字，說他去三水鎮，兩天後回來看我。等了一個星期，音訊杳無，我開始胡猜亂想坐立不安了。僅僅傾聽門口自行車鈴聲已經不能安撫我焦躁的心情，我為黃金歲月白白流逝而痛心，我多麼盼望莫斌諸事順利，早日帶我划出那根線呵。我跑出家門，站在大路旁，遠處是昏暗的天空，近處是奔忙的車輛，我在冷風裡觀望，在無望中等待。時間已經很久，黑沉沉的夜色喚我回家，雙膝已經站硬，一轉身打了個趄趔。晚上夢見學校考試，我讀不懂上面的試題，耐心再讀，還是不懂，憂心如焚，急不可耐，刺耳的交卷鈴聲使我緊張難耐，急著要去廁所。

我擔心莫斌勞累過度臥床不起，我擔心他出了車禍受傷住院，我擔心他「找門路」功虧一簣事敗被捕，越想越擔心越害怕。

莫斌是我的導師，是我的救星，是我的摯友，我決定去三水鎮找他。

我從小提包裡拿出三樣我認為可以換錢的東西到雜貨攤出售：一支一級殘廢的菲利浦金筆，是祥卿叔五七年讓必凱兄託人帶到重慶給我的，我上體育課翻單槓時把筆桿壓碎了，攤主說：「筆尖值五元」，把那條方格圍巾和背後嵌了王丹鳳《女理髮師》劇照的小圓鏡扔還給我，他說沒人要。

我坐早班汽車，兩三個小時到達那裡，三水鎮死氣沉沉像個沒睡醒的病人，蒼白無力。直到冬日正午的陽光隱現，才使「病人」臉上浮現出些許紅暈，鎮上有了活氣。這個鎮只有兩三條短街，二十分鐘就可以轉完。我在塵灰彌漫的街上亂竄，一遍又一遍，想像著如果莫斌突然出現在我的面前，大家將會怎樣的驚喜。但是，驚喜沒有出現。我開始仔細地閱讀電線桿和牆壁上的尋人啟事、小兒夜哭之類雜亂紛呈的廣告，希望能發現莫斌的蛛絲馬跡，一無所獲。我一家商店一家商店地閒逛，拉直耳朵偷聽顧客間的交談，看看小鎮上出過什麼新聞，諸如車禍、逮捕之類的大事，還是徒勞無功。我尋到三水鎮醫院，那個友好的傳達室工友讓我查看住院花名冊，我甚為遺憾上面沒有莫斌的名字，好像住院是件好事。最後，我吃力地爬上了五六十級石梯的高坡，到了三水鎮招待所，旅客登記簿上分明寫有莫斌的名字，我高興得眼睛像鎂光燈閃亮，即刻又暗淡下去，兩天前他已經離開。

無論如何，我鬆了一口氣，慶幸莫斌安然無恙。像衝鋒陷陣的戰士，呼嘯著把紅旗插上山頂便精疲力盡地倒下。此時，我全身沒有一點力氣，決定就在這裡住宿一夜。可是，他們不給登記，因為我沒有單位證明，我前面提到過的「單位」，在這裡顯示了它特有的價值。其實，中國持有方章圓章的「單位」蓋出來的證明十噸百噸，不少人提包裡一疊兩疊大大的有，上面只蓋了章，沒有寫字，以便像萬靈油膏隨處可塗，住旅館、乘火車臥鋪等等。他們除了自己用，還慷慨地送給親戚朋友，甚至有人拿到市場「按質論價」賣錢。洗廁所的人，幾個組織起來打毛線的婦女，賣鹽茶煮雞蛋老蔭茶的老太婆都可以有的「單位證明」，我卻拿不出來。當晚我面臨找不到地方存放自己的困境，我發急了。突然，想起離開廣州前多了一個心眼，我把堂堂重慶市一中的學生證翻出來遞給登記員，滿懷希望地說：「這是學生證，上面有姓名年齡藉貫，還有照片。」她甩出幾個字：「學生證，不行。」連眼睛都懶得瞟我一下。

暮色四合，冷風漸起，我無可奈何一步一顛地下了坡。回廣州的客車早已收班，明天第一班清晨六點。我還沒有吃中飯，決定在繼續尋找住處之前，先加點「燃料」。骯髒冷清的店堂和黑糊糊、冷冰冰的炒麵相當般配，我飢餓已極，狼吞虎嚥席捲一空。那位在餐館工作面孔卻有些黃腫的售票員，好心地指點我附近的小旅館。沒有那張紙，小旅館照樣把我拒之門外。

黑色的夜幕正一寸一寸地包抄過來，在這蓋了個章的白紙比一個實在的人更重要的時候，在這陌生縣城的冬夜，我有多餘的十個小時，像一大堆垃圾不知道該怎樣處理，真正是手足無措了。

與其在小鎮上幽靈似地轉一宵，不如朝廣州方向走一夜，小鎮裡的人或許會對我傷害行兇；大路上的鬼，倒可能同我相安無事。我鼓起勇氣，一個人向前疾走。

黑夜把兩旁的荒樹枯藤剪成幢幢鬼影，披頭散髮張牙舞爪；寒風把周圍的一切撥弄出聲音呼嘯咆哮驚心動魄。我恐怖已極，除了把衣服裹得更緊更緊跑得更快更快，我別無它法。

天上沒有月亮，周圍沒有星光，風越刮越大，我頭髮被吹得馬鬃般地豎起，溫度越來越低，鼻子酸痛得要從臉上掉下來。不知道跑了有多久，也不知跑了有多遠，我累得雙腿再也提不起來，直往下跪。像孩子們聽過千百遍的神話故事，老天爺可憐這個在黑夜中奔走的女孩，為她營造了一個有燈的地方，一個或許可以求宿的「宮殿」。

它真的是個旅館，我如釋重負，趕快走進去。老闆是個像羅中立油畫「父親」裡一樣飽經滄桑老實善良的農民，沒等我把話說完他就連連擺動那隻僵硬的大手說：「不行不行，不收女的。我們沒得單間，只有一個大房間，睡的都是男人。」我的天哪，他沒提「單位證明」，卻只收男的。不過，這次我沒那麼好打發，我賴在那裡不肯走了。

我想好了，萬一不行，哪怕在他掌櫃櫃臺裡坐著睡幾小時，都比在外面瘋跑好。不過，不到最後萬不得已，我不提這個主意，堅持求他找個地方給我安身。「父親」纏不過我，他把我帶到大房間讓我親自核實他到底騙人沒騙人。他說：「你看，這裡睡的全是男人。我真的沒有辦法呀。」

不看則罷，一看倒使我喜出望外，我以為他這個不收證明的旅館，大房間是放的通鋪，客人像死魚在案桌上一條挨一條地擺放，如果是這樣，我這條女魚是斷不能岔進男魚的中間睡覺的。可是，情況並非如此，這裡是一張接一張的單人木床，每張木床還罩有一頂麻布蚊帳，像一艘艘美妙的小諾亞方舟，在夢的洪水中駛向平安之港。此時已近十二點，「男魚」們酣聲四起，又別無他人。我懇求「父親」開恩，讓我鑽進「方舟」，誰知道我是男是女。終於，他讓步了，收了我五角錢。

這次出門，我與十多個男的住一個房間，平安無事，甚以為幸。清晨，一個睡眼惺松坐在床沿上的農民，突然被一條「女魚」驚嚇，沒來得及叫出聲，她已經溜出旅館。

沒有告訴莫斌我的三水之行，覺得自己傻得可笑。

莫斌又來了，問我願不願意同他一起去西南縣辦事，我終日閒耍無聊，願意願意，當然願意，就算我有別的事忙也願意捨彼求此，我想看看這位我視之為救星導師的人，每天做些什麼偉大的工作。

到達西南鎮已是傍晚，我們在餐館吃了一頓既不鋪張也不節儉的得體的晚餐後，又面臨夜求一宿的問題。這次，我不操心，有莫斌安排。他讓我坐在廣場的石凳上等他，走之前徵求意見：「這裡的旅館有時候很緊張，單人房間經常客滿，不過，有一種雙人房，專門留給新婚夫婦住的，隨時都有，萬一單人間沒有了，你覺得雙人房怎麼樣？」

這有什麼？

數不勝數的共產黨地下鬥爭故事裡，年輕男女假裝夫婦幹革命住一個房間，女的睡床，男的睡沙發，長期保持著純潔的革命關係。我毫不猶豫地回答：「好的，沒問題。」

莫斌登記了一個雙人房，以新婚夫婦的名義。

我從盥洗室出來，莫斌走了進去。我把床鋪好，兩個枕頭一端一個，兩床被蓋一人一床。然後，我趕快把衣服脫好鑽進被窩，一動不動躺下了。莫斌洗好進來，看了一眼我的安排，一言不發，在另一頭輕輕躺下。少傾，他的腳慢慢伸進我的被窩，觸到了我的肩頭，我像被火熨著，趕緊把身子縮得更緊，朝冰冷的牆壁擠過去。那隻腳遲疑了一陣，蜷了回去。

第二天吃早飯的時候，莫斌問我：「昨晚你睡得好嗎？」我說：「好。」他說：「我不相信。你何必那麼膽小，嚇得像隻小兔子蜷在那裡氣也不敢出，好像有人要欺侮你。」我笑笑，沒講話。他接著說：

「我就像你的哥哥，你當妹妹的隨便一點，不要那麼拘束，弄得大家縮手縮腳多不自在。」我想，他帶我出來，我不但幫不上忙，還成了他的包袱，感到很過意不去，他講得對，來信都是稱我家貞妹，我怕是過份提防他了。

晚上去了另一個地方的另一家旅館，還是雙人間，他出去辦了兩個多小時的事才回來，我正坐在椅子上看畫報。他高興地告訴我樓下登記的人講：「你愛人在房間裡等你。」說完，他捧起我的臉就吻，我打了個顫，沒來得及反抗，他就停止了。那天晚上，我讓了步，雖然還是各人睡一條被蓋，但兩人睡一頭。

剛睡停當，他的手從隔壁的被窩侵犯到我的領地，蓋在我小小的胸脯上，我覺得噁心，「哥哥是這樣對待妹妹的嗎？」我想。我把他的手移開，推回到他的被蓋裡。他問：「不願意？」見我不吭聲。他說：「那就算了。」

朦朧中，有人敲門，我把莫斌推醒，外面的人說「派出所來查房」，他們用廣州話盤問了莫斌幾句，把他帶走了，叫我第二天早上九點去派出所報到。

剛才的不愉快已經拋諸腦後，他們一走，我腦子就緊張地運轉起來，被派出所帶走，肯定不是好事，說不定是搞偷渡的事情敗露了。我覺得從現在起我就是電影、小說裡搞地下革命的人了，我應該做些什麼，使革命的損失減到最小？

我搜查莫斌留下的東西：一個小本子，上面有人名地址，個別人有電話；一個舊煙盒，上面寫了一串模糊難辯的字。不行，這些東西不能留下，這些人名可能就是和莫斌一起幹事的朋友，不能連累他們。突發事件和責無旁貸的重任使我的頭腦變成世界一流，我想出一個一個銷毀它們的方案：撕成碎片扔進廢紙簍，不行，這等於把東西原封不動地交給派出所；用水把紙泡軟搓成團扔進抽水馬桶，也不行，廁所在外面，我剛一出門就可能被人跟蹤；看到莫斌留下的打火機，對了，把它們燒掉，還是不行，燒後的紙灰到處飛揚，不打自招。看來，最容易最保險的辦法就是把它們吃到肚子裡，離上午九點，還早，時間很充裕。

我把本子上的空頁和煙合沒有寫字的部分撕下來，塞到床墊下的棉絮裡，把有字的紙分成兩份，準備做兩次吞服。儘管我沒有指望它們會像吃奶油蛋糕那麼滑利，但是，絕沒有想到吞起來竟然是如此地艱難。先是口水不夠用，那些紙在嘴巴裡僵屍似地挺著不肯收捲。我把它們取出來，泡在茶杯裡，一張紙一張紙地嚼成小團，再一小團一小團地往下吞。每分每秒都可能有人推門而入，把我還沒有吞下的東西搶走，我的心猛烈狂跳，唾液的分泌因緊張過度而驟然減少，紙團經常卡在喉嚨中間吞不下去，要依靠開水幫忙。活了十九歲，這是我完成過的最艱巨的任務，當然，也是我吃過的最難吃最沒有營養的「食物」。

大事辦妥，心跳正常，我再也睡不著覺了，剩下的時間太多，每分每秒賴著不肯走。身處逆境時，人變得特別軟弱特別迷信，我用自己發明的占卜術為莫斌的安危占卜。我數樓板，數隨意打開書頁「的」字的數目，單數是凶，雙數是吉，我扳著指頭數歌詞，結尾在右手為吉，左手為凶……，占來占去，吉凶參半。

我準時到達派出所。出乎意料，這兩個公安並不凶，買給我兩個大叉燒包讓我先吃早飯。審問開始，我想，從此本人檔案裡將有在旅館裡同男人睡在一張床上的可恥記錄了。但是，現在不是維護個人名譽為自己辯誣的時候，同尋找出國門路打算偷渡的事情相比，它變得如此地微不足道。我把交待限定在莫斌是我的男朋友，我同他是在談戀愛的框框裡，其餘的事守口如瓶。

按慣例回答了姓名、年齡之類的問題，我開始作如下的交待：南方溫暖的天氣對我嚴重的關節炎有利，沒有考上大學心裡煩悶來廣州散心，經堂兄介紹認識莫斌，做了他的女朋友，這次一起到西南鎮玩。「莫斌告訴你他在幹什麼？」其中一人問道，另一人作記錄。「不知道，只知道他過去是教師。」「他沒講來西南做什麼？」「沒有。」「你知道他多少歲了？」「好像是三十三、四歲，不大清楚。」「三十三、四歲？」他提高嗓門重複我的答話，兩個公安對視了一眼。也許和其他男人一樣，在比自己年輕太多的女子面前，總喜歡掐掉一截年齡。我從沒問過莫斌多少歲，這是他自己講的。「是的。」我證實。「他沒有告訴你，他是結了婚的？」「沒有。」「你沒問過他？」「沒有。」「和他交朋友談戀愛，不清楚他的年齡，不知道他結婚沒有？」「我沒想過要問這些，我信任他。」我回答。事實上，莫斌的私事，我連想也沒想過要知道，這一切根本與我無關。

現在，這兩個公安似乎相信這是一個無知少女受騙上當的案子了。上當到什麼程度，他們要繼續挖掘，我耐心回答。直到問：「你有沒有和他發生關係？」其實，我並不清楚什麼叫發生關係，聽說過什麼「亂搞男女關係」，只知道這不是好事情。我否定。「和男朋友住進雙人房間兩個晚上，可以沒有？」事情到達這樣的程度，玩笑已經開得過大，這最後的界線我必須守住，我要保衛自己的貞操名譽。不必解釋為什麼，我問：「這種事到醫院能查得出來嗎？」「當然。」「請帶我去醫院。」

他們不再追究，審問到此結束，叫我回旅館，第三天上午九點再去。

他並沒宣佈不准我上街不准自由走動，於是我在街上轉悠，想想到底出了什麼問題，想想我還應該做點什麼事情。看來旅館登記員在莫斌從外面回來向他提及「愛人」的事之前，已經對我倆年齡差距太大的夫妻關係產生懷疑，向派出所作了彙報，於是半夜來敲門。如果莫斌被抓僅僅是因為「男女關係」，我被打了個花臉也在所不惜。

但是，假如他們由此順藤摸瓜，把「瓜」暴露出來，後果就不堪設想了。這次出來，莫斌對我多講了幾句，告訴我邊境有個「黃牛黨」，專門把大陸人帶去香港，每個人要交一大筆錢才行，他們這群人現在就是拼命賺錢。他還問我：「如果請你保管現金，你敢嗎？」我答：「全力以赴，盡忠職守。」莫斌叮囑：「這種事對任何人都不能講，包括父母。」想起莫斌講過的「這群人」，我應當通知「這群人」莫斌被抓的消息，以作好應急準備。這時候，連環畫書裡搞地下鬥爭的故事派上了用場，我迅速環顧四周，沒人注意我，我再故意東轉西彎從書店走到文具店再到郵局，看看有沒有「尾巴」，沒有，我買了信箋信封和郵票。莫斌講過：「我們的人堅定得很，一個人出了事，其他人照樣幹。湯文彬的弟弟最近被抓了，他的哥哥並不停手。」湯文彬的名字和地址我在重慶也見過，他也換過敬嬰叔的港幣，從廣州寄來人民幣。對，我就把信寄給他。腦子像電腦般翻動，搜檢記憶中繁多的地址。廣州的地址一個一個從腦海中蹦出來，包括走過的街道、晃過的路標，再一個個被否定掉，最後定格在廣州瑞興里十三號上。對，就是它。

我寫了一封自認為外人看不懂，內行才知情的簡單清晰安全可靠的信：「文彬同志，你弟弟遭遇的事情，現在發生在莫兄身上。請多保重。」落款有日期沒有署名。我查看了一下周圍，每個人都在做自己的事情，把信投進了郵筒。

二十六年後，再與黃霖表姐在香港聚面，她告訴我，當時正逢學校寒假，得知我數日不曾歸家，即檢查我所有的東西包括日記，並把其中寫了牢騷話的一兩頁撕毀。中國的公安不是吃草的，他們並不輕信，西南縣公安局根據我交待的地址，找到嬸媽家，是黃霖接待的。他們搜查了我的行李，拿走了我的日記，還詢問黃霖日記的缺頁在哪裡，黃霖說她剛從學校回來，什麼也不知道。

第三天，派出所給我一張回廣州的車票，算是釋放了我，莫斌的下落，我沒敢打聽。

十天後，莫斌仍然音訊杳無，我在廣州繼續待下去已經毫無意義，於是打道回府。

媽咪把黃霖寫給她的信遞給我，她信上說：「家貞出門四日不歸，不知出了什麼事，我們都為她的安全焦急。後來公安人員來調查，說她和一個結了婚的男人一起到西南鎮去了……。」最後這句話針似地扎眼扎心，我覺得恥辱，但我無法解釋，不少事我要保密。媽咪把頭轉過去，我相信她看見我突然顯得難堪的臉色。

感謝母親的沉默，感謝她對我的信任。

莫斌一直沒有來信，他已救不了他自己。

我去了廣州，在重慶人眼裡，那裡離香港近，我就是去了香港，就是去了外國。

第十二章
「犯罪」背景：過渡時期——餓肚時期

此時是一九六〇年，「三面紅旗」（總路線、大躍進、人民公社）越飄越沒氣；「共產主義是天堂」，天堂的燈光已經熄滅；「鼓足幹勁幹活，敞開肚皮吃飯」，已成為遙遠的虛幻。報上宣傳「我們正處於社會主義向共產主義的過渡階段」，即所謂的「過渡時期」，現在，它已經變成貨真價實的「餓肚時期」，一場席捲中國的飢荒威脅著每一個中國人。

人們無時無刻不在思念著食物，無時無刻不在談論著食物，無時無刻不在追尋著食物，就像久旱乾裂的大地每時每刻渴求雨水，就像春情發動的光棍每時每刻渴望女人。

中國人見面不再說過去那套你好我好老婆好丈夫好的套話廢話了，而是開門見山直奔主題講「吃」，講與「吃」有關的實實在在的東西了。「你們的伙食團伙食開得好不好？」「我們場長是個好人，現在網到的魚一律送到伙食團大家改善生活，對上面說魚沒得吃的都絕種了。」「嘿，高級點心三塊五一個，高級糖五塊錢一兩，你嚐過沒得？」……各種有關吃的新聞從各個角落洶湧而出，鋪天蓋地。「幾個叫化子鑽進一個機關伙食團保管室，正好是國慶，鎖在裡頭五天，這才是落進了福窩窩，他幾個吃了生米吃豆瓣，喝菜油喝醬油，屙得滿屋子都是屎，幾天下來，兩個人脹死，死得鼓眉鼓眼的，另外兩個肚子脹得喔嗬連天，在地上打滾」，「有個人到伙食團偷饅頭，掉進大鍋裡煮死了」，「××縣糧店遭搶了」，「××地方農民餓得遭不住，組織了反革命集團，頭頭遭槍斃了」，「老農民說今年看見竹子開花，竹子開花要死爹媽，要改朝換代了」……。

我家幸運，敬嬰叔叔寄來的僑匯，匯率被政府壓得很低，一百港元才四十二塊人民幣，但有僑匯券優待，每一百元港幣發糧票五斤、菜油半斤、白糖半斤、黃豆半斤、布票五尺等等。此外敬嬰叔叔還郵寄給我們豬肉乾、牛肉乾、通心粉等等食品。我和母親去郵局取包裹，郵局要打開清點，周圍豔羨的眼光像探照燈，既令我們很是得意，又令我們不好意思。

媽咪把大米雜糧之外的食物：白糖、糖精、掛麵、麻油、花生米、黃豆、紅燒豬肉罐頭、豬油罐頭、豆瓣醬……等等全部軍管起來，把它們鎖在我的床頭櫃裡（此時母親給我買了一個舊單人床）。我不知試過多少次，妄圖打開它，遺憾的是母親沒疏忽過一次忘記上鎖。媽咪要讓這些珍貴的食物盡可能細水長流，盡可能地留給遠方修鐵路長期水腫的父親。誰知道這個「自然災害」要持續多久，誰知道還有沒有更大的災害在後頭。

那時候，一切吃的從糧食到蔬菜到糖、花椒、木耳都定量，肥皂火柴打火石也憑證供應。水果糖憑供應卡每家每月四兩。買的時候售貨員用鋼筆在卡上寫下日期和數量，有時蓋上「已供」的章，塗改供應卡的技術不徑而走，記不得是誰教的我，也記不起我又傳授給了誰，它只需用一枚小針，用針尖輕輕把鋼筆字劃一絲一絲挑掉，再用指甲背把刮毛的紙壓平。儘管你無論如何不能說服自己，這不是一張塗改過的卡，但是，只要你勇敢地拿去店裡，盡量設法掩蓋你的心驚膽顫，你就肯定不會被當場拿獲。不是因為塗改技術精湛，而是塗改的人太多，售貨員乾脆裝糊塗。話又說回來，何必狗咬耗子多管閒事，那個年代有幾個在這種崗位做事的人不監守自盜？

買回這些顏色黑不溜啾的四兩硬糖，幾姐弟平分後便迫不及待地數粒同時扔進嘴裡，乒乒乓乓像嚼乾葫荳，兩分鐘便徹底解決，口腔打起泡兩天不好，又眼巴巴期待下一個月了。

我家六口人的菜卡，通常每日可買菜三斤，有時二斤，有時沒有，視供應情況而定。那天，石灰市菜場售貨員待我特別殷勤，賣給我六斤。抱著兩三尺長的一大堆冬莧菜我到毛衣社媽咪處邀功圖賞，還沒走攏，就看見媽咪望著我好像在生氣。她瞪大眼睛愣著，得知這是用一天的定量買的。怒吼：「你沒長眼睛呀，你看這種東西能吃嗎？當乾柴燒還差不多。」我仔細再看看手裡的菜，環繞著每個節疤的蜂窩囊裡，盛滿了細小黑亮的冬莧菜種子，葉子枯黃，桿子僵硬。母親對坐在身旁的黎媽媽說：「你看這個姑娘，有沒有腦筋，聰明面孔笨肚腸！」我好委曲。

和我相反，安邦這方面比我能幹，有一次他清晨出門，晚上背回來一大背兜的白蘿蔔，可愛極了。那是他跟在一幫大人後面走了很遠的路買回來的，其中不少人中途折回，只有幾個人堅持到底。整天他只在路上吃了半截蘿蔔充飢。後來，城裡人也開始挖掘野菜吃：薺菜、馬齒莧、鵝兒腸、側耳根等。安邦帶領一夥同街的孩子去郊區挖野菜，拿回家淘洗乾淨，開水裡過一道，放酌料涼拌，一樣解饞。有多餘的，他在樓下門口用方凳子擺個攤，一角錢一小盤，銷路很好。安邦吃苦耐勞，耳靈眼巧，富有熱情，很早就表現出做生意的天才。往後，野菜挖不到了，他只撿回過一根從板板車上掉下來的胡蘿蔔。

共產黨的絕對平均主義此時在我家得到絕對的貫徹。我媽不分男女不分大小，一律一視同仁，中午和晚上每人罐罐飯三兩。為了使配給的雜糧和大米同步消耗，洗米的同時就把雜糧綠豆滲在一起。人們一般不喜歡雜糧，一來一斤雜糧頂一斤大米佔了配額，二來它砸秤（重）長份又小（膨脹率小），三來它沒有大米經餓。但是，我另有高見，有綠豆和大米蒸在一起，快熟的時候，那股清香令你飄飄欲仙口水奔湧。吃的時候，蒸爛的大米很快滑下肚家屬，綠豆你得牙嚼八嚼才能連皮帶籽磨爛，延長了你進食的時間，就是增加了你口福的享受。我們經常先把菜吃光，才開始慢慢吃飯，飯是精華，其實有這麼香這麼美味的罐罐飯，哪裡需要菜，世界上發明菜的人其實很愚蠢，弄得喧賓奪主，菜肥飯瘦。只要多有幾罐香噴噴的綠豆飯，我願意永遠放棄以菜下飯的傳統，絕不反悔。

不久，葫荳粉代替了綠豆雜糧，當時儘管就我一個人在家閒蕩，大部分時間還是母親做飯。我們吃過各種各樣做法的葫荳，炒的炸的煮的，整個的，剝瓣瓣的，後面剪一刀開花的，就是沒有吃過葫荳粉做的。看著這袋綠浸浸的葫荳粉，我決定用它做餅。小時候住在國際村時，那些南下幹部的家屬個個會做麵食，像變戲法，一會兒變出餃子，一會兒變出包子千層餅，我驚喜得目瞪口呆，整個操作過程我早就默記於心。我小心地和好了葫荳粉，用自己紮的小拖帕蘸上和了水的菜油，迅速地在燒燙的平底鍋上涮了兩圈，再把稠稠的漿粉倒下去，細小的油泡發出哧哧的響聲像在唱歌，火候剛到，我不失時機地端著鍋柄把薄餅往上一拋，它在空中翻個筋斗掉下來，正好換了一個面。

老天爺啊！我看到了奇蹟，我不能相信我的眼睛，這個奇蹟絕對不比灰姑娘變成小美人遜色，我滲進去的是水，純粹的自來水，可是煎過之後餅的顏色變成了輝煌燦爛的金黃色，好像放進去的全部是雞蛋，比唯一電影院門口的雞蛋熨斗糕還雞蛋，比我初中花布設計上的金黃色的槐樹葉還金黃。我當時的感覺是連廚房都籠罩了一層金黃色的霞光。

由於與稀有食物雞蛋有關係，金黃色成為我最喜愛的顏色。我十八歲的時候，母親對我講：「你不醜，但是也不漂亮。」這個評價很公正，我永記在心，從不輕狂。儘管如此，我還是深怕自己穿太好看的衣服顯得漂亮，有時候新衣服我請同學穿幾水，看上去不新了才自己穿上。但是姑媽從柬埔寨寄來的那件漂亮的新裙子例外，它就是金黃色底顯白圓點花，這一次我無法抗拒美的誘惑，勇敢地自己穿上，在金黃色的光華中顯示出我極細的腰身。

此時，面對這塊金黃色的葫荳餅，我欣喜若狂，恨不得馬上撕一塊嚐嚐，我壓住自己的欲望，耐著性子等那一面也煎成金黃，然後用我整個的心擁抱這第一口的品嚐。

我差一點被驚訝擊倒，葫荳餅滋味苦澀之極，和它顏色的美麗絕頂形成強烈的對比，以至於我不能相信我的味覺，我敗興地草草結束全部的煎餅工作。

看見四個弟弟的眼睛被迷人的顏色攪起快樂的光芒，然後注意到光芒在瞬間消失。我想不通，嫩葫荳、老葫荳一直是受歡迎的桌上佳餚，為什麼磨成粉，味道就這樣地天差地別了呢。後來有人告訴我，那是糧食公司把葫荳葉也滲了進去。

美麗的顏色常常是欺騙人的本錢。

碰上母親宣佈中午吃麵，那才真的是在過年。媽咪的政策是吃飯三兩，吃麵半斤。半斤萬歲！人們從來沒有像現在這樣把快樂完完全全建立在吃的基礎上。有吃就一定快樂，快樂絕對離不開吃。半斤麵條的最大受惠者當然是年紀最輕個頭最小的阿弟，每次半斤麵條下肚，他就急得大叫：「快點，幫我鬆皮帶，我脹死了。」或者：「快點，家貞，幫我拿草紙，我要上廁所。」他必須趕快下樓，看清兩邊無車才敢衝過馬路，向前奔跑五六十公尺，再轉進一條小街，來到父親以前集體聞臭的地方，進入掩體，鬆下包袱。

媽咪非常細心，在平均的前提下，她暗地裡個別關照。共產黨的「區別對待，沒有區別就沒有政策」的理論，她未必知道，但她是個偉大的實踐者。她清楚大弟二弟正在吃長飯，經常餓得冷汗直冒，三弟臉色蒼白上課堅持不住被老師提前放回了家。我從廣州回來人長肥了，還是個肚皮大眼睛餓的傢伙，阿弟情況好一些，但仍然面色蠟黃需要營養。媽咪沒有辦法每天每餐讓我們吃四兩五兩，她今天這個明天那個輪流給我們二兩糧二角錢，讓我們在外面吃碗麵條或者燒餅，她也不可能帶我們五個一起上館子，補充額外的油水，她就一個一個分批帶我們出去吃，母親的心很平，手背手心都是肉。當時在國營和集體所有制的餐館裡，國家還千方百計供應一些肉類蔬菜等副食品，以支撐市場門面。最初，那裡吃東西，收糧票，價格不是太貴，特別像離我家不遠的老街夜市抄手，一碗十個一兩糧一角錢，抄手裡那團肉很紮實，吃得人舔嘴砸舌的，夜夜排長隊。

最難忘的是母親帶我去吃銀絲發糕。在這個米亭子的小店裡，我們排在第四層，在吃進嘴裡吞下肚裡之前，你必須做到以下幾點。第一，你要耐心地直端端地立在那裡，看著前三輪人一輪一輪地享口福，你要小心不要在吞口水時發出響聲，以免別人笑話你，那怕他們也幹著同樣的勾當；第二，嚴密注視不法顧客岔輪子的意圖，把事故消滅在發生之前，否則他們會把你擠出方陣，使你的美夢頓成泡影；第三，你必須對售票員或者服務員給他們親朋好友開後門徇私舞弊，甚至於一張票給五份糧的事情裝聾作啞視若無睹，否則他們會團結得像一個人一樣向你開火，混戰之中有人會乘亂而入，混水摸魚取你而代之，使你數小時之功毀於一瞬；第四，你要提高警惕嚴防扒手，他們的偷扒技術隨著飢荒的加深而精益求精，彈指一揮就把你洗得一窮二白，無錢無糧，你就只好兩個山字重起寫：「出」；第五，當你雙腿站硬，背心發直，得到一張被前三輪人坐得發燙的凳子後，你就要全力以赴地謹防「抓精」。他們是從農村逃荒而來的叫化子，農村的荒土地裡不長錢也不長糧票，他們只好用爹媽給的五個手指頭把剛上桌的食物抓走。他們蓬頭垢面衣衫爛褸，不小心跳幾個蝨子到你身上幫你消化食物是小事，冷不防使你到嘴邊的食物不翼而飛，你才是哭也徒勞。你罵他，他皮厚，你打他，他早已轉過身子拱著背在恭候，他們情願肉體受痛，也要先把嘴巴填滿，他們也是人，為什麼不能吃你要吃的那一份。

幸好母親一得到情報就馬上帶我出發，按每人可買兩份的規定，我們在店裡各吃一份，其餘兩份裝在飯盒裡帶回家讓幾個弟弟分嚐。我的運氣不錯，過五關斬六將之後，銀絲發糕基本進口下肚。突然，一隻黑手從我頸背後伸過來，嚇我一跳，還好，他只是要舔我的盤子，空盤子上黏有豬油和白糖。這個品種的供應只維持了兩個星期就斷了氣，它完全是由最寶貝的豬油和白糖製作而成的，怎不教人愛之入骨終生難忘啊。

父親除了國慶春節假期長一點可以回重慶，平時週末幾乎不回家，因為路上花的時間太多，而國慶春節等大假，上面不放心讓階級敵人進城，往往不開恩放行。

每隔一段時間，媽咪把積存起來的「軍管物資」用一個紙箱裝起來寄給父親，五個孩子像五隻饞貓圍著紙箱嘖嘖讚嘆，呵！盯著媽咪把豬油、白糖、紅燒肉、豆瓣、炒麵……一瓶一瓶往裡放，這真是人見人愛的百寶箱啊！

收到父親來信，他們集改隊要轉移，某日傍晚六時左右經過朝天門河邊，叫弟弟送兩件汗衫兩條內褲去。這麼好的機會當然不能錯過，媽咪馬上拿麵粉做了兩個大餅每個起碼半斤，包在衣褲裡面讓大弟興國二弟安邦到河邊去等。回來後興國興高彩烈地說：「他們隊伍鬆鬆垮垮的，沒有看到幹部，早曉得該多做幾個。我告訴爹爹裡頭有燒餅，他馬上扯一個出來吃。一起的人看了好羨慕喲，這麼多人，只有爹爹有人送東西。」

中國人眾口一詞「留得青山在，不怕沒柴燒。」就是說，保命第一。媽咪為了保住全家七口，她把所有的錢全用在吃上，敬嬰叔叔發的「工資」，她打毛衣的廿多元收入，父親寄回的十塊，連叔叔姑媽從國外寄來的衣褲，大部分都塞進了一家人的嘴裡。當然，當鋪仍然是青黃不接急需錢用的好去處。有一次媽咪剛從和平路對面領了該月全家的糧票回家，就喚我同她一起去當鋪，她口袋裡才五角錢了，只夠在國家糧店買四斤米。

當時，機關廠礦的花園空地一律種菜，所謂「菜當三分糧，海椒當衣裳」。城裡居民多次傳出床下養豬的新聞，多數人是養雞。我們那裡的住戶家家都養兩三隻，儘管樓上養雞要經常撅著屁股拿報紙擦雞糞，但是為了撈點葷腥進肚皮，這算不了什麼。母親買了兩隻剛孵出幾天的小雞，淡黃色的軟毛，被微風輕輕一吹就起一層層小波浪，好美麗。我們每人每餐自動貢獻一小撮米飯餵養牠們。不幸其中一隻跌進痰盂淹死了，另一隻經過一番瘋狂的尋找，絕食而亡。媽咪不甘心，又買了一隻半斤重的小雞，再買隻大公雞給牠作伴。大公雞威武勇猛，小母雞嬌小玲瓏，兩個配成很好的一對。每當餵食時，大丈夫站在一旁觀看小母雞進食，直到她掉頭離去，才上前收拾殘餘。晚上牠威風凜凜，警惕地保衛著偎倚在他翅膀下的妻子，全家為這對小情侶深受感動。可是，好景不長，一天半夜，這隻可敬的公雞被黃鼠狼叼走，大弟聞聲追到街上搶了回來，牠脖子被咬斷，已經雙目緊閉。

想不到，城裡也有黃鼠狼。二弟悲哀地說：「勇敢的人首先犧牲。」大弟蒙頭睡在床上，我掀開被蓋發現他在哭。我問：「喂，你在幹啥子？」他回答：「我想到人也要死。」

這隻雞寡婦後來的日子越過越艱難。我們不再願意捐獻米飯，改為餵紅苕，最後只餵紅苕皮。她餓得

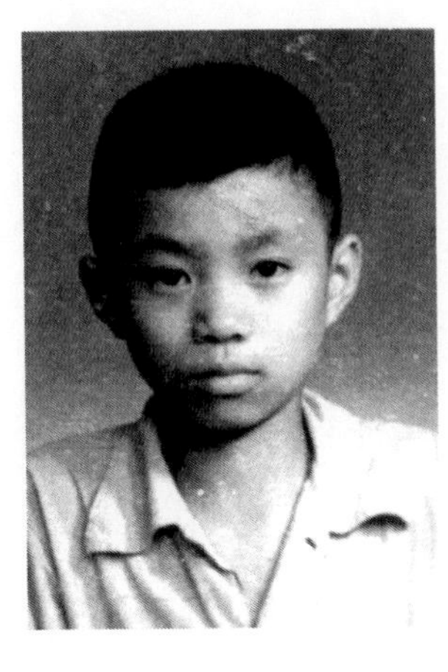

小興國，腦子裝得多，嘴巴閉得緊，剛入廠當學徒。

偏著頭走路，下樓尋食，蟲找不到一條，準備回家，幾次跳樓梯上來了又掉下去，腳沒有勁。人尚且餓得面如菜色，臉腳浮腫，那顧得畜生，我們懷著矛盾的心情吃了她的肉，從此不再餵雞。

人為製造的災難，不光停留在肚腹的飢餓上。

大弟興國從達育小學畢業後，別無選擇地進了「官井巷民辦中學」。這種學校是五七年反右鬥爭後的產物。此前，學校對不同家庭出生的孩子還比較「兼收並蓄」，五七年後，寒了心的共產黨強調教育為無產階級政治服務和貫徹階級路線，大批所謂出生不好的學生被公立學校拒之門外，民辦中學應運而生。這種學校，國家不管，全靠羊毛出在羊身上。這些十二至十五歲出生不好的或者成績極差的「羊們」每週三天上課，三天上班。上班時像成人一樣做八個小時，掙的錢養活學校。孩子們每星期必須在工廠裡的「動」和課堂上的「靜」之間調整，這是很脫離實際的要求，好像反覆在火裡煆燒，反覆浸入冷水淬火的工件，最後，孩子們個個都變得相當強硬，既難於在工廠好好做工，更不能在教室裡認真聽課。

興國小時候盛滿笑意的「洋特里兮」的眼神早已蕩然無存，他瘦削蠟黃的臉上常常木無表情。一次，在造紙廠上班，他剛從廁所出來，幾個同學緊張地喊到：「把他逮住，把他逮住。」他莫明奇妙按照他們的要求做了，把一個正朝他奔過來的同學攔腰抱住，其他人蜂湧而上，四個人抬手抬腳，一個人捧住他的頭，隨著「一、二、三」的號聲，把他塞進一大筒道林紙芯裡，這個玩笑開得非同小可，差點把他悶死在裡面。老師追查，所有人一致證明是齊興國帶的頭，被學校責令停課兩週。一次他生病發燒睡在床上，我已寫好病假條請同學帶到學校，班主席奉老師之命，在樓下大喊，強迫回去上課，我站在樓梯口同班主席爭吵，興國已經起床穿好衣服，跟在主席後面走了。

安邦讀書不錯，他寫信給正在集改的父親：「爸爸，你好，我馬上要小學畢業了，老師說我長得還可以，叫我考戲劇學校，你覺得怎麼樣？」無論父親回答他好還是不好，其結果都是一樣，戲劇學校不會收他，連普通中學也不要，勞改過三年的「歷史反革命」父親，正在集改，他的子女沒資格享受正常人應有的教育權利。

安邦的命運比他大哥更壞，他進了七星崗民辦中學，學校的管理和教學比「官中」更不像話，破爛骯髒不像個讀書之地，無能的老師動不動就勒令學生停課，學生的心漸漸覆水難收，到後來罰他們停課，求之不得，正中下懷。這類學校只能大批地製造「下力棒槌」，如果不是「偷兒」、「扒手」的話。

「前面的烏龜爬起走，後面的烏龜跟著爬」，後來小學畢業的阿弟，也是上的性質相同的「解放碑民辦中學」。唯一的漏網之魚治平，他小學畢業成績出眾，品學兼優，班主任老師當時正在醫院生孩子，專門為他寫了一篇評論，建議錄取這個值得國家培養的孩子，提交給中學考試委員會。治平成為四個弟弟中最幸運的，他考上了公立中學，我的初中母校廿一中。

豈料，開學典禮上，講話不斷呃、呃，疙疙瘩瘩的方教導主任，說了幾句很平順的話：「我們學校有個新同學，他的姐姐和爸爸都是反革命，正在勞改。姐姐是從我們學校畢業出去的，可見階級鬥爭是多麼尖銳複雜。」這個正方臉矮壯個頭的黨員主任，他的公開講話，殺死了一個孩子最美好最寶貴的理想。聰明好學嚴以律己志向遠大的齊治平，從此抬不起頭，十二歲開始他就再也無心讀書了。

四個弟弟初中在發水中學混出來，沒一個有資格進高中。

六〇年夏，我同其他幾個沒有考取或者考取了沒去或者去了逃跑回來的同學一起，又參加了一次高考。我明白共產黨的檔案制度密不透風，無空子可鑽，我只是無事找事搞著玩。高考之前，我並未真正復習功課，而是先吃了兩個多月的教師飯。

一中俄語老師許文戎，原是重慶大學收發室送報送信的工人，自學俄語考上四川外語學院，畢業後在一中執教，很受師生敬重。他進城順路看望原二班的學生朱文萱，在她家裡碰到我。他欣喜地說：「嗨，齊家貞，一中數學教研室需要人幫忙保高三，正好你可以去。」我趕快回答，「保高三？哎呀，我不得行。」他堅決地說「得行，得行，我曉得你，你一定要去。」

我不是他班的學生，他如何知道我的情況，一個教俄語的老師與數學教研室有何相干，我一概不知也不過問，只記得第二天下午，搬進了一中的聖地——劉家院。我的工資按高中畢業生待遇，與高級知識分子應聘合格正在集改，修鐵路大橋的父親一樣，二十九元五角。

需要我輔導的班有四個，許文戎帶我走進教室，我在前他在後。同學們瞧著這個矮荸薺，認出是一中去年的畢業生，不明白她走進教室幹什麼，愣在那裡一動不動。許老師急了，大聲問：「啷個搞的，不喊起立？她是齊老師，哪個是班主席，喊起立，喊起立。」班主席恍然大悟，大喊一聲「起立！」和著板凳移動的稀裡嘩啦聲，學生們唰地站了起來，前排近視眼的全是高大的男生，森林般地排在我面前，我像受了驚的兔子想奪路逃竄，被許文戎擋住。「老師，你好！」他們吼聲震天，「同學們好！」我抖抖地回答。就這樣，我開始了一生中第一次的教師生涯。

儘管我已經十九歲，可是，面對眾多的我過去的老師，我還是個孩子。開教研會我不感興趣，坐立不安心神不定，不是打開水就是上廁所，或者跟那位教幾何的老教師惡作劇。趁他上廁所煙斗放在桌上，我塞進一節粉筆再把煙絲蓋回，看到他怎麼也吸不著火的焦疑表情，覺得好玩極了。但是在輔導學生的時候，我是完全的另外一個人，一位認真嚴肅的老師。

餓肚時期的學生，肚皮造反，人不造反，照樣苦讀，和歷屆高中畢業生一樣，畢業班的學生特別刻苦，喜歡大量做題（高考試題和其他雜題）以檢查鞏固所學知識，增廣見識和打開思路。教研室每個老師起碼有十四節課要上，下班後大部分都有家室忙家務，沒安家的老師也有事忙乎，只有我一個人最清閒，除了諸多的小測驗和單元驗收，我要監考、閱卷、用大字報公佈答案外，我有的是時間在教室裡走轉，包括早、晚自習。經常有學生遞紙條給我，上面抄著他們解不了的題目，我解出後講給他們聽，「解難題」便成了我的專職。

當時教研室有兩位新老師，剛從四川大學數學系畢業，他們兩人正在「追」和「被追」，所以也很忙，學生請他倆解題，他們都推給我，「找齊老師，她是解題大王。」那時頭腦真好，越用越靈，有的題很難，多花點時間還是解了出來，他們稱我「解題大王」，為了這個美名，我很樂意替他們代勞。

一天，我被教研室主任喊住：「齊老師，你有沒得空，到高二二班替王老師上兩節課，她生病了。」

我問：「教到哪裡了？」他答：「對數方程。」我把課本翻開溜了一眼，回答說：「要得。」像一個沒有打過仗，但敢於面對死亡的士兵，我雄赳赳地走進「戰場」，不再被那些陌生學生「老師，您好」的吼聲嚇退，開始上課。我發現我竟有如此充足的元氣，把聲音響亮地傳送到最後一排每一個學生的耳朵裡。我用滿腔的熱忱把冷漠的數字變得溫柔可愛，學生們被吸引住了，以至於兩節數學課中間的十分鐘休息，他們願意繼續聽下去。課堂外嘈雜喧鬧，時而有學生在門口探頭探腦，教室裡鴉雀無聲，一片專注，一個身材矮小的年輕女子在大聲講課……。

高考前，留三天時間給學生們自己安排，緊接著教研室工作結束，我離開一中，也參加了高考。當然，得到的是一張「不錄取通知書」。

這年秋天，我去浮圖關小學代課，一個學期留下的全部印象是「自然災害」已經越演越烈。那位一輩子單身的五十多歲的女校長，臉瘦得只剩一張滿佈皺褶的皮，講話時頸子上幾根筋特別顯眼，政府對幹部居民的糧食定量每人從二十四斤，「自願」節省到了二十二斤，再「自願」省到二十斤，這位黨員校長再帶頭省四斤，只有十六斤定量了。她給全校作報告的時候，餓得心慌冒汗，喝幾口開水接著講下去。校總務處派專人貫徹六〇年七月《人民日報》頭版社論「大量生產小球藻」，每日清晨守在校門口要健康小男孩們把尿屙在盆子裡，以便使那種在池沼河渠水面上泛起的綠色泡沫在尿裡培養出來，給年紀大身體不好的老師首先享用。誰知，孩子們上慣了廁所，小雀雀當眾撒尿好像是剝他們的皮，一個個四下逃竄，害得總務處得向各教研室求救派人增援。醫生來學校巡視，全校人得一樣的病——水腫，我也不例外，給了十幾片黃豆粉做的藥，既香口又解一點饞，腳胖臉腫依然如故。排隊從廚房裡買了飯菜出來，幾乎每一位老師都在用手掂量，為什麼中國的秤一下子變小了，這點東西哪有二兩或者三兩啊！幾乎每一位老師都把端著的菜照過來照過去看，想找出一滴閃光的油珠，一個月三兩五錢菜油都到哪裡去了啊！

中國人在吃食面前再也瀟灑不起來。

這次我的課很雜，三年級某班數學、圖畫，五年級某班數學和另一個班的自然。

自然課在學生眼裡不是課，比自習還不如。我走進這個五年級的班，教室裡空蕩蕩的，全部男生缺席，只有十幾個女生。有的滿不在乎地打著毛線，有的擠眉眨眼在講話，有一個把裝在瓶子裡的炒鹽和辣椒粉倒在手心上用指頭蘸著吃，還有一個正在舔一塊黑東西，她告訴我，那是固體醬油。她們七嘴八舌告狀：「班主席帶頭轉自由市場去了，看撿不撿得到半截蘿蔔，一坨泡鹹菜。」「集體偷東西吃了！」在這樣的情況下，老師只能裝眼睛瞎，裝耳朵聾，拖混日子了。

甚至教學方法也要改變。三年級一個低智兒童交上來的作業全部做錯，放學後我讓他到辦公室作單獨輔導。我交給他一紮乾梧桐樹梗叫他一根一根數清楚，他告訴我一共是十根。幾遍數過之後，我問：「三加四等於多少？」他傻笑著高興地把頭一揚說：「五！」「不對，再想想！」「六？」「不對，三加四怎麼會等於六？」他不高興了：「我說五也不對，說六也不對，你到底要我說好多才對嘛？」我慍怒地把葉梗抓過來拿三根給他，再給四根，說道：「你數，一共多少？」他認認真真地數完，高興地大吼一聲：「我曉得了，等於七！」我再問「七減三等於幾？」「五！」他不假思索地回答。我失去了耐心，三年級了，連一年級的知識都不具備，真笨！我從他手中抽出三根葉梗，厲聲問道：「你看，你看，七減三怎麼會等於五！」他傻傻地望著我，什麼話也不講。我急了，問道：「你媽媽買了七個包子給你，你吃了三個，還剩下幾個？」我本意是用這種話觸他，誰知他拍手跳起來答道：「四個，還有四個。」我再問

「媽媽給你四顆糖，爸爸給你三顆糖，你一共有幾顆糖？」「七顆。」他並非沒得腦髓，腦髓與食物死活結緣。

最使我終生難忘的是學期結束時的那頓聚餐，早就聽說能幹的司務長跑斷了腿，到外縣組織貨源為老師辦席。好不容易等來了學期的最後一天，一切工作安排停當，辦公室打掃得一乾二淨，聚餐鈴一響，人人表情安詳心懷希望腳步匆忙奔向食堂。

沆沆窪窪的泥地暗淡昏黃的燈光並不影響大家的情緒，每個桌上已經擺了六菜一湯，冒著熱氣散發著異香。我們早被告知，八個人一桌自由組合，我就近停步，多留點時間先飽飽眼福。當我看清桌上是些什麼菜時，我高興得喉嚨都伸出爪子來了。首先，是那一大碗燒白，三指寬的肥肉整整齊齊地躺在深褐色的芽菜上，肉皮被技術高超的廚師們用油炸得黃金燦色熠熠生輝。我立刻想起一個瞎子坐席的笑話，她一筷子就把整碗燒白穿到自己碗裡，然後號啕大哭，問她這是為什麼，她答曰：「我瞎子一筷子穿了八塊，不曉得你們睜眼子一次可以穿好多塊？」我用眼睛數了一下，它不是小份八塊，而是大份十六塊，我決定人一到齊，筷子舉起便立即挑戰燒白，一次就夾夠屬於我的那兩塊，免得「瞎子」生事。還有那一大缽湯，油亮油亮的湯面上，浮著小塊小塊的肥肉丁，那時的人對白胖胖的肥肉有一種特別親熱的感情，想到它裡面的肥油，心就滋潤了。另外，還有幾個菜，我已記不清楚，反正大有油水。就餐開始，八雙筷子不約而同統一地同時伸向燒白，每人遵紀守法夾了兩塊。同時，每一個人都呆住了，每一條舌頭都檢驗出吃在嘴裡的「燒白」不是肉，而是冬瓜！巧奪天工的廚師們把冬瓜做得和肥豬肉一模一樣，越是天衣無縫，失望就越是難以形容，那碗油光四射的湯裡，浮著的也是冬瓜丁，澆了點肥嘴不肥心的跑油。那個晚上，我們沒有吃到一片肉。

我想起了葫荳粉的故事，心，經常被眼睛欺騙。

或許，人，本來就不應當存有希望，不應當以為葫荳粉美味，不應當期盼聚餐有肉可吃打牙祭，就不至於悲觀失望心給掏得空蕩盪的，像後來我進重慶市中區石板坡看守所之前，就不曾嚮往過監獄會是天堂，所以，當那裡沒有小說電影描繪的老鼠壁虎穿堂入室，沒有蟑螂螞蟻招搖過市，我就相當心滿意足了。

第十三章 「叫花子」和她的「集團」

六一年六月初的一天，天清氣爽陽光明媚。我坐在窗前看書，穿著一件藍白條相間的夾克樣式的襯衫，它是敬嬰叔叔寄來的，裁剪精巧色彩鮮亮，穿上身，我小小的胸脯有機會展示，細腰也顯了出來，走到街上，居然還引來注視的目光。

一位女士敲了敲開著的門，我的眼睛從書上移到她的臉上。這是一張看上去年輕仔細看看又不太年輕的臉，頭一眼看上去美麗但多看幾眼又似乎覺得有較大缺陷的臉，水靈靈的眼睛很大但好像裝進了太多的冷靜，過於平塌的鼻樑沖淡了嘴巴線條精細的神韻。眼睛周圍諸多的皺紋敘說她飽經過風霜，無袖衫裡伸出的手臂肌肉開始鬆馳。她的穿著是樸素的，樸素之中遮掩不住一絲豔冶。總之，是個曾經美麗，但開始衰憊，一眼望盡卻又有點「山重水複」的女人。

我笑著迎向已經朝我走過來的她。她的眼睛因為笑而發亮，臉變得生動。她自我介紹是我們較場口十五段的經濟戶藉，專門負責發放肉票、煤票、油票、軍屬病號優待票等各種票證，她親切地問我家裡有沒有病號，只要有醫生證明，就可以在定量之外多發半斤肉票，憑病號票可以購買膘厚一點的豬肉。我不得不遺憾地告訴她，除了六張想打牙祭的嘴，什麼病都沒有。

我們馬上便相互吸引熱烈地交談起來。她告訴我她叫蔣忠梅，廿九歲，與八歲的女兒和七十多歲的老母親住在上清寺。我告訴她父親的遭遇，我家的不幸和我對前途的惆悵。很快兩人便無話不談，成為好朋友。我去過她家幾次，見過她也有一對明亮眼睛的女兒蔣小梅，和白髮盈盈善良好客的母親。蔣忠梅請我在夫子池一家冷飲店喝過橘子水，誇獎我聰明，對我家的不幸深表同情，並且對父親表示十分的敬佩。

重慶人說「叫花子都有三個朋友」，除了新認識的蔣忠梅，我還有三個老朋友。

一中同學朱文萱，同年級不同班。高挑豐滿的身材，自然捲曲的頭髮，校舞蹈組主力隊員。她親生父親姓任，四九年「解放」前夕丟下老婆女兒帶著長子去了臺灣，母親王南琛拖著她輾轉流離從貴陽到了重慶。「解放」後她母親在小學教書並改嫁給一個長途貨運司機，文萱跟繼父姓朱。五七年工人階級丈夫保護不了他老婆，王南琛被打成右派，從此在家洗碗涮鍋圍著爐臺轉，定期到地段居民委員會受訓彙報思想。五九年朱文萱被貴州農學院錄取。那個時候，一看見「農學院」三個字，就會聯想起金燦燦的穀穗和聞到沁人肺腑的香米飯。殊不知重災區貴州省直接種地的農民比不種地的城裡人更沒飯吃，「農學院」吃不飽飯，朱文萱熬不住，三個月就逃回了重慶。

尹明善，也是一中同學，一米八五的瘦高個子，深度近視眼，沒錢走萬里路，認真讀萬卷書，聰明過人。剛進一中不久，他作為高二年級的大哥哥到我班作「學海無涯」的報告，從紙張的發明、製造、保存到通過紙張顏色的鑑定，判斷歷史文件的真偽和年代的久遠，論證知識的浩瀚和學而不輟的道理，是我活了十五年第一次聽到的由一個十七歲少年講的最有道理的道理。不久舉行從北京到莫斯科象徵性長跑，全校學生投入，累計每人的公里數，最後，一名高舉火炬，衝上站臺的學生激動地向全校師生宣佈「到達莫斯科」的喜訊，他就是尹明善。他是一中全校知名的優秀生，不幸出生在地主家庭，更不幸的是畢業在反右鬥爭後的第一年。作為對資產階級右派向黨「猖狂進攻」的報復，五八年是大學收生最緊的一年，許多出生不好的青年被拒之門外，尹明善就是其中的一個，和賓敬孝一樣，他在沙坪壩一家塑膠廠當了工人。

吳敬善，我一中同班同學「曹寡婦」的初中同學，高中畢業後沒考上大學，在兩路口民辦中學搞雜務。我沒想起要詢問一下他的家庭出身，後來的判決書告訴我他家是富農。

我們四個「叫化子」三三兩兩在彼此的家裡碰面，碰面在一個肉體的飢餓和精神的飢餓盤根錯節糾纏不清，「包子」遠遠重要於「報紙」的時代。我們嘆息前途的渺茫，更埋怨食物的匱乏。

想當作家的朱文萱寫下數句諸如「八億雙飢餓的眼睛」之類不同凡響的句子，因營養不良後繼無力而停筆。尹明善的數學家和作曲家的美夢因為肚皮的空洞吊不起氣而夭折。我，居禮夫人的熱烈追隨者，每日忙著用自己四歲就發明的筷子秤，秤米秤麵與母親和四個弟弟均分每餐的口糧。穿皮夾克風流倜儻的吳敬善，排隊到食堂窗前前還在猶豫，按照與女同事一樣多的糧食定量，中午的紅苕吃三兩能不能維持到月底。

我說：「嗨，我不曉得紅苕熬的糖有這麼兇，黃有元來看我，一口黑牙齒嚇得我打倒退，她說她沒有吃飽，到農民市場買紅苕糖吃，想不到牙齒染黑了。我提醒她一定要笑不露齒，不然嚇死幾個人難得賠命。」黃告訴我，她爸爸、媽媽、弟弟和她一家四口，四個罈罈，各人的粗糧細糧裝在各人的罈罈裡，各人煮各人的飯吃，菜證買的菜分成四份，牛皮菜掰開，大匹小匹均勻配搭。朱文萱用她尖利沉悶的嗓子發笑然後發問：「要是米和菜遭偷了啷個辦？」我說：「不曉得，黃有元說她的黃豆遭偷過，她說她爸爸把公私合營後沒有交出去的金銀珠寶裝進一個長布袋裡，像皮帶一樣裹在腰上，真資格的腰纏萬貫。一點一點賣了，一個人上高級餐廳，買高級餅子吃。」物以稀為貴，當時一碗四個的湯圓，賣到二十五元的價

攝於高中畢業後左起：
朱文萱、黃有元、齊家貞。

格，所謂人參湯圓賣到七十五元一碗，原來幾角錢一斤的糖，幾分錢一個的餅，現在幾元十幾元甚至幾十元。大家談論當時流傳的笑話，一個人大落落地吃了幾碗人壽湯圓欠下一輩子都還不清的帳。

尹明善說：「這些都不算稀奇，這回我到農村走了一趟，情況才叫駭人聽聞。有個農民出賣一頭死小豬，把牠用報紙裹得緊緊的，叫價五十元，要就付錢，不要就拉倒，不准打開檢查。有一個人不信邪，付了五十元，管他是啥仔都認了，打開一看是個死娃兒。」「哎呀，只好不吃了。」我和朱文萱齊聲叫起來。尹明善答：「不吃，啷個不吃？死豬吃得，死人啷個吃不得？歷史上早有記載災荒時期食子和易子而食的事，現在都發生了。」他接著講：「農民比城裡人慘得多，一個月五六斤口糧，兩三天就吃完了。只好扯草吃，草吃完了，剝樹皮，樹皮吃完了，吃白鱔泥，白鱔泥吃完了，吃黃泥巴。泥巴吃下去，屙不出來，拿手指頭摳，下面摳不出來，肚子漲得要爆，上頭嘴巴還在吃，最後脹死夭臺。」他說：「這回，我專門嚐了兩顆泥巴丸子，一顆是白鱔泥的，一顆是黃泥巴的，搓圓後放在爐子鐵板上面烤，烤到半乾才開吃。」「反正是泥巴，啷個要拿火烤，還要搓圓？」我問道。他回答：「直接吃泥巴很難，搓成湯圓的樣子再烤成形，感覺上好一點，我兩個丸子都吃下去了。天哪，吃泥巴的感覺我終生難忘。白鱔泥稍微細滑一點，但總歸是泥巴。一放進嘴裡，泥沙滿口鑽，牙齒嚼到沙石周身發緊雞痱子發炸，只好囫圇吞棗。吞的時候最費力，它黏在喉嚨上，水都沖不下去。」看著他的瘦脖子，高凸的喉結上下跳動，好像就是那團泥頂在那裡，想起我吞紙的情景，我知道，那不是人過的日子。尹明善還沒有講完，他接著說：「我才吃拇指大兩顆就這麼惱火，農民在斷糧後和斷氣前都在吃。明明曉得吃下去是死路一條，還是要吃，反正都是死路一條？那才叫悲慘喲。」大家嘆氣，既為別人，也為自己。

我們被浸漬在飢餓的現實裡，所見所聞多不勝舉，但尹明善的親身經歷特別令大家毛骨悚然，自然想到共產黨毛主席怎麼會把中國老百姓弄到如此不堪的吃苦吃泥吃人的境地。

良知與現實碰撞，火花是難免的。

我說：「毛澤東年輕的時候有救國救民的抱負，登上皇座就忘乎所以了。」「水腫病不傳染，中國人個個水腫。」我還說「如果我能去香港，我要召開記者招待會，揭露三年自然災害的真相，控訴共產黨對我父親的迫害。然後去美國讀書。」四個叫花子說的這些話，後來都是罪狀。

其實，一個人講話常常因時因地情隨景遷，所謂四川人講的「說話說話，說了就化。」連在神祇面前信誓旦旦廝守終生的結婚誓言到離婚的時候，都沒有人去追究，何況那些隨機隨意的牢騷話，它簡直與放屁打嗝毫無區別，本質上都是為了出氣，自始至終並不慎重周密，隨時洶湧，隨處釋放，隨情而來，隨風而去，誰把它放在心上，記在本上，到時候徹底算帳。大人們實在不必小題大作，斤斤計較，浪費寶貴的時間和精神。

我同蔣忠梅越來越投合，她告訴我小梅的父親因歷史反革命罪在新疆勞改；她的弟弟蔣忠泉聰明能幹，少年得志，二十歲出頭便當上某地公安局長，是一心為共產主義獻身的熱血青年，後來被冤枉打成反革命判刑八年，她曾長途跋涉去勞改隊看望過弟弟，為他的無辜受屈很抱不平；她的母親「解放」後在農村被評為地主，無法活下去，只好投奔她家，三輩人相依為命。

我對蔣忠梅不僅有同病相憐的感覺，更對她經常講到的「寧願輸腦袋，不情願輸耳朵」、「眼睛夾不得沙」的人格不勝敬重，在不知不覺中，我疏遠了那幾個「叫化子朋友」。

廣州的莫斌早已釋放，並且與我保持通信，他細小工整的字，像一塊塊築路的磚頭，鋪向我出國讀書的美夢。

他提醒我「小不忍則亂大謀」，問我如果給我一個市長當怎麼辦。我回信隔靴搔癢不中要領，只記得我說我不懂怎樣當市長，只知道怎樣當一個好教師或許一個好校長。

六月中旬，我收到莫斌轉給我一封別人寫給他的信，前面稱呼「莫兄」，後面沒有署名，以「三月十五日草於河邊」結尾。

信上稱莫斌是「振臂一呼，天下英雄豪傑雲集的領袖」，他們願意談判合併在莫斌的麾下。它描繪了「沒有蠟光的黑黝黝的農村」現狀，堅信「飲美酒吐苦水那一天定會到來。」最後鏗鏘有力地指出「我們失去的是鐐銬，得到的是整個世界。」看來好像是兩個對現實不滿的集體正在切磋，打算聯合。

我馬上把信拿到上清寺，蔣忠梅認真地讀完之後說：「嗯，這封信真的寫得很好，特別是這十六個字很重要。」「十六個字？」我心裡想。字，我沒有數過，但字字珠璣，句句瑰寶，從頭到尾都好，說不出哪一點最好。「你說的是哪十六個字？」我問，同時為自己不能發現文章中最好的部分而深感羞愧。蔣忠梅指著第一頁信紙的中間部分說：「這裡，『我們的主張是』」她加重語氣念下去：「團結起來，喚醒民眾，軍政並舉，聯合外力」，看了我一眼，「這十六個字提得很好」她欣喜地說。

我對這封兩頁長的信，愛不釋手，對「草於河邊」也佩服得五體投地，與其說是因為它出格的內容，不如說是因為它精彩的詞句。正如機器人沒有被輸入相應的程式便不會在參觀的人群中搓著手說：「呵，多麼冷的天氣！」我的頭腦裡沒有「政治」，這封所謂很政治的信，我讀到的卻是雋永的文彩。

色魔盯著女人的胸脯與嬰兒含著母親的乳頭，有著絕對不同的含義。

我對這十六個字實在不敢恭維，我甚至不明白它在講什麼。同我十二年學的數理化等功課相比，它代表了一個我一無所知的世界。以至於後來受審交待時，我可以把這封信從頭到尾背出來，唯獨這十六個字我攪過來攪過去說不清楚。

可是，當時，不知為什麼，也許為了掩蓋我的無知不願意蔣忠梅小看我，也許為了表示英雄所見略同，我趕緊附和說：「是的，是的，我也這樣認為。」蔣忠梅用指頭敲著信上的這十六個字說：「我們應當遵照它去做。」我啞了，蔣忠梅考慮問題總是深一步，多一著，她已經想到要行動了。

我倆手挽手漫步在上清寺街頭，她把她豐富的知識傳授給我，我靜心地聽，像在讀小說，像在看電影。她講到「解放」前共產黨搞地下活動時，組織工作的原則是「單線聯繫」。「單線聯繫？什麼是單線聯繫？」孤陋寡聞的我不好意思地問。蔣忠梅解釋說：「就是在搞地下活動的時候，只允許一個人單獨與另一個人聯繫，比如說我只能同你聯繫，你只能單獨同你下面的人聯繫，不允許我出現在你下面人的面前，正如我上面的人不能出現在你面前一樣。一旦你出了問題叛變了，你最多只能出賣兩個人——你的上線和下線，使組織受破壞的程度減到最小。」蹓躂間，蔣忠梅指著一個白白胖胖的中年女人對我說，「她叫×××（名字我沒記住），她的丈夫也遭整，被判了刑正在勞改，今後可以是我們的發展對象。」後來，她用眼睛瞄著一個女人叫我看，「就是這個正在朝我們走過來穿灰布衣服的女人，她對共產黨很不滿，可以作為我們外圍組織的成員。」

人的一生中有數不清的「第一次」，除了沒有經歷過驚心動魄的「第一次上吊」之外，我覺得最深刻難忘的第一次要數聽到「單線聯繫」、「發展對象」、「外圍組織」這類政治專用名詞了。我驚羨蔣忠梅知識的廣博，也欽佩她積極準備行動的勇氣，但，我並不真心的打算和她一起幹，我心的深處，是渴求讀書。

那年初夏，許文戎老師又來找我回一中「保高三」，我謝絕了，我要設法先保保自己。

我回了莫斌「草於河邊」的信，他泥牛入海無消息，莫斌又消失了，我又迷惘了。

我決定再去廣州，找不到莫斌找湯文彬，湯應當記得我從西南鎮發給他的那封奇怪的信。

第一次去廣州，我賣掉了母親的錶，這次去廣州，我賣自己的血。

「自然災害」下的人血，很多都不合格，護士先查賣血人的血液濃度，不過此關，你哪怕有如江如海的血也賣不出去。查的方法很簡單，抽取定量的血同定量的蒸餾水混合之後，在燈光下與標準血色比較，顏色相當或者更深者算是合格，顏色淺的，你就被拒絕。護士給每個人編了號，裝過你血的試管口朝天，那就是初步合格，其餘的一律淘汰。

我的編號是十七，十七號血色太淺，試管屁股朝天，我頓時感到前途全毀在我的血上了，怪不得我一年四季菜葉青青的臉從來沒有紅暈，我抱怨自己。那些得了底朝天的人紛紛離去，我賴在醫院不肯走，等待機會想辦法。

十七號瓶底鼓著眼睛盯住我，我望著它莫可奈何。命運出面干預了，她讓一名女護士出現在門口，叫正在查血色的男護士出去一下，他剛跨出門檻，我眼急手快地把「鼓著的眼睛」翻了下去。

當粗針頭扎進我緊繃繃的皮膚，我的血朝針筒衝出一朵紅蘑菇雲之後，它便不肯爽快地流出來了。我積極配合醫生的指示，不斷地捏緊、鬆開拳頭以便驅趕全身的血液流出針口，費了雙倍的時間，還是只抽出兩百五十cc。至今，我仍然弄不明白，為什麼人體數千毫升的血，竟再也流不出微不足道的五十cc了。

很不幸，我的錢比一般人少六塊，只得了三十元，再賣掉半斤豬肉和四兩白糖的營養補充票，一共湊足近四十元錢，左肘彎留下兩個雞蛋大的青塊，兩週後才消散。

朱文萱借給我二十元，和第一次一樣，我有六十元錢上路了。為了省路費，走前，我找吳敬善搞了個兩路口中學的學生證，上面貼的相片和籍貫海南島是真的，名字叫王曉萍（就是後來判決書上寫的搞反革命活動的「化名」），十六歲。於是從重慶到廣州的火車票，我享受了學生半價的優惠。我當然不是去海南島，目的地是廣州。

經過兩天三夜火車硬坐，我第二次到達自己國家的「敵佔區」——廣州。在火車站花一分錢買一盆洗臉水，濕了一下臉，漱了一下口，帶著滿身塵埃和汗酸臭，找了一家便宜的旅館住下，這次我沒有忘記，找吳敬善要了一張證明王小萍回海南家鄉探親的「學校證明」。

這次，莫斌又進了監獄，湯文彬和他的母親弟弟住在一起，湯告訴我，他們用大量的錢買通了邊境的漁民，由漁民划船出海把人帶出去。第一批準備偷渡的有四個，包括他的弟弟，一個年輕文靜的會計師。如果成功，再走第二批第三批。當時，他們正在加緊練習游泳，以防萬一。至於邊境在什麼地方，偷渡時間，具體的行動步驟，我完全不知，也不探問。我興奮地寫信給蔣忠梅、朱文萱，要他們學習游泳。其實我是紙上談兵自己一點不會，也根本沒有學。

一天傍晚回旅館，服務員告訴我，我是去海南，不能在廣州久住，要我第二天就搬走。我暗自納悶，哪有這樣的道理，難道我的親戚不能從海南到廣州與我團聚，在這裡逗留一段時間？沒聽說過在正常情況下，旅館有權規定旅客什麼時候離開。

我搬去湯文彬家和他母親睡，她是個樸實憨厚的漁家婦女。夏日的裝束與所有廣州老人一樣：一套寬大的黑色香雲紗衣褲，稀疏的頭髮梳在背後挽成一個髻餅；睡覺的硬床上只鋪一張涼蓆，枕頭像磚頭般大小，像磚頭般堅硬。我去了，她把「磚頭」推給我，自己睡一個倒扣的大號口盅。我奇怪，她是在虧待「首級」，還是要百煉它成鋼。

偶爾，幾個準備第一批偷渡的人在裡面房間同湯文彬密談，他們不理睬我，湯也從未叫我進去過。

等待使我日子變得更加無聊無趣，我想回重慶。湯文彬說也好，回去等，如果他弟弟幾個人試的那條路通了，他馬上來信，我和父親再南下，時間也來得及。

九月十二日上午，從坐了五十來個小時的慢車車廂裡出來，拖著兩條腫得難以彎曲的腿，我徑直到了上清寺蔣忠梅的家。

她的家門永遠為我敞開，她的母親永遠用笑臉迎接我，小梅呼喚「齊孃孃」的時候，每個字都裹著蜜糖，我把剩下的最後的錢在廣州為她買了幾對紮小辮子的彩色緞帶，和幾塊美麗的小手絹。走前，湯文彬和他母親送我三十來個粵式高級點心，路上，無論白天黑夜，火車每停一個站，那怕是小站，我都睜大雙眼盯著我的行李，以免有人下車時順手牽羊。我留下四分之一的「羊」給了蔣忠梅。

我愛這個三輩人的三口之家。

五八年國慶節後父親被安排了「工作」——集體改造，在公安局管轄的西南工程大隊集改隊修築鐵路。最初是修小南海長江大橋，即由重慶通往貴州的鐵路大橋。做了幾個月繁重的體力勞動之後，因為識字，能寫算，幹部叫他任施工和統計。那裡交通較為方便，父親兩三個月回家一次，每次剛剛見面又要分離，弄得大家更加牽腸掛肚。平時星期天，為了省路費省精力，父親多數就地休息。他經常寫信回家，內容多數是擔心媽咪的身體，提醒她要息肝火防急躁，萬事要提得起放得下，只有保住了健康，才談得上明天全家人團聚的好生活等等，有時也寄回關於蕃茄、土豆營養豐富的剪報。

有一次，父親寫了一封長信，內容不大安份，他要母親千方百計帶五個孩子南遷，廣州、佛山，任何一個廣東省的小城鎮都行，在重慶待下去是死路一條。通常，信是交給幹部帶到鎮上投郵，但是，這封信他怕幹部拆查，委託一位一起集改、相處得不錯的重慶人探親時面交給媽咪。可是，這封信永遠沒有到達媽咪的手上，那人把信交到了隊部。幹部批評父親不安心改造，還在胡思亂想，全國都在共產黨領導下，思想反動到哪裡都沒有前途。

在四川，修路架橋更加離不開開山放炮，一般都安排在中午集改人員開飯的時間，等到所有人都撤離危險區域，才鳴鑼點火，一直都還算安全。那天，父親和大家一樣，端著自己那份飯邊吃邊向安全區走，在那位「帶信人」後面十步左右。放炮人按常規作好檢查，一切正常，銅鑼敲起，點火開炮。轟然一聲巨響，山崩地裂。忽然，一粒石頭，大可盈寸，從天射下，正好打中「帶信人」的後背，他一聲不吭地倒下，嘴伏在飯碗上就此斃命。如果這個人步子走快一點，父親緊跟其後，那麼，送命的就不是他而是父親了。為什麼碎石會飛到危險區以外把人打死呢？原來是管炸藥雷管的人不負責任，把炸藥的份量多發了一倍。更為奇怪的是，當晚炸藥庫忽然爆炸，這個擅自多裝炸藥的人，自己被炸得血肉騰空，一命嗚呼。原因是他睡在庫房床上吸煙，煙頭點燃雷管引起事故。

我們慶幸離「帶信人」僅數公尺之遙的父親安然無恙，覺得那個人好像是得了報應。不過，報應也實在太大了。想起學校老師指出資本主義國家修鐵路殘酷壓榨工人，每根枕木下面就是一具屍體，那麼社會主義中國，情形又怎麼樣呢？

小南海鐵路大橋峻工後，父親他們被調去綦江修路，整日與石頭泥巴打交道。綦江重慶相隔兩百餘里，駐地交通很不方便，要走一段長路才能搭到公共汽車。五九年九月我第一次去廣州後，父親回來過一次，得知我不在家，高興地寫信鼓勵我，他說，你做得對，不要坐地等花開，天下沒有坐享其成的事，光明的前途要靠自己去奮鬥。他說，你勇敢地衝鋒，受了傷退回來，家庭永遠是你溫暖的後方。你不要怕失敗，要有失敗了再來的頑強精神，最終你會達到出國讀書的目的。

他第二次回來，正好又碰上我第二次去了廣州。兩次赴粵，都是我自己作的決定，事前沒有去信同他商量，事後也沒有去信讓他知道。因為他那個環境是個是非之地，表面上他們並沒有被剝奪公民權，實際上來去信件都被暗查，即使幹部不查，也有大量「帶信人」舉報，不寫信不惹事。這次父親回家，發現了「草於河邊」那封信，他把它燒了。同時，受蔣忠梅友好的邀請，他們也一起在外面喝過飲料，父親說她是個了不起的女人。

九月十九日天剛破曉，我提著小旅行袋，裡面塞滿了母親「軍管庫」裡的物資，加上廣州帶回的點心，去綦江看望父親。

好久不見他了，對於母親給我的這個使命我異常高興。我與一個回重慶探親後歸隊的集改人員和他的妻子一起走，路上比較安全，也不致於迷路。

那個男的好像姓魏，他原是光明越劇團的編劇，五七年打成右派被送去集改，和父親一隊。他老婆想在綦江農村以物易物換些吃的回重慶，也順路送他。我們在綦江縣下了公共汽車，就開始走路。

魏伯伯大約四十歲出頭，帶哭相的臉因為浮腫像一輪滿月，禿頂上幾根細毛無力地垂著，穿一件洗過但仍舊髒兮兮的藍布對襟衣服。路上，他撿了一根竹竿當拐仗拄著走，為了節省體力。女的比他精神，揹了個大包，背還是直挺挺的，講話的聲音不像她丈夫那樣有氣無力。

這對夫妻一路上不停地唉聲嘆氣，男的動不動要停下來找個地方坐下歇氣，嘟嘟噥噥地重複著相同的話：「哎，哎，是啷個搞的嘛，出了個自然災害」，「哪天才吃得到一頓飽飯喲？哎，哎」，「有沒得那一天喲？還活不活得到那一天喲？哎，哎」「老天爺啊，你硬是安了心的嗎，要收我們回去」，「孟姜女哭長城，飯總是吃飽的嘛，不然，啷個把長城哭得倒耶」，他大約是把自己老婆比喻成孟姜女，自己則是慘死於修長城的萬喜良了。

我掉在後面三公尺，不耐煩聽這囉唆重複的話語。尤其是這個男的，一副失魂落魄的窩囊相，難道寫得出美麗動人的越劇劇本？

綦江農村觸目淒涼，一片蕭條。難得碰到在外面做活或者走路的農民，也幾乎看不到一隻狗貓，近乎一座死城。這兩口子根本不打算當天回隊，他們一路敲門，常常落空，偶爾有人回應，那女人就打開包裹亮出裡面的衣服褲子大漱口盅棉線毯子等要求換東西吃。還算運氣，最後，那女的用手上的錶換了一個癩子南瓜（包括在那個農民的家裡煮熟吃的鍋火費），還加兩調羹搗碎後用鹽咬了的青海椒醬。他倆沒有忘記中國人傳統的禮儀，用筷子指著熱氣騰騰的南瓜問我要不要嚐兩口，我說我不吃。我不好意思吃，也吃不起，人家用手錶換來的。兩個人吃得叭嗒叭嗒地響，滿頭大汗，我一個人坐在門檻上，背朝他們，靜靜地啃自己帶來的薄餅。

出門以後，兩人開始評論吃下去的「手錶」，女的說：「怕有七、八斤重吧。」男的說「再大有啥仔用？南瓜又不是糧食，吃下去肚子脹痛了，兩泡尿一屙又餓了，軟飽不抵差。」女的說：「要是在重慶，這麼大的南瓜你莫想，拳頭大的南瓜兒都看不到了。」男的說：「要是長期這樣下去，你我只有死路一條。唉！哪天才有幾碗乾飯吃，得個硬飽喲？」

一路都在做交易，乾紅薯片、鹹菜，換到什麼吃什麼，嘴巴沒有歇過氣，還在喊餓喊軟飽。我被他們帶的彎彎路拖得累不堪言，不知道離父親待的地方還有多遠。

天色漆黑，我們在漆黑裡行走，我不敢伸腳，因為什麼也看不見，每一步都可能踩虛跌下深谷，每一步都可能撞上石壁，連空氣也可能擊碎我的頭顱，我提心吊膽，如履薄冰。我不同他倆講話，甚至怕提醒他們我的存在，擔心他倆心懷鬼胎，故意趕夜路，好把我也賣了換吃的，何況我手上還提了個「價值連城」的提包，裡面的每一兩食品都是媽咪費盡心機，排長隊擠購後存積而來，是全家忍嘴的結果。

我沉默而困頓地跟在他倆後面，男的突然轉過身來，差點撞著我，嚇了我一大跳。他說：「前面，我們要跨過一條小溪，到對岸的破廟住一夜，明天上午一定要歸隊，否則我要遭處分。」他這樣的口氣，好像我喜歡跟在他倆屁股後面轉山路。不過，謝天謝地，這是他今天以來講的第一句與吃無關的話，況且盡頭就在明天。

四川盆地夏季的天氣眨眼就變，毫無先兆。就在他講話的剎那間，隆隆的雷聲在天際翻滾尖利地在頭頂上炸開，刺目的閃電把墨黑的世界變成一片慘白。傾刻，狂風驟至，像千萬隻爪子抓住我不准前行；大雨傾盆，雨點像無數個鎯頭重重地敲打著頭頂。前進一步，推回半步，好不容易到了溪邊，小溪震耳欲聾的嘩嘩聲宣告，借助山洪的暴發，它已經發了瘋。

頓時，水和水聲從天到地把我合圍，它把我身邊的一切吸空，我恐怖地發現，地球上只剩下我一個人，與世隔絕。激越的水聲灌滿耳膜，無孔不入的水連褲腰帶也不放過。我驚駭得靈魂出竅。

突然，從世界的另一頭傳來那個男的粗聲的吼叫：「趕快下水，再耽擱時間，你就過不來了。」他與老婆手牽手在急流中走了近一半，才發現我沒有緊跟。我仍然在狂暴的溪邊猶豫，不敢把腳伸進水裡。我大聲喊：「可不可以明天早上再過河？」他冒火了：「不得行，你想死呀？」聲音透過雨簾傳過來，嗡嗡的像長了毛。隱約中我聽見他說：「撞到你個鬼喲。」又低聲咕噥了數句，大約是在罵我，這個男的還是有點鋼火。

我清楚，我絕對不能一個人留在這邊，水勢將會怎樣發展，我在哪裡過夜？媽咪真英明，除了罐頭，她把所有的高級點心糖果、炒麵等都一無遺漏地裝在餅乾筒或瓶瓶罐罐裡，不怕水淋不怕火燒。我把褲腳捲起，把提包頂在頭上，雙手高舉捧著它像保護一個十世單傳的命根子，淹過膝蓋的急流每分每秒都在伺機吞噬我和我的「命根子」。「樁子踩穩，踩穩了才動另外一隻腳。」前面傳來他的吼聲，「要得，」我回答。「一次只移半步」，他補充吼道。「喔！」我心裡在說謝謝。明顯感到水流沖擊過來的巨大力量，我不斷重複著對自己說，「踩穩，只移半步，不要怕，不要急。」

老天保佑，終於平安到達對岸，我渾身濕透，餓累極了，無力再走。

眩目的閃電把世界照亮，淹沒在黑暗中的一切，驟然逼真地再現，使人驚嚇，腳下被疾雨沖洗得溜滑的小道，在我疲倦已極的眼裡，像一個舒適的大床，我真想躺在「床上」，任憑雷鳴電閃大雨傍沱，就這樣在無遮擋的荒野席地蓋天地睡去。想到「睡」這個字，我四肢五體自動放鬆，眼睛閉了起來，多麼愜意啊，哎！

膝蓋突然打了個閃，我差點竄到坎下，腦子像被尖錐扎了一針。「怎麼能睡在這裡？」我問自己。只有在這個時候，我才真正體會到什麼叫「欲罷不能」！

「欲罷」是人的惰性，「不能」是人的意志。

終於走到破廟前，這是我一生中第二次住在廟裡，它當然不會有「蓮花精舍」那麼風光熱鬧，非但如此，當活人的肚皮沒有食物填塞的時候，泥塑的神祇就更別指望有香火供果了。該廟不僅殘破凋敝，連和尚都跑得一個不剩了。奇怪的是右邊廂房裡竟放著一個大床，旁邊還有和該廟一樣破舊的一張桌子和一把椅子，太妙了。

魏伯伯不知從哪個角落裡找出一團抹布，當然是乾的，我們遞過來遞過去用它擦頭髮，塞進衣服前後擦著身子。看來，他對此地相當熟悉，作過不少的「戰備」工作，以為過往時落腳安身的驛站。

我們把大床抬到中間，三個人馬上倒下放平，魏伯母睡中間，兩邊的人可以自由上下，不必因上廁所之類的例事橫跨別人的身體。

本來，我打算把「命根子」當枕頭，可是疙疙瘩瘩的太難受，改放它在腳邊，隨時用腳視查它是否安全。

我很快睡去。半夜，一陣悉嗦聲把我吵醒，我抬頭張望，黑暗裡什麼也沒發現。「難道廟裡和尚走了，鬼魂出來嚇人？」我想。悉嗦聲繼續傳來，而且近在身旁，我坐起來，嚇得要命。黑暗中，一個聲音不慌不忙地對我說：「莫怕，是我。我起來解了溲，肚子又餓了。」那個男的正坐在我床邊的椅子上吃東西。我的天，我馬上想到提包，莫不是乘我熟睡之機偷吃我的「命根子」。我趕緊用腳蹬了蹬，它還躺在原處。我把兩隻腳架在它身上，不動聲色地等那男人吃完上床，並且響起了只有心滿意足的人才會發出的平穩的酣聲之後，我抱起「命根子」，躡手躡腳走到外間，坐在圓柱腳下的方石墩上，打開拉鏈，用手指頭清查「命根子」的五臟六腑，還好，他偷吃的是他和他老婆的東西。我頭枕「疙疙瘩瘩」，放心地睡去。

我在「綦江九鍋箐農場」隊部，填好了會客單，這裡的幹部出奇地沒有架子不打官腔，講話也挺客氣，對我說父親年紀大了，照顧他當保管。我也學著說幾句謝謝政府寬大之類的客套話作回答。

父親保管籮筐扁擔二錘沙釬之類的工具和手套墊肩等勞保用品，為了便於晚上找他領東西，他一個人住在守瓜似的小棚子裡，不必像其他集改人員那樣「睡豬兒子窖窖」（通鋪）。

棚子很矮，父親必須彎腰進出。他白天在庫房裡上班，每晚要政治學習兩小時，同後來監獄裡的作息時間沒有大的區別。那天下班後，父親勾著腰走進來高興地對我說：「今晚，我請你吃好的。」和全國八億人民沒有不同，提到吃，眼睛就亮了勁頭也來了，我興奮地問：「吃啥子？」他笑嘻嘻神祕地說：「現在不告訴你。等下了學習，幹部換了班，天黑盡了才行。我已經同老許說好了，他答應幫忙。」

學習結束，他提回一個盛滿熱水的大鉛桶，建議我先好好洗一下。我的確需要好好洗一下，頭晚焐乾的衣褲，穿著很難受。可是在這個轉身都困難的小草棚裡，我只得隨便地洗了洗，父親叫我水不要倒掉，他要用來泡腳。他坐了下來，緩緩地把一隻腿架到另外一隻腿上，費勁地脫下那雙破爛不堪的，鞋底鞋幫行將打脫離的球鞋，和前面賣生薑後面賣鵝蛋有名無實的襪子。我難過地說：「爹爹，下次給你買鞋和襪子來。」父親說：「沒有關係，不要花這些錢，不穿鞋襪也死不了人。」他撩起長褲，身子微微後仰，吃力地用手幫忙提起一隻腳，使它高過桶沿然後放進桶裡，再幫另一隻。我這才發現父親的雙腳是如此地腫大，每個腳趾頭粗粗壯壯，彼此間擠得緊緊的完全沒有縫，腳背像發了酵的饅頭，內外腳裸已經腫平，膝蓋下面沒有一絲凹陷，脛骨腓骨之間一片滾圓，兩隻肥腳把大鉛桶塞得滿滿的。

那時候的中國人，個個是檢查水腫病的專家，所謂「吃藥三年會行醫」。你只消在有骨頭的地方按下去，留下的窩，懶洋洋地半天不起來，那你就中「彩」了。

在三、四千萬中國人因基本食慾不得滿足而喪生的年代，快七十歲的毛澤東的性慾卻格外旺盛，他有精神和女人們在他的大床上遷翻（調皮）肯定沒有得水腫外，全中國人找不出幾個不腫的。不過，像父親腫得這樣厲害，我還是第一次看見。

我在父親的脛骨處按下去，出現的洞裝滿我的手指頭。我擔心地說：「爹爹，人人都說『男怕穿靴，女怕戴帽』，男的腳腫，女的臉腫，都是危險的徵兆。」父親笑著說：「哪有那麼嚴重。我的腳從五六、五七年就開始腫，早晨腫得兇些，晚上基本消下去，只不過這兩年更厲害了。你看消了又腫，腫了又消，我還不是活著。」我答道：「三腫三消，趕快準備撬撬，你不能掉以輕心。」父親哈哈大笑：「哎呀，家貞，你去哪裡聽到這麼多名堂。你看，我臉也是腫的，」他按了一下他的額頭和顴骨，一按一個坑，接著說「手也是腫的，」他按按自己的手背說：「告訴你吧，我胸口肚子都是腫的，全身上下沒有地方不腫。你們不要擔心，這點小病壓不垮我，我不得死！我倒是很擔心你們，特別是媽咪，她受苦太多，性格又急，我怕她熬不過來。」顯而易見，哪怕我絞盡腦汁再說多少相勸的話，也幫父親消不了腫，又不是他希望水腫！

父親個頭高大，食慾一直很好，「解放」以來，家庭生活每況愈下，又有五個孩子要養，餐桌上父親非常克制。後來五年的軟禁和勞改，更是給啥吃啥，給多少吃多少，長期處於營養不足的狀況，再往後的就業、集改，為了多拿幾塊錢給媽咪養家糊口，他省飯省菜省肉，沒有吃過一頓真正的飽飯。

按國家的說法所謂三年自然災害是一九五九年至一九六二年，但是父親的「自然災害」要早好幾年，他水腫的歷史也比全國早好幾年。他問過醫生：「水腫病會不會死人。」醫生回答說：「不會。」醫生講的是實話，致命並非水腫，而是飢餓而是營養。

燙好腳，父親倒掉水，提著桶走了。

忽然，什麼地方傳來一種奇怪的聲音，我用力聽去，試圖分辯它究竟是什麼。原來，這是一種至今我依然無法准確描繪的不可言狀的悲慘的哭聲。沙啞的哭聲從體內深處費力地慢慢攀升上來，爆發出一聲沉重的「哎唷」的吼叫，然後長長地緩緩地弱下去，下去得很遠很遠，像拖著一條越來越細的尾巴，似斷若續地九彎十八拐之後，氣斷聲絕完全消失。之後它又費勁地慢慢攀升爆發，開始新一輪的「哎唷」的哭號，它除了突然爆發出來的哭聲外，多數的時間是哭不出聲音，非常深沉悲壯淒慘。這是我一生中第一次也是唯一的一次聽見男人哭泣，持續了近二十分鍾。我體會到，只有哭不出聲音的哭泣才是真正痛苦的哭泣。嬰兒的哭聲是上帝恩賜的音樂本能，女人的哭聲是悲傷的徹底釋放，唯獨男人的哭聲才如此地令人終生難忘，它可以放在你的手心上讓你掂出撕心裂肺的痛苦，它可以用精密的標尺測量出昏天黑地的絕望，刺耳錐心，不寒而慄。

我猜，他是在被吊打受審，或者是長期禁閉痛不欲生。

半晌，父親喜氣洋洋地回來了，手裡提的還是那個大鉛桶，裡面裝了半桶熱氣騰騰的煮好的青菜頭。父親偷東西去了，他偷回來了這麼多鮮嫩碩大的青菜頭。

這是一個和任何奇蹟包括點石成金、死人復活相比都絕不遜色的奇蹟。

這個被馬市長的太太嘲笑為不會貪污只有睡馬路的人，這個向西南鐵路局第一號大人物劉軍代表指著鼻子說：「我就一分錢也沒有貪污過」的人，這個不允許自己女兒拿辦公室一張紙一支筆用的人，這個鐵路局獨一無二拒領免費幹部呢制服的人，這個以大公無私公而忘私為做人最高原則的人，這個以兩袖清風一貧如洗為人生最大樂趣的人……今天晚上竟與集改隊蔬菜組的人勾結，偷偷摸摸在地裡偷生菜，鬼鬼祟祟用三塊磚頭搭成的爐灶把它們煮熟，神不知鬼不覺地提回自己小看瓜棚裡與女兒分享。這到底是南方的橘樹到北方變成了枳，還是新社會把人變成了鬼？

總而言之，被謝文龍先生和其他人喻為海南島第二個海瑞的人偷菜囉！

託偷竊之福，我們父女倆歡天喜地地把洗腳桶裡的菜頭撈得一乾二淨，也得了場「軟飽」。

然後，父親滿心歡喜地讓我參觀他的領地。他說：「感謝共產黨，讓我管庫房，請看，」他掀起席子，下面鋪滿了墊肩和手套，講道：「我的床弄得多麼溫暖軟和。」我不以為然，回答道：「不平順，鼓鼓包包的。」父親說：「你再看下面。是那麼厚的穀草，睡上去你才曉得有好舒服。共產黨不給我們吃飽飯，我覺總要睡好。」他不無得意地問：「你猜不猜得到，我所有吃的東西藏在哪裡？」見我沒吭聲，他自答道：「在墊床的磚頭之間。我把磚頭砌得很不規則，彎來彎去，哪裡是磚，哪裡有空穴，只有我知道，沒人有法偷。何況我出去一律鎖門。」他吃力地彎下身，取開磚頭，把他的存貨取了出來。父親吃每樣東西都留有餘地，在沒有收到新的包裹前，他絕不會吃光用盡。我向他清點這次帶來的寶貝，父親把「同類項」合併後騰出來的一堆空罐罐讓我帶回去。

此時，發明「軟飽」這個絕妙形容詞的人，敲門走了進來，他問我是否同他老婆一起回重慶，她要在綦江農村多待兩天，我說不了，明天上午我就走。講話間，我發現他眼睛牢牢盯住桌面上剛才騰東西時掉下的一小塊點心渣，只有半粒綠豆大，他一面聽我講話，一面伸出右手食指按住它，像拖板板車那樣把渣子從桌心拖到桌邊，確信它已經牢牢黏在指尖上後，迅速地餵進嘴裡，用門牙的齒尖細細地咀嚼起來。我相信如果把他過去寫作的那些光彩奪目的越劇故事，再交由他現在的大腦過濾篩選，毫無疑問出來之後都變成南瓜湯、點心渣，甚至過去餵豬現在餵人的豆渣消水了。

「南瓜湯」是媽，「越劇故事」是兒，媽生兒。

我告訴父親早上來的時候，這裡的管教幹部甚至沒有外面的戶藉對人兇。父親說：「不要相信他們，餵米給雞吃的人是想吃雞肉。」

我把媽咪給的十斤糧票交給父親。他說：「你媽咪才是真正的聰明人。五八年我來集改之前，報上登一個農民把米藏在棺材裡，批評他不相信大躍進的威力，懷疑黨的糧食政策。我覺得農民這麼做沒必要，你媽咪說她要是農民也會這樣做。媽咪是對的。」

第二天早上，父親和我決定這頓早餐我們奢侈一下，改變平時吃二兩饅頭一兩稀飯的常規，用糖開水代替稀飯，買八兩乾饅頭，來它一個「半硬飽」。

一大群只有在雨果的「乞丐王朝」裡才見得到的穿得如此襟襟吊吊破爛不堪的集改人員，敗兵似地聚集在伙食團外面的大壩子上，神情沮喪，專心一意地享受著自己的早餐。他們手上的盛具一個比一個大，一個比一個怪。為了盛稀飯的需要（與肚皮的增大同步，稀飯裡的水越滲越多），特別是為了避免因為盛具不夠大，炊事員不得不把瓢裡理該屬於你的定量，那怕只是一點米湯又倒回伙食團的桶裡，從而造成終生的遺憾，每個人都拿盡可能大的東西打飯。大口缸、單柄鍋、兩個耳朵的鍋、小臉盆，有的人乾脆除了大號盛具之外，再搭帶一個次大的，以防萬一。一個人正端著醫院裡那種正截面是等腰梯形的大痰盂猛烈地喝著，大約他的老婆是護士，我想。有個男人正用當時十分盛行的，在家裡自己用牙膏皮子澆鑄的鋁調羹，使勁地刮著手裡的一把大號木水瓢，他哭喪的臉上表現出一種頑強與堅定，雖然稀飯已經喝完，他決心把浸進木頭裡的水份刮出來喝進肚裡，濕木頭被鋁調羹狠狠一刮留下一道乾楞，他耐心地一道蓋一道地刮過去，每次都把幾乎空無所有的調羹塞進嘴裡抿一下。相信如果他學過高等數學，並且知道恩格斯如何把「微分」比喻為一杯水的逐步消失，把「積分」比喻為這杯水逐步回來的話，那麼，他肯定盼望兩個月之內，隨著大木瓢的被「微分」，他肚子裡則有一個同樣的木瓢被「積分」而成，他定會感到飽得多了。

集改隊伙食團為了表示賣出的饅頭秤夠糧足，避免日益增多的報怨和指責，不再把饅頭做成一兩糧一個，因為不管你心眼有多正，刀法有多準，切出來的麵團蒸出來的饅頭不可能大小輕重全都一樣，更何況，「近水樓臺先得月」，在飢荒年代十之八九甚至十之九十是這樣。於是幹部規定把饅頭做成長條（像近半公尺長的法國麵包那樣），賣的時候，用刀切下來秤給你，重了切回去一點，輕了，再補上一些，兩數越多，饅頭就越長。

我和父親兩個人加在一起的這段粗粗長長的八兩饅頭，對於看慣了二兩三兩短椿椿饅頭的人們，簡直是夢裡的真實，如此地令人豔羨。感到難堪的是我必需舉著它，穿過整個大壩才能躲回瓜棚。此時，所有雨果「乞丐王朝」的成員都抬起頭來，用針芒似的眼光追隨著饅頭，假如饅頭有感覺，它一定感到痛。我覺得很不自在，但願我們不曾有過這個計劃。

這一生中，我後來再也沒有去過綦江。回家路上，我在那裡的山林荒野中膽大妄為地留下了青菜頭的殘骸，帶走了那個風雨之夜、那男人的哭聲和「乞丐王朝」的沒齒不忘的記憶。

九月二十四日是中秋節，好久以來，媽咪根本不把它當一回事，父親長期在外，談何中秋團圓，可是六一年例外。興國在官井巷民辦中學初中畢業，根本沒有讓他參加高中升學考試，在家待了一年後，分配到「重慶通用機器廠」當學工。那天，他一生中第一次領了工資，下班後從江北貓兒石走二十多里路回家，交給媽咪五元，慷慨地發給我和其他三個弟弟每人五角，買回一把高價藤藤菜，加上我從廣州帶回的所剩不多的粵式點心權當月餅助興，媽咪炒菜時多放了幾滴油，使被老百姓吃厭了又恨不能多分配幾斤的無縫鋼管——藤藤菜發出綠油油的光亮，我家過了一個父親缺席的難忘的中秋節。

二十七日晚飯後，我去蔣忠梅家，順路先到兩路口中學看吳敬善，謝謝他幫忙我省了路費。他送我出門，閒著沒事陪我順著中山四路朝上清寺走去。那晚，我心裡難以言說的煩悶，怨氣竄上竄下找不到出口。我說：「真想找個反革命組織參加進去，接受指導，叫我幹啥就幹啥。」吳敬善深有感觸地說：「活得真的很無聊。」

快到蔣忠梅的家門口，碰到吳敬善的兩個朋友（名字我已忘記）正要去學校找他，乾脆四個人一齊開步走了進去。

那晚我住在蔣姐家裡，大家耍得很晚。所謂耍，就是吹牛，不怕打胡亂說只怕沒得話說地瞎扯，在這個被判決書稱為從廣州回渝後我召開的反革命會議上，你一言我一語都講了些什麼，我已經無從記憶，我曾提到那封文彩華美的「草於河邊」的信，他們的反應很冷淡，根本無興趣，遠遠不如蔣忠梅有獨道的見解，那晚，她對那十六個字又強調了一遍。

很巧，蔣忠梅一個從自貢農村來的姓粱的表兄到她家投宿，也加入我們吹牛。他口若懸河，滔滔不絕，不容他人置喙的口才，使他迅速成為主講人，把那晚的「黑會」推向了高潮。他主要講中共從中央到地方的兩個獨立自主又互相監督的警衛系統，每個當權人既受保衛又被監視，每個人設法監視對方，又同時被對方監視，還舉出幾個中央首長為例說明這個事實。然後，他講中國農村數百年前就有的自製火藥武器的傳統，自貢農村現在就有不少農民家庭作坊生產火器。我的印象是，中國農民即將用武器暴動反對中共統治了。

從他瘦骨嶙峋的臉，黝黑的皮膚和樸素的穿著看，他是個農村人，但是他鋒利的談吐、敏捷的思維、準確的用詞和翔實的例證表明他不是個農民，或者是從農民中脫穎而出的拔尖者。不過，他的談話內容對我們而言則完全是另外一個領域，一個我們不曾企及的做夢也想不到的領域。特別是我，我好像在聽神話，被神話吸引得心驚肉跳，我甚至不具備複述這個我聽不懂的神話故事的能力。

我覺得他很反動。

九月二十八日傍晚，我和母親一起去十八梯下面一家小館子享受了「紅燒肥腸」，晚上試穿了母親為我織的那件粉紅毛衣。媽咪說肯定讓我穿了它慶祝國慶。

這磅父親從美國帶回來給我的純羊毛線，我等待了十五年，年年媽咪把箱子裡的東西拿出來曬太陽的時候，我都要用我的眼睛親吻它數遍，在母親認為我配穿並且已經織成毛衣的時候，我卻失去了穿它的資格，鮮嫩的粉紅色與囚犯的身份是這樣地水火不相容。

想不到與父親在綦江的相會，變成為又一次的告別。

我像記住生日一樣地記住我的「死日」，一九六一年九月二十九日，那天，五個男人加一個女人到和平路我的家裡把我逮捕。同時，把我的「集團」——父親和朋友們也「一網打盡」。

第十四章
審訊三日靈肉俱毀；構陷加害百嘴難辨

我只活了二十歲，離開家門進校門，出了校門入牢門，走過的路十分有限，對世界知道得那麼少。前面，我已經把自己赤身裸體地擺在大家的面前，敘述了我的「反動家庭」，當時的社會背景和我的種種「反革命罪行」。

我說了「我出身於反動階級家庭」後，又有點不知所措，不懂該怎樣往下講了，我停下來，望著王文德。

「繼續講下去！」王扔過來這句話，也不講話了，冷冷地看著我。從什麼時候開始？沒有起止；哪方面的內容？沒有限制。

撒大網，釣大魚。

坐在這把小椅子上，我要一層層地剝自己的皮，「從八歲說起吧」我對自己講，履歷表從八歲填起。

我對審訊員不停地講，一講講了十天上下，聲音嘶啞，唇乾舌燥。從求精小學讀書到兩次去廣州反革命，聲音從我嘴裡出來，感覺卻像是在放留聲機。他們記錄了厚厚的一本。

我當然不能講諸如拔活公雞毛，邊走邊流尿，誣告父親貪污，唱「一定要你嫁給我」挨罵，在學習小組表演越劇，除了我，他們都沒有考上初中，差點挨他們的打等等少不更事的故事；我當然也不能表露我求進步熱切要求入隊，我到處唱歌跳舞畫漫畫表達對美帝的仇恨，每次聽到高奏國歌時熱血沸騰激情滿懷的心情，以及做中國的居禮夫人無保留地奉獻個人一切的理想，這些全是在自我吹噓，自我美化。

我的交待數次「誤入歧途」，被王審訊員不變的鄙視的眼光和不耐煩的扯歪了的嘴巴揪了回來。

我明白了，我不再是我自己，我不能講我活生生的經歷；我的感受和思索，我的快樂與悲愁，我的羞辱尊嚴沉降升浮，包括莫斌的「太天真、太幼稚、太單純」的評價。這一切統統是犯罪的藉口，反革命的遮羞布，一律通不過。

我已經是反革命，必須用他們的「箍箍」，賣我的「鴨蛋」，削足適履，證明我是反革命。

這提審的十天與人的一生相比，當然是十分地短暫。可是王審訊員只用了短暫十天中的三天，就把我徹底攻垮，完全改變。

第一天，也就是逮捕我的當天下午兩點鐘開始，交待了近四個小時之後，我突然感到頭昏眼花，沒有氣力講話。這才想起今天只在家裡吃了早飯，中飯被自己愚蠢地放棄了。現在肚子在唱空城計，就是當時人們愛說的「肚兒鬧革命了」，肚兒「鬧革命」就會讓你聲音微弱說話中氣不足，我相信革命同樣鬧到王文德和他夥伴的肚子裡，他三指寬的瘦臉更加陰暗，看了一下手錶，嚴肅地對我說：「今天就交待到這裡，現在把口供記錄給你唸一下。」終於熬到了走，像黑奴得到了解放令，身心鬆綁。唸的記錄很多詞句並非原話，有的地方意思甚至談不上接近，特別是王審訊的提問、提示、打岔和單獨講的話幾乎沒有作記錄。「哎呀，人都摔進水裡去了，還擔心衣服褲子打濕？」我想。記錄員連續寫了四個小時，我說累了，他肯定也記累了。現在，好像公共汽車馬上就要開走，我斷然不會計較路邊小販欠我五分錢的找補，他還在一大團錢裡翻尋，我肯定跳上車一走了之。所以，當書記員唸完，王審訊問「記得對不對，你有沒得意見」時，我忙不迭地回答：「對的，對的，沒有意見。」然後翹起大拇指在每一頁的下方又像楊白勞賣喜兒那樣蓋上了我的指紋。

我被送回了監房，那麼多我的同類用笑臉迎接我，我感到賓至如歸，鬆了口氣。

「168，你的飯菜在茶桶旁邊，怕它冷了，我拿毛巾給你蓋起的。還有一盅開水在茶桶裡。」「紅鼻子」說話硬撐撐的，心地還不錯。

我揭開灰黑色的她的洗臉毛巾，馬上聯想到眼屎鼻涕汗漬：「唉，哪個請你用這麼髒的東西蓋飯嘛。」心想。不過，肚子餓了，管不到那麼多了。

一小瓷碗白飯，半小瓷碗酸鹹菜。我坐在茶桶旁，先吃鹹菜再吃飯，最後喝那盅分給我的開水。一個皮膚很黑嘴唇也幾乎是黑色的農村女人，半張著嘴，小眼睛從深陷的眼窩裡發出一絲亮光緊緊地盯住我吃，從開始一直到結束。其餘的人似乎在若無其事地「討論」著報紙。

今天一天內，我經歷了由好人到壞人，由人民到罪犯的大變遷，四小時緊張的提訊，令我情緒焦慮不安，小鐵椅硬逗硬，我腰酸背痛，精疲力盡。現在吃了飯喝了水，坐在地上，背靠牆壁雙腿拉直，深深地吸了口氣，再重重地吐出來，感到舒服多了。剛才的什麼犯人、犯罪、坦白交待，滾它媽的蛋，好想趟下來睡一覺呀。

啪！風門洞打開了，「168！」一個聲音傳進來。

「她在上廁所。」一個女犯以為這是獄吏清點人數，我不在視線內，好心地為我打掩護。

鑰匙在開門，「出來！」一聲吆喝。

啥子？晚上還要加班提審，犯人們互視著，這，相當不正常，168不簡單！

才分別半個多小時，我的屁股同冷鐵椅又貼在一起了。

王審訊再闡了一次「坦白從寬，抗拒從嚴」的爛板（彈爛了的老調）作為開場白。

我繼續往下講，當我談到初中每次填表寫到父親坐牢歷史時我就要哭時，王審訊問：「你心裡是啷個想的呢？」其實，我什麼也沒想，只是為這件事難過，因為他是我的爸爸。我回答：「我沒有想過。」他問：「沒有？那你啷個要哭？」「我覺得傷心。」我答道，此時，我又有點語塞欲哭了。「對囉，你傷啥子心嘛？」王審訊的眼光咄咄逼人。我輕聲地說：「我心裡不滿。」「不滿啥子？」他進一步追問，「不滿把父親關起來。」我進一步回答。「嗯。」他開恩了，臉上的肉鬆了下來。

「傷心」與「不滿」並非同義。共產黨不承認潛意識、無意識，你得給它們穿衣戴帽使之上升到主觀意識。

在交待到五七年開始，我有較多機會同父親接觸交談，瞭解到他一個高中畢業生，從列車員到考取去美國深造，當重慶大學正教授的奮鬥史，對他十分崇敬，要向父親學習，做他那樣的人。王審訊插嘴說：「成名成家，個人奮鬥，都是資產階級個人主義！」他眼裡冷光逼人。我囁嚅道：「是的，我的個人主義是很嚴重。」一中的時候，我就有這個美名了。王審訊進一步補充道：「你現在不是個人主義的問題，而是犯了罪。你想想，你敬佩的都是些什麼人？」他用手指頭指了我一下，癟嘴說：「反革命份子都是臭味相投的。」

我漸漸地又開始感到很累很累提不起氣了。不歇氣地講了四個小時，水沒喝一口，燃料已經耗盡。

王審訊對書記員耳語了幾句，那年輕人走了出去，不一會拿回來他們的加班晚餐。這是他們辛苦工作的犒賞，也是他們加班提審的重點目標，他們一邊吃，一邊發問和記錄。

在浮圖關小學代課時，偶爾，需要把學生留下，我堅持空肚子陪空肚子，在學生離開之前，我絕對不去伙食團打飯吃，我十分清楚在三年飢荒時期，當著飢餓的學生吃飯意味著什麼？意味著喪盡天良殘酷折磨人。喪盡天良的他們現在在折磨我，折磨我飢餓的腸胃，折磨我殘存的自尊心。

齊家貞，你啷個不死嘛！

今天，九月二十九日，從早上十點鐘起所經受的一切，我已經傻頭傻腦死馬一條地逆來順受，可是，面對他們現在的這一招，我像陽間的官管不了陰間的鬼那樣無能為力了。我看見飯菜冒出的熱氣，我聞到飯菜傳出的香味，他倆吃得很有勁，發出清脆的咀嚼的響聲。我無法強迫自己對此視而不見聽而不聞，我也無法命令我的第二信號系統不產生反應。我的自尊心要求我強裝鎮定若無其事繼續把話講下去，我的本能卻驅使唾液泉湧而出阻撓我正常的發音。

本能與自尊在廝殺。

我利用講話時逗點與句號的間隙悄悄把口水吞進肚裡，「咕咚」一聲，差點沒把我自己的耳膜震破。唉，他倆肯定聽見了，我是如此地丟臉，我罵自己沒得出息，但是，無濟於事，我不僅不能連貫地講話，我的思維也被嚴重地攪亂。不斷地吞口水，不斷地出洋相。那晚，我覺得自尊心被擊得一敗塗地，失敗得慘不忍睹。

他們十一點鐘吃加班晚餐，十二點鐘結束審訊送我回去。監房內除了馬桶裡有尿水，開水桶裡滴水不剩。

我拖著又飢又渴的身子乾睡六個小時，第二天還沒來得及等到九點半那頓早餐，王審訊在八點鐘就把我提了出去。

頭天下午六點鐘吃的飯，挨餓斷水十八個小時，還要不停地交待，熬到中午十二點放回來，我飢寒交迫，全身顫抖。

我害怕提審，好像是送我上殺場。

根據監房規定，房內平時只准留馬桶開水桶，吃飯時拿進來的碗筷口盅牙刷梳子掃把等，吃完飯一律請出門外。如果給提審的人留飯，經請示才能把瓷碗或者口盅留下，吃完後報告管理員開門拿出去，據說這是防備犯人自殺。那天早上的稀飯太清，碗和口盅不夠裝，請示管理員後，把留給我的稀飯裝在公家的小臉盆裡。

這個小臉盆是女犯洗屁股用的，當然不是把女犯的屁股放進去洗，如果是這樣，每個人那怕只消耗半小盆水，喝的水就更緊張了。監房裡洗的辦法是，被洗者坐在馬桶上，手裡攤開她自己的洗屁股巾，幫忙的人端著盛了水的盆子倒一點在巾上，洗者用它抹桌子似地在關鍵部位抹幾下，再倒點水在巾上對著馬桶搗幾搗搓兩搓，這樣即洗了屁股又洗了巾，然後第二個人照辦重複，省時又省水，兩全其美。不過，水多的時候，有人也用這個盆子搓洗屁股巾、手巾或者別的什麼巾。

一個叫王德芝的老太婆，好心地對我說：「168，你的稀飯在小臉盆裡頭。」然後補充道：「我幫你用水涮了的，見水為淨嘛。」我撕聲啞氣地謝了她。這種時候，還有啥仔乾淨不乾淨好說喲，就算它名副其實是洗屁股用的，我也照吃不誤，多有一盆都好。

到哪個坡唱哪個歌。

立秋才三個星期，外面的人只感到涼意，待在監獄裡的人已經在過隆冬，而且越餓越冷，越冷越餓，冷和餓互相促進水漲船高。

沒有調羹筷子，我抱著盆子喝。冰涼的稀飯唏哩呼嚕一喝而盡，我像掉進了冰窖，渾身上下徹骨地冷，整個人顫跳起來。我鑽進被窩想取取暖，豈料，被窩是你暖它保暖，你冷它保冷，在被窩裡，我像根冰棍仍然冷得跳。

半個小時後，我又坐在小鐵椅上了……。天天如此。

我不是顆定時炸彈，非得要在爆炸前拆除，王審訊沒有理由沒有必要對我的提審如此地急如星火快馬加鞭，每天上午八點到十二點，下午一點到六點，晚上七點到十二點，上午下午晚上，上午下午晚上，「東莊」沒有幾個犯人晚上加班提訊的，就是我。

為什麼？這是一種整人的戰術，一個被逮捕的犯人，精神上已經受了重創，經過這樣連續的疾行軍似的疲勞轟炸提審，再加上監獄裡比外面更甚的飢餓，意志摧毀身體垮塌，他們可以不費吹灰之力牽著犯人的鼻子走。

事實上，王審訊的戰術非常成功，我一開始就被他牽著鼻子走。整日飢腸轆轆，整天頭昏眼花，一直處在疲於奔命的狀態中，我像一隻餓得要死累得要命的狗，在鞭子的抽打下，一刻不停地奔跑，不再有自己的意志，不再有自己的思維。加上我的學生背景——最不文明的社會裡最文明之地，我做不到對王文德拍桌子打巴掌的行為泰然處之，我無法對他侮辱人格的話語如風過耳，我懼怕看他那張充滿鄙夷的冷酷的面孔，我甚至希望這個視我為敵人的人說我好，說我誠實，對我的表現滿意，就像學校裡的老師。

我希望他發善心早點結束審訊。

隨著王審訊呵哄嚇詐的不斷升級，隨著我心靈肉體的更加虛弱，我對自己的「罪行」乾脆誇大其詞上綱上線，滿足他的先入之見，遷就他的得寸進尺。最後，如果他要我承認殺了人，我也幹，只要他不再白天晚上纏著我不放，只要他不再破口大罵，肆意侮辱。

平時，我們認為撒謊是可恥的行為，因為在多數情況下，它夾雜著一己私利的考量；到了提我的審，我理直氣壯、肆無忌憚地為損害自己的利益而「撒謊」，並不感到羞恥。錢是我自己的，高興怎樣花就怎樣花，沒人管得了。

我無能保護自己，又怎能保護他人？我完全地供出了自己，也徹底地交待了我的親友。

如果說逮捕提審我的當天，我就承認自己有罪願意坦白交待，那只是決定拋出我自己，絕不願意把我的親人我的朋友也牽扯進來為我陪葬。但是，到了後來，他們對我離開一中之後的交待要求得更仔細了。我講了什麼話，為什麼要講，哪些人聽見；我做了什麼事，動機是什麼，什麼時間，什麼地點，和哪些人在一起。王審訊往上翻白的三角眼和有一股恨勁的薄嘴皮我是至死難忘的。他經常發問：「幾個人一起講話，就是你齊家貞一個人唱包臺，在坐的人都是啞巴，一句腔也不搭。你想騙誰？」他把我的心看得很透，我的確想唱獨角戲，迴避連累別人，就像我過去講的「不要出賣朋友」。

沒想到，「不要出賣朋友」不是乾飯沒來趁嘴空說說而已，這是一種技術性非常強烈高超的活兒，它需要非凡的勇氣和訓練有素的撒謊技巧，還要有對方反擊你之後自圓其說的本事。對此，我望洋興嘆，徹底地一竅不通。在王審訊的「幫助」下，我出賣了他人：尹明善、朱文萱、吳敬善……一個不漏裹挾而入，誰誰講了什麼逐一陳述。父親也沒倖免，我們平時的交談，他寄到廣州鼓勵我勇敢奮鬥的信，和盤托出。

兩次廣州之行是他們審問的重點，要求我細針密織滴水不漏地坦白。於是，莫斌、湯文彬、齊必凱、「草於河邊」，一個也保不住。

王審訊並未問及我在廣東西南縣被拘之事，但當我說到「莫斌沒有告訴我他結過婚」時，王文德把他的三角眼朝上一翻，露出一大塊藐視人的眼白，用像女人吵架似的腔調說：「是啥，反革命分子都是互相欺騙的。」我很不服氣，對「互相欺騙」四字極為反感，「人與人不同，花有幾樣紅」，哪裡有數學公式可以套用的？但此時此地，我只有「吹熄了燈，在鋪蓋裡把他鼓幾眼」。

我真的在「鋪蓋裡」鼓了他幾眼，我想，「像你這樣心眼壞的傢伙，總有一天要坐到我這把小椅子上受審判。」

很不幸，和我的願望相反，王文德整人有術，官運亨通，這個解放初期沙坪壩區公安局長的警衛員，在公安局當過一陣審訊員後，於六七十年代，調去香港搞了一、二十年，據說是去當特務。由於勞苦功高，回國後受到公安部嘉獎，榮獲全國只有十個人得到的「一級警監」頭銜，他親自去北京受封，並帶回以下級別警銜在重慶主持頒發。不久，王文德榮升重慶市公安局局長。有趣的是，升官不久，他在公安局宿舍裡的家被盜，從香港帶回的許多金銀手飾現金等被偷走，至今沒有破案。此事多數當時的重慶百姓知曉。他們說：「真稀奇，公安局長的家遭洗了，找不到是哪個幹的。」這個小偷真偉大。

現在把話扯回來，我在交待時告訴王審訊，我真實的目的是想出國讀書，並非要搞反革命。王文德滿臉不屑地問道：「到美國去讀書，學的是啥仔知識？讀完了為誰服務？還不是為資本主義！」他質問得我啞口無言，我們長期被灌輸「資本主義就是罪惡」，那麼「為資本主義服務」順理成章地就是有罪了。我說：「是的，我沒有想到過這一點。」

我交待，我曾對吳敬善講過，悶死了，我願意找個反革命組織參加進去。「參加進去幹啥子？」王審訊拖腔拖調地問。「搞反革命活動。」我答。問：「哪個要搞反革命活動呢？」其實，我當時只是隨便說說出氣，哪裡想了這麼多。可是，與王審訊無可爭辯，我便爽快地回答：「推翻共產黨，推翻無產階級專政。」

對於碰上門來倒楣的吳敬善的兩位朋友，王審訊對我逼問得特別厲害，他拍桌子吼道：「齊家貞，我看你相當狡猾，還在想蒙混過關。你幾個講了些啥子商談些啥子，我們完全清楚，你不要避實就虛耍鬼花招了！」

天曉得！就是當時的第二天，我已經記不清昨晚大家講了些啥。我並不知道那次即興的碰頭有那麼重要，成為我後來判決書上的「會議」。我們胡天打野瞎扯一通後，並沒留下特別的印象。現在，為了安撫怒氣沖沖的王審訊員，我盡可能熱炒熱賣地編了一些反動話來搪塞，主要發言人是我，他們幾個適當地分配了幾句嗯嗯啊啊無關緊要的話作穿插。交代完了，也就忘記完了，想不起我當時究竟胡謅了些什麼。

誰知，王審訊還不滿意，他態度越來越凶，罵我「很不老實」、「避重就輕」、「詭計多端」、「頑固到底」等等，我的心感到陣陣疼痛，怎麼過去認為極其可恥的行為，現在我統統都具備了，我有這麼壞嗎？隨著審問的深入，我越來越明確王文德所謂的「少了不收，多了不要」的含義其實是「講真話不收，冒過了頭的才要，越冒得多越好。」我越來越清楚怎樣不斷地給各種各樣的的言行冠上最反動的動機才能過關。「為什麼要拉屎？」「為了玷污共產黨。」這才合乎王文德的胃口。

王審訊說：「齊家貞，你要搞清楚，我們的耐心是有限的。你添油加醋亂說一通不允許，你在關鍵的問題上妄圖滑過去，休想！」我莫明其妙，自己沒有一點要滑過關的念頭，也不清楚他所謂的「關鍵問題」是指的什麼。除了拿出勇氣忍受外，我只有呆呆地望著王審訊不講話。看來，對牛彈琴牛不知音，沉默了一陣之後，王審訊咬著他的薄嘴唇問道：「你們的行動綱領是什麼？」我更加不知所措楞住了，無限惶恐地問道：「行動綱領？啥子叫行動綱領？」我腦子裡根本沒有「行動綱領」這個詞的概念。王審訊咬緊腮幫反問：「自己幹的事自己清楚，裝啥子傻？」

一股怒火從我心裡陡然升起，甚麼叫裝傻，我為甚麼要裝傻？

從小到大，我不計其數地敢於和媽咪頂嘴，我卻從未有過一次同其他的成人爭鬥，我是個門背後耍關刀的角色。面對王審訊這樣兇惡霸道的人，我甚至都沒有勇氣講：「我其實啥子都不懂，我只是個耐得寂寞的喜愛上學讀書的人而已。」

我不得不把怒火強壓下去，忍氣吞聲地對他說：「真的，我真的不曉得啥子是行動綱領。」

看來，我實在是笨不堪言，非要他出來助一臂之力不可了。王審訊欲說又止，嘴巴朝一旁努了努，擠出了一句話：「那十六個字呢？」

哇！原來是它呀，那還不容易，我整封信都背得，還怕這十六個字交待不出來？我早就希望你王審訊員有話直說，不要罵人，不要拍桌子，要知道，對付齊家貞，要下實話要點破，轉彎抹角欲露又藏弄她不醒。其實話都出在她嘴上，她像個「百萬富翁」，你開口要就是，有什麼了不起！

知道王審訊的意圖後，我如釋重負，接下去交待道：「我們的行動綱領是……」，「是」的後面我「是」不下去了。出乎我的意料，信的其他部分我背得出，唯獨這不大理解也沒有興趣的詰屈聱牙的十六個字說不清楚。我重複試了幾次，結結巴巴地還是說不全，多數的詞被我提到：「軍隊」、「團結」、「民眾」、「聯合」等等，但是不知如何配搭。基於我真誠的努力，王文德大發善心，收下了接近正確的十六個字的「大譜譜」，沒有對我苛求。

直到這十六個字作為我反革命集團的「行動綱領」出現在我的判決書上，直到多年以後我真正懂得了它們的含意，我才記住了我的「行動綱領」是：團結起來，喚起民眾，軍政並舉，聯合外力。

他們「坦白從寬，前途光明」的「口是」，永遠與「置之死地而後快」的「心非」並行不悖。

我一直大惑不解，王審訊在給我反革命集團找到了首犯（莫斌、湯文彬），主犯（齊尊周、齊家貞），成員（尹明善、朱文萱、吳敬善），又定下了十六個字的行動綱領，為什麼不更上一層樓，讓我給它取個恰如其分的名字，求個功德圓滿呢？是不是他已經料到要是當時我有這樣的智慧給我的集團編得出一個好名字的話，不需要他親自出馬催逼，我肯定會主動獻出來向王大人邀功請賞的。

十天緊張的提審，步步進逼的王文德大獲全勝，在要到了一切想要的口供：一個有行動綱領，上有領導下有成員的反革命叛國集團之後，他們不再理睬我。然後，交給我一支筆，一疊紙，在監房裡，我用三天的時間把口供變成了親筆供詞，把胡謅用黑字寫在白紙上。我重演了十年前的悲劇，那次是一個十歲的孩子耗盡了她所可能有的意志，無中生有地檢舉父親；這次是一個二十歲的青年三天裡靈肉俱毀，違心地陷害自己禍及他人。

借共產黨愛用的那句話：「歷史驚人地相似」。

回顧這段歷史，要是整個情形一成不變地再發生一次，毫無疑問，我齊家貞肯定會一絲不苟把這場戲重演一遍。

如果說提審和筆供之前，我對自己「罪惡」的認識只是一張照壞了的什麼也看不清的底片，那麼，經過王審訊員十天辛勤的勞作，它變得線條分明圖景清晰了。

數週後，我突然通過風門洞看見正對面往外走的朱文萱，根據老犯的經驗，她留著長辮子，說明她只是拘留。那天，她是提審。十五年後，從朱文萱處瞭解到公安局逮捕我的同日同時抓了她，先在市公安局裡受審後來也去了石板坡。三個審訊員對付她一個，他們你一言我一語地教育朱文萱坦白交待，大膽檢舉齊家貞的罪惡，爭取立功受獎，不要為了包庇齊家貞，葬送自己的黃金歲月和美好前程。其中一個審訊員跑進跑出特別忙碌，他審問朱文萱幾句話，馬上就跑出去，數分鐘後又衝進來問一通，然後又出去又進來。朱文萱問我：「你被抓了以後，是否關在解放碑市公安局一處？」我答道：「從來沒有去過那裡，他們抓了我直接關進石板坡看守所，判刑之前沒有離開過。」她無限驚訝地叫道：「真的呀！那個人這樣跑進跑出，我相信你當時就關在隔壁，得了我的口供，他們馬上過去與你對質，然後再倒過來拿你的逼我，嚇得我非說不可，不敢扯靶子（撒謊）。天啊，他們裝得好像喲。」朱文萱被關了一個月釋放。

九個月後，又是通過風門洞（當時我轉到樓下三房），看見站在對面十四房門口的尹明善。他高瘦的身體很虛弱，我甚至可以感到他拿著小包裹的手在微微顫抖，我對同房老犯1081（夏樹屏）說：「嗯，這是我的朋友，他怎麼也進來了。」1081說：「看樣子，現在他是被釋放或者轉移到別的地方。」尹明善在我被捕前一個月給我來過一封信，他用詩一般的語言歌頌友誼給他監獄般無聊的生活投射進一縷陽光，我猜想逮捕我時郵差送來的是他的第二封信。想不到，我連累他進了真的監獄。

二十年後得知，那天他是被教育釋放。釋放以後，他做的第一件事就是到長江游泳，把他藏在祕處的日記、所有來往信件、寫有黑字的白紙統統捆在胸口上，游到河的深處沉毀，儘管上面全是大實話，沒有一句要打倒共產黨。他是聰明的，也是好樣的。

好心的吳敬善為了幫我省錢，成為我的「成員」之一，也沒有逃過牢獄之災，我出獄後，再也沒有見到過他。

只有一件事使我欣慰，那就是我把蔣忠梅保了下來，大約是我同她認識的時間只有三四個月，沒有引起公安局的注意。在整個審訊過程中，我迴避提及蔣忠梅，把她講的所有的話諸如「單線聯繫」、「十六個字重要」等等全部攬在我的頭上。同時，她的那位姓梁的親戚講的嚇人聽聞的故事，我也不曾提及。想不到，精明狡詐的王審訊居然被不禁一擊的紙老虎齊家貞大騙了一下，他完全沒有察覺。

蔣忠梅上有七十歲老母，下有十歲女兒，她絕對不能出事。我有啥子關係？一個人無牽無掛，判我十年，出來才三十歲，判我二十年，出來才四十。徐特立四十三歲赴法國勤工儉學，五十二歲去蘇聯學游泳。我怕哪樣！

有了水，蝌蚪才變成了兩棲的青蛙；有了王文德的疏忽，才有機會表現出我的一點本性。

不可思議難以置信的是，九月廿九日逮捕我的同時，他們在綦江把父親也逮捕關進了石板坡看守所，那次我歷盡艱辛爬山涉水送去的「命根子」，被幹部們搜走，「肉包子打狗有去無回」。

按照共產黨「消耗低則定量低」的科學糧食政策，我們這些成天閉門思罪不勞而獲的犯人，不分男女，統統每天吃兩餐，每餐吃三兩。父親在集改隊時定量是三十斤，媽咪定期接濟他，仍不能保證他真正吃飽。現在一夜之間，要他的胃口，他的基礎代謝像變戲法一樣縮減一半，實在太荒唐。六兩一天的定量對我而言尚且終日餓得發慌，對於長期既缺油水又缺糧食的父親，充其量只夠一餐的需要，每日忍受飢餓的折磨，可以想像。

已經有五年營養性水腫歷史的父親，入看守所不到兩週，水腫急劇惡化。他的臉腫得滾圓，耳朵、鼻子、嘴唇變得肥大，眼皮腫亮透明，甚至能看見裡面的黃水。腳踝、膝關節、腿關節因為腫脹充水，像上了石膏夾板，不能彎曲，身軀與上肢腫情稍輕尚可活動。

在王審訊員集中火力把我攻克之後，十月十日以後，他們把目標轉向父親，開始提審他。

父親已經腫得不能站立，更談不上行走，他只好爬著去受審。

他要爬多遠呢？幸好，他是住在樓下七房，不需要爬那座轉角樓梯。現在，首先他要從睡覺的通鋪下一個二尺高的床炕爬到泥地上，爬出房門，爬過六個房間到隊部門口，「報告」之後，爬過那間二十五平方米的辦公室，爬出門檻，再穿過一畦菜園小徑，爬出「東莊」大門，爬過那條汽車小道，爬到「西莊」，再爬進審訊員從兩長排審訊室中指定的那間。

我要時間在這裡停頓；我要歷史在這裡發問！

我當然無從知曉那位跟在父親身後慢慢移步的王審訊員當時有何感想，是不是動了一點點做人起碼的惻隱之心？不過，我問了這位抗日戰爭九死一生活了下來、二次大戰後去美深造迫不及待跑了回來、解放前夕滿腔熱血留了下來的齊尊周，我問：「當你一步一步艱難地爬著去受審的時候，你究竟想了些什麼？」他回答道：「我什麼也沒有想，我只是不斷地對自己說，『活，一定要活下去。』」

四九年飛機輪船請不走的齊尊周，我相信，此時此刻，只要共產黨開恩，他會這樣一寸一寸地爬出這塊土地。

如果說小鐵椅的豎截面是直角三角形的兩條直角邊，那麼父親因為髖骨折不起來，他幾乎是擱在上面的身體成為向兩邊延長的「斜邊」。擔在椅背上的背和嵌在鐵椅邊上的臀，留下的凹痕數小時不起來。

例行公事地審問了父親的經歷，那些交代又交代了的過去，包括中央特訓團集體參加的三個月的短命國民黨員歷史和區分部書記的舊帳，以及偽官吏的任免經過等等（為此，父親已經作為歷史反革命被軟禁十九個月和勞改三年另四個月），然後，王審訊員問了父親這樣一個有趣的問題：「解放前，你罵國民黨，解放後你又反對共產黨，你到底要個什麼黨？」父親毫無隱瞞地回答：「我在國民黨官場的一片污泥濁水中保持了自身的乾淨，我痛恨國民黨貪污腐化。對於共產黨，我不滿意它太專制不信任人。無論什麼黨執政，都應當大公無私，坦白正直，真正為人民利益著想。」和女兒不一樣，父親怎麼想，他就怎麼講，審訊員桌上的「罪證」，審訊員難看的臉色、難聽的詞語，父親不屑一顧。

最後，審問集中問到我兩次去廣州的反革命活動上。王審訊逼迫父親承認我去廣州是他的策劃與指使，父親一再說明他當時在集改，齊家貞兩次去廣州都是他事後回家探親才得知的。父親說道：「齊家貞後來只告訴我莫斌和湯文彬在搞偷渡，很同情我們，如果成功，願意把我倆也帶出去。除此之外，我什麼也不知道。」父親進一步補充說，「齊家貞說我的處境不好，到時候讓我先走，我說還是你先走，你年輕要讀書。我一直希望家貞能出國深造，她天資聰慧，志向也高。」

王審訊員見父親不肯入彀，開始兇相畢露，大罵他狡猾抵賴，頑固到底，要對他從嚴懲處等等。蚊子咬到泥菩薩——找錯了對象，這個站不起來的人，骨頭卻是出奇地硬，王大人的板斧砍不進。沒有的事，休想叫他承認。

值得注意的是，在審訊我的整個十天中，王審訊什麼都審訊到了，就是絕口不提「是不是你的父親叫你去的廣州」或者「你去廣州，你的父親事先知道不知道」這樣的問題。否則，我就會徹底否認，正面回答王文德，我不想給父親添麻煩，自始至終隱瞞了他。如果這樣，王文德整齊尊周的陰謀就無可施其伎了。

王文德有意迴避問我，他是心懷鬼胎別有用心的。事實上，在整個審訊過程中，我的交代從不含糊，去廣州是我自己的主意，我、我、我。當然，與此同時，我沒必要聲明：「去廣州我事先不曾與父親商量」，「我去廣州，父親不知道」，或者「去廣州，我連身邊的母親也沒徵求意見」，就好像正常情況下每個人都是兩隻手，我沒理由強調毛澤東不是三隻手也不是一隻手，他是兩隻手；就好像沒有特別的需要，我不必說毛澤東沒得癲癇症，沒有梅毒花柳病，不是神經病一樣。

從父親身上榨不出故事，提審只進行過兩三次，記錄也只有薄薄的一疊。父親則認為自己沒事，關押一段時間弄清了問題就會放他回去——他感覺不到王文德咬牙切齒要把我們吞下肚去。

第十五章 看守所幫公安局保管東西

就像同房老犯講的：「看守所是個保管室，幫公安局保管東西，每天弄出去走走風𥖄𥖄太陽，免得『東西』受潮長霉。」從此，保管室裡多了兩件「東西」，他倆不再被干擾，在保管室裡享受清靜。

從此，我開始過被保管囚徒的生活。

進看守所的第二個星期四，母親送來了日用必需品。她把棉絮對褶，外面用床單包一層縫住，本想雙層棉絮更暖和，誰知舊棉絮雙褶後更硬了，裹在身上好像下水道管子不貼身不禦寒。後經管理員同意，我與左邊女人合鋪，我那床做墊絮，她的用來蓋。不料這個女人有嚴重的滴蟲病、白帶病，睡下後，不僅傳來熏人的惡臭，而且她不停地像刨癩子南瓜那樣摳癢，害得我一躺下來就幫她盼望早點把她釋放。很好，沒幾天她真的走了，這次我安心睡自己的「下水道」了。

白天，我們把被蓋摺成方豆腐乾形，整齊地排成二或者三行，臉對臉坐在自己的被蓋上，像打坐的觀音菩薩。

早飯前，犯人們挨次背一遍監規，像和尚唸經。新來的背不了可以看著牆上的照唸，不識字的由組長或老犯教一句唸一句。那個黑嘴皮女人來了這麼多個月，從來唸不通其中的一句，而且永遠糾正不了她的「不緊高心先發」（不准高聲喧嘩）。如果時間還有多餘，則討論「監規」，不准交頭接耳，不准交談案情傳授犯罪技倆，不准互相拉攏之類的陳穀子爛糠。

放在保管室裡的「東西」，最頭痛的問題是時間過剩。整個「東莊」只給犯人訂了一兩份報，每天那麼多「學習」時間就是讀報。只有港澳特務和特殊背景的單間犯人受優待，可以看到當天或者頭日的新鮮日報，其餘各房都是數天或十數天前的了。這樣一張只有四個版面的「狗皮膏藥」，是根本經不起閱讀的，包括上面的天氣預報，下面的尋人廣告，最多只能消磨我們一半的時間，剩餘的就用來討論。最來勁也是最符合監規要求的則是關於「吃」的題目。報上每天都在大量報導農業生產的好消息，豬羊滿圈雞兔成群玉米紅苕南瓜蔬菜大豐收等等，於是只要能在讀的報上找到與吃相關的字，便「經過一點可以引出無數條直線」那樣生發開去，熱烈地「討論報紙」了。

中午十二點，對於正常人是午飯時間，對於蹲號子的人，鈴聲一響我們就打開鋪蓋空肚子集體睡午覺。所謂「飽懶餓新鮮」，很少有人真正睡得著。隨著外面給吃三餐的病號和特殊犯人分飯分菜的動靜，我想像那些飯菜好比鮮花，我們這些飢餓的蝴蝶爭先恐後撲過去。

兩點鐘起床後，唸報的人已經提不起氣，聽報的人只聽樓下有無飯桶菜桶磕碰的聲音，什麼時候開始分，什麼時候結束，是否已放置到了我們的門口，憑耳朵聽，憑鼻子聞，外面的事身臨其境。

第二餐飯後，五點半鐘我們要面對門口坐得規規矩矩，低著頭等兩個交接班獄吏開門點名，喚一個號碼，有一個應聲，應聲各不相同，「是」、「到」、「有」、「喔」，農村來的常常應「噢」，好像聽見兒子在喚媽。遇上是當天來的新犯，接班的那個管理員會重重看你一眼。之後，大家各歸各位，又開始在觀音菩薩的蓮臺上打坐修行。晚上十點，每個人的身體放平在樓板上，電燈像眼睛瞪著看我們睡覺。

每天早餐前的等待是難耐的，而早餐的方式難以想像的奇特。打開監門，所有東西稀哩嘩啦搬了進來，菜裝在盆裡，稀飯盛在鉛桶裡，還有一桶熱氣騰騰的開水。一陣洗臉刷牙忙碌之後，紅鼻子組長一聲喊叫：「看倒好，開始分菜了。」像報幕員的開場白，沸沸騰騰的聲音頓時煞住，觀眾們挺胸直背，專等好戲開場。我們鴉雀無聲地以菜盆飯桶為圓心，坐成一個圓圈，專心致志地觀看分菜。「紅鼻子」在農村是木工廠解木料的，走路站坐都有叉手叉腳拉大鋸的模樣，她的心很平，分菜很仔細，把清一色大小的盎碗兩行排開，用木瓢把鹹菜一勺一勺地舀進碗裡，再半勺半勺，一丁點一丁點地添，最後剩的湯水，也盡量每個碗裡眼淚似地擠一滴。分完後，由一個包金牙的，人瘦肚子大像懷了孕的女人審查，指指這碗多了一點，那碗少了一些，鳥屎這麼少地調整之後，開始依次拿取。到了你的輪子，你可以選其中任何一碗，今天排第一，明天就輪到最後，依次類推，機會均等。「紅鼻子」每次都是拿最後選剩的一碗，因為她是組長，菜又是她分的，瓜田李下話不要給別人講，真有為官清廉之風。毛澤東劉少奇都該到我們監房裡來學習一點「紅鼻子」的治國之道才好。

那個菜碗現在就要用來盛稀飯了，你可以先把菜騰進自己的漱口盅等一會下稀飯，也可以乾脆把它騰進肚子裡，過後享受淨稀飯，這點上，你是完全自由的。剛才用來分菜的木瓢柄很長，差一兩寸可以夠到稀飯桶底，現在握在輪到的第一個人手中，稀飯自己舀，舀滿一碗，把瓢遞給下一個，周而復始。

在開始舀飯之前，每個人的眼睛已經打量好稀飯清稠的程度，如果稠，米粒則較為均勻地懸浮於米湯之中，可不必太費心，瓢伸進去舀出來就行。如果稀飯很清，米粒沉底，為了保衛每個人肚皮不吃虧的權利，允許你用長柄瓢攪動，把米粒翻上來再不失時機地舀進碗裡。但是，木瓢一經露出水面，必須倒進碗裡，好像孩子生出娘胎，再不能鑽回去。至於攪動的次數，原則上不受限制，你可以攪到你相信米粒已經像五七年被驅趕的麻雀那樣，不敢在任何地方停下來為止，碗滿的程度以不溢出來滴在地板上為限。左手拿著碗，右手握著瓢，慢慢地往碗裡倒，眼睛盯著往上冒的稀飯，每個人都熱愛快滿時逐漸形成的拱形球面，你一定要高度精確地把握表面張力的最大允許值，恰到好處當機立斷停止再往下倒，同時迅速地把碗移向嘴邊，把嘴移向碗邊，那已經嘟起來的嘴，盡快接過去，在拱形球面佇立的一秒鐘內，呼嚕嚕把稀飯呵進嘴裡。關鍵是一切要趕在張力突破，稀飯滴地之前，既最大限度地舀滿你那碗稀飯，又不至於犯規——那怕只掉下來一滴，組長會說：「給你打個點哈」，意即警告你犯規一次。如果哪個人第二次又掉下一滴來，話就重了：「樹有皮，人有臉嘛！」第三次再犯：「喂，我們興個規矩，罰這種人少吃一輪！」再傻的人也不會冒這種風險。就這樣，我們一輪、兩輪或者三輪地舀，直到不夠每人一碗時，大家把碗放出來，由「紅鼻子」掌瓢公平分配。開水有時自由舀取，有時定量分配，視供需情況而定。

有一天，青天出日頭，稀飯裡滲進了乾紅薯片。不言而喻，它立即成為每個犯人追逐的目標。我平時舀稀飯很有節制，不攪太多次數，也從不犯規，這次身不由已地投入了角逐。第一個人舀的時候，大家都注意到有一片乾薯相當碩大肥厚，輪到我時，它還在桶裡，像個老祖母總想躺下歇氣，它老是沉底。我運用頭腦高度的靈敏性和準確性，掌握好木瓢入水的角度配合手腕的功夫，在木瓢接近桶底時，成功地把「老祖母」魚一般地攪浮上來，進了我的碗。我戰功赫赫，吃了好幾條「魚」進肚皮。後來，米湯已經搗醒，疲倦的波浪裡只有幾點南瓜米大小的「魚」了，那個經常被「打點」的「黑嘴皮」，她的那雙拿慣鋤頭的手太僵，那雙看慣黃土的眼睛太死，那副只懂得推泥巴翻身的頭腦太呆，什麼也沒有撈到，她深陷失神的眼睛盯著手裡的碗，不聲不響把米湯吞了下去。

「大魚小魚」進肚皮後，不知為什麼，我並不開心，反而感到難過，感到前所未有的難過。想到剛才面孔緊繃，眼睛賊亮，以及那只瓢在桶裡鼓搗的不堪入目的動作，我問自己：為的是什麼？為了幾片乾薯，為了把別人的那份撈進自己的嘴裡，我還是人嗎？是人，怎麼可以為了一點吃的低鄙到這種地步？我的心痛起來，整個上午如芒刺在背，坐立不安。

我相信，如果放棄了這場追逐，事後我可能會遺憾「魚」都進了別人的「網」，可是，與對這次驕人成績的反悔相比，那種遺憾根本不足掛齒。前者只涉及幾片乾薯，後者是人格與尊嚴。

這樣的事情幹一次已經太多。

早餐之後，上一趟「廁所」，肚子就鬆了一截，腰桿就細兩寸，兩三趟廁所上了，大家無精打采奄奄一息。如果「清潔班」（在外面勞動的男犯）心腸好照顧女人，或者想借機看幾眼女犯過過癮，會在十二點以前給我們送些額外的開水來。「啪」，風門洞打開，先把眼睛往女犯們身上滾一圈，再吼道：「開水！」「噢，來了，來了！」立即有人像捧乖兒子一樣捧起茶桶，接在風門洞下，「清潔班」用大口盅一盅一盅穿過風門洞把水倒進桶裡。「喔，謝謝謝謝，你好好呀！」然後分而飲之，然後又百川歸「海」。「肚兒唱空城計了。」這個說。「化食蟲好凶，這麼快肚子裡就沒得東西了。」那個講。「唉，肚皮都貼到背脊骨了，好難過喲。」另一個嘆氣道。「開水喝了，對穿對過。」有人作總結。要是真有《鏡花緣》裡說的「清腸稻」，每食一粒，終年不飢，看守所的日子就好過多了。

下午四點半午晚兩餐合而為一的第二頓飯是我們活著的最大樂趣，是我們喜氣洋溢盼望和迎接的大事，那是吃乾飯，菜稍微多一點，經常也好一點，「多」而且「好」，簡直成為了我們生命的支柱，好像農村強勞動力是他們家庭的支柱一樣。

管理員親自掌瓢分飯，左手攥著一張各房人數的字條，右手執瓢，彎著腰，用心裡的秤加上眼睛的評估把甑子飯從大木桶裡「秤」到鉛桶裡。很難保證十五個人的飯肯定比十四或十三個甚至十二個人的多，也很難說他不會把十五個人「秤」成十六或十七。只能是估堆頭碰運氣，邊緣不清的模糊數學而已。

不過，到了監房，這桶飯不僅使我們房間蓬蓽生輝，而且把所有人的眼睛團結起來做成了一個巨大的聚光鏡，焦點對準分飯者的一舉一動。

我懷著極大的好奇與驚異觀看了分飯的全過程。

１０７５（紅鼻子）把袖子捲得高高的，雙手伸在馬桶上方，在另一個犯人的幫助下，洗了一個「淋浴」，然後在桶裡像北方人和麵那樣使勁地搓揉米飯，米飯在她的手掌、雙拳的反覆擠壓下，發出滋巴滋巴的響聲。我不解地問坐在身旁的１０９５，她解釋說，由於犯人太多，廚房的甑子飯分幾鍋煮，每鍋的米和水的比例不盡相同，造成飯的軟硬不一，而且，即使是同一鍋飯，由於鍋太大，火力不均，不同部位的飯有軟有硬，加之炊事員把飯從鍋裡鏟進木桶裡，管理員把飯從木桶裡分進鉛桶裡，不可避免地在飯團間製造了空隙。經過紅鼻子的這番拳腳，桶裡的飯軟硬均勻、縫隙盡消，上述問題迎刃而解。

此時，桶裡的米粒已經沒有形狀，成為信得過「產品」。兩排瓷碗緊靠在飯桶旁，她專家似地用小木瓢往碗裡壓飯（不是普通的盛飯），然後在頂上做個小小的帽兒頭——冒出一條優美的弧線。「孕婦」開始用十指在帽兒頭上面壓路機似地壓過來壓過去，以封閉分飯時可能形成的新的縫隙。等到帽兒頭被一一壓緊，她用像天秤一樣精確的雙手，把每一碗飯捧起來掂一掂，放到一邊，掂一掂，放一邊，「唔，這碗輕了一點。」她認真地說。「紅鼻子」已經把桶裡的剩飯搜集起來搓成一個湯圓，聽了這個判決，她從湯圓上掐一點搭上去，經過再檢驗，認可——與其說「孕婦」的雙手可以掂出如此精確分配下的輕重差異，不如說她賜予了自然災害下每個餓鬼情緒上的放鬆與信任。

我們房共十五個人，十五個碗整齊地排列。「紅鼻子」把剩下的湯圓揉成長條，每一個碗上掐一粒，然後一粒的一半，直到分完。至此，任務尚未完成，她還要把鉛桶四周，飯瓢裡外，木柄上下，她自己的手扳手背手腕和十指之間的「散兵游勇」刮、擠、捋乾淨，集中在手心上，濕渣渣的，居然也有一個小湯圓大。「紅鼻子」把小湯圓搭一點在每碗上，１０９５喊：「我的那碗不要。」我說：「我也不要。」「紅鼻子」翻了翻眼睛，答道：「啷個不要？一把草脹不死一條牛！」

現在開始依輪子拿飯。每雙眼睛都有毒，多一絲少一線早已偵察停當。為了慎重起見，並不立即作出決定，輪到的人從地板上爬起來，用站立的角度看，再走兩步換一個角度審查，「拿哪一碗好耶？」躊躇兩秒鐘，掠走最合意的那碗。「孕婦」沒有不同，參加我們的輪子轉，「紅鼻子」還是吃最後那碗，洗桶、洗瓢、洗手水歸她喝，算作犒勞。

飯拿到手後不立即吃，還有一件超等重要的事要做——喝水，先製造「假飽」，否則，光是三兩飯下去，肚子裡還是空撈撈的像進了無底洞。為了使水變得有味，每個人都把自己那份菜裡的湯倒進水裡。最理想的是家裡送來個大臉盆，可以把那碗菜、分到的開水、開水不夠再加冷水全部集中在臉盆裡，將就菜碗當瓢兒把湯攪勻，然後，一碗接一碗咕嘟咕嘟往下灌。喝水的多少，取決於肚子的需要，一般與待在監裡時間的長短成正比。１０８１接近一米七高，骨架子大而無肉，進來已有一年以上，還是個未決犯，她堪稱我房喝水冠軍，一次喝滿滿一大臉盆（約六立升）。要不是我親眼所見，看著她一碗一碗倒下肚，肚子一點一點大起來，直到提起臉盆把最後那點帶鹽味的水倒進碗裡喝進肚裡，要不是六個月之後，我本人也步她的後塵，毫不費力地可以喝下接近一大臉盆的水，我或許永遠認為這是講的笑話，是天方夜譚一千零二夜。有人曾經說過「胃有彈性」，想不到彈性竟大得如此驚人。只不過，這「一大臉盆」（注意，不是一大湯碗，不是普通盆子，而是合乎規格的大臉盆），不是一夜之間「彈」成的，而是隨著肚皮日復一日地變空變薄，而是隨著需水量日復一日數學級數地增長而成，像十月懷胎，肚子是一天一天從「平板」變成大「地球儀」的。

水喝脹了，每個人都成為腆著大肥肚皮的鴨子，走路一拐一拐的了，這時，才開始吃那個已經沒有米魂的「帽兒頭」。如果沒有喝水的「前奏」，「帽兒頭」下去，有等於無，那就二十四小時都處於難熬的飢餓狀態了。

飯是一個緊團，沒有了菜，筷子已經多餘，我們把飯倒在手上，雙手捧著啃。香甜的米飯裡，碾漏的穀粒，滲雜其中的稗子也絕不丟棄。起初，我還用我的功能極其完備的牙齒，仔細地把稗子穀殼清出來，後來，不分皮肉，一律下肚，都能抵些差。

這樣，每個人都心滿意足地「飽」了。

相信監獄裡分飯的理論基礎和由此而來的分飯程序，古今中外堪稱一絕。作為至高無上的人，為了幾粒米，認真到這樣的程度，不得不使人肝腸寸斷。

出獄以後，我曾經無數次地又哭又笑地向我的親朋好友表演、描述監房裡分飯的情景，那實在是像目睹親人被謀殺一樣刻骨銘心永不忘懷的呀。

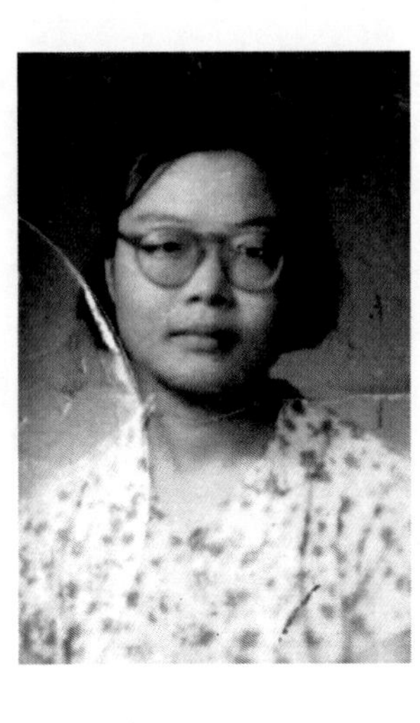
胡薇薇（看守所獄號1095），原四川醫學院兒科系五年級學生，此照片貼在監獄出入證上。

同樣無法忘懷的是，我們的爹媽政府，怎麼能，又怎麼會，把他的孩子弄成了這樣！

時間，有時候貴如黃金，有時候賤如糞土，犯人的時間就賤如糞土。我現在不像剛來時連續提審那麼「重要」，有的是「糞土」，可以同犯人打交道了。

一個老犯發表她對我的觀感：「168進來那天，我看你又黑又蠻，心想是哪個工廠的學徒犯了錯誤。第二天早晨，你背起個手手看牆上的監規，咦，喝了兩滴墨水的。聽說你戴的反銬，還坐起小車進來，喔，這個人有點來頭。後來，他們白天晚上提你的審，連到這麼多天，我想你娃娃的案情有點嚴重，怕幾個星期幾個月幾年莫想回去見你的媽媽囉。」我說：「哎呀，你啷個這麼聰明，啥仔都曉得。」她不在意地說：「坐監坐監，越坐越奸。」

房間裡所有的犯人都黃皮寡瘦，只有1095例外，長得紅頭花色的。我問：「你是啷個搞的？本來就是，還是進來以後。」1095說：「我是在這個裡頭長好的。」我高興地說：「那我也會長得像你一樣好。」716，一個看上去有知識也有幾分姿色，但十分孤傲的女人冷冷地說：「對頭，你肯定會長得好！」引起一片哄笑。

每次下午分飯，我和1095不願意觀看這種人類的恥辱場面，遠離焦點，貼牆並肩而坐，把「重慶日報」展開，遮住臉假裝讀報。這是互相交談的好時機，沒有人偷聽。

她叫胡薇薇，人長得像她的名字一樣美麗。皮膚白皙，面頰粉紅，方框眼鏡令她顯得文雅成熟。她身材高挑，腰枝細瘦，一對線條優美、豐腴合度的胸脯把衣服適度地撐起。一個老犯說：「呀！我們的房間裡，有兩個人牽得出去，1095是一個。」當然，另外一個不是我，我更像一個調皮的蠻小子。

胡薇薇比我大不到兩歲，西昌人，是「重慶市醫學院」兒科系五年級學生，她的禍事源於日記。去農村實習，她看見偏遠山區的農婦生孩子一兩天便下地種田，幹挑水擔糞之類的重活，十之八、九，甚至十分之十都得了子宮下垂症，農村叫「茄帶病」。子宮像茄子一樣掉出來，在褲襠上兩腿間摩擦，用手塞進去，一會兒它又滑出來了，而且經常發炎化膿，血肉模糊不忍卒睹。蒼蠅整日在身邊團團轉，走一路跟一路，攆之不去，老公還要罵這個婆娘沒得用。胡薇薇在日記中記下了這些，對老師在課堂上宣講的解放後農民翻身作主的幸福生活提出疑問。後來，日記被人偷看，交到了黨委辦公室，當時，她正在「重慶市兒科醫院」實習。

她告訴我說：「逮捕那天，我們正在醫務室做大掃除，我打一雙赤腳跑來跑去提水，還開玩笑說：『趕超英國，英國佬穿高跟鞋，哪裡跑得贏我們中國人打光腳板』，正說話時，通知全院開大會，書記在會上宣佈公安局要逮捕一個反革命學生。我還伸長脖子到處看，想不到有人一聲大喊『胡薇薇』，把我拖了出去。」她說：「我來看守所不久，就把我關到樓下單間，陪一個香港女特務，吃三餐。每餐飯菜吃不完，我們怕退出去下餐減量，只好往馬桶裡倒，養得我倆個越長越胖。她從香港回來探親，一到上海就遭逮捕了，說她是特務。在上海關了幾個月又把她轉到重慶，說是連案在重慶。她要求有證據就判，沒得證據就放人，拖了快兩年了還在關。每次要我們寫材料，寫完了我們都是用腳指拇蓋印，他們曉得個屁。」那個「女特務」後來離開了石板坡，是釋放還是轉移沒人知道，胡薇薇又回到樓上，才一兩個星期。

怪不得大家笑我。

那天，我聽到外面傳進來的廣播體操的音樂，想像著學生們怎樣自由地伸手伸腳做課間操，突然意識到自己失去了什麼心裡好鬱悶，別的犯人每天尚有十分鐘出去放風的資格，我連這個也沒份。每次開門獄吏都說：「１６８，留下來。」有連案的犯人，他們一般都只放一個人的風，甚至一個也不放。他們可能放父親，我就沒有份了。正好，此時，一個坐在我背後的五十歲的老太婆，輕輕拍了幾下我的肩頭，我轉過身去，用眼睛問她啥子事，她和氣地說：「你肩膀上好多風皮（頭屑），我幫你撣下來。」她的這個舉動，使我突然想起了媽咪，媽咪也是五十歲，忍不住哭了起來。胡薇薇笑著提醒我：「咦？啷個搞的，不要忘記，心裡充滿了陽光。」我倆講悄悄話時用陽光相互打氣。

這個五十歲的老太婆看上去比她的年齡老得多，她的脊背折斷過直不起，膝蓋有病也直不起，站立時身體彎彎拐拐像把曲尺，人往前竄。他們告訴我這個老太婆很有意思，五十歲生日那天，她站在風門洞前大叫：「報告所長，我今天五十歲生日，要求吃三餐。」三餐沒有吃到，吃到郭管員吼回的幾句話：「吃飽了呀，吼啥子？想吃三餐，莫要當犯人。」還有一次，全體「東莊」犯人聽殷所長作形勢報告，監房裡沒有喇叭，他們將各監房門打開，警衛把守，讓犯人坐在房口聽。報告完畢，殷所長提著那串鑰匙自己來鎖門。這個老太婆勾著腰突然竄到門口：「報告所長，我的鞋子遭人偷了。」所長掃視了一下她的腳，回答道：「你自己再好好找一找，我相信沒有人會偷你的鞋。」原來她是一雙粽子小腳。

這個不識字有點滑稽的老太婆，根本沒弄清楚自己為什麼進來，到底是來幹什麼，據旁人說她是個地主婆，腳小做不了事，嘴巴又不饒人，得罪了幹部。

一天下午，郭管理交班查房，照常例一個號碼一個號碼地點完名，正要關門，王德芝帶著她一貫的嗲聲大聲說：「報告郭管理，我要見王區長。」我最初著實驚了一下，這個犯人口氣好大要直接見區長，接著覺得她神經可能不正常，因為她曾經公開說她和「鄧小平有過一夜之歡」的瘋話。她講這句話的時候，一個女犯慫恿她：「一夜夫妻百日恩，你和鄧小平當過露水夫妻，啷個不去找他幫忙呢？」王德芝反問道：「你默倒（以為）我怕喲？」對於她見區長的要求，我以為脾氣一貫很毛煞的郭管理一定會衝她罵幾句，可是沒有，他瞪了她一眼不理睬，關門走了。

王德芝現在七十歲，從身高一米七和她的模樣判斷，年輕的時候，她肯定是個身材出眾美豔絕倫的女人。一個女人，如果到了七十歲你還認為她長得漂亮身材好，那麼，她就不是一般人因為年輕而好看的那種普通的美了。她的大眼睛儘管淚囊外露，老有眼淚浸下來，卻仍然美得很有神氣，高挺的鼻樑窄窄的鼻翼下面，滿口無牙，癟也癟得好看。她的嘴一有空就不停地推磨著光光的牙床，像無窮無盡地在同誰聊天。她有文化，講話中諸如「見水為淨」、「百口同胃」、「眼不見為淨」等詞，都用得恰到好處，使她的語言生動起來。胡薇薇認為她神經是正常的，很有來頭，可能與上面有特殊關係。

王德芝只有一個獨兒，而且是老來得子，格外寶貝。解放後，她送子參軍抗美援朝保家衛國，「一人參軍，全家光榮」，她為兒子自豪。最初兒子定期來信，讓母親放心，後來漸漸斷了音訊，沒有兒子的消息。朝鮮戰爭結束，所有活著的志願軍全部回了家，就是不見她兒子的蹤影。她想，就是兒子犧牲了，也該讓她當媽的知道呀，她哭了很多很多，敲開了無數個市內各級政府機關的大門，求見了數不清的領導人，都許諾調查清楚後通知她結果，全都沒有下文。五八年的一天，她在書攤上看一本連環畫，描寫抗美援朝一個為國捐軀的青年戰鬥英雄的故事，結果發現，那就是她的兒子。她當場失聲痛哭，昏了過去，這既是一種希望的徹底破滅，也是對政府長期哄騙她的極端不滿。從此，她哭鬧不停，不分時間地點，不聽任何解釋，找領導們扯皮。這樣，這位烈屬媽媽英雄的母親，不但沒有享受到烈屬待遇，相反，把她關進了看守所——一個「風都吹得進去，雷都打不出來」的地方。

我和胡薇薇很快成了好朋友，她在看守所已經一年了，估計不久就要出去。她說出去後，一定去看媽咪，叫她不要為女兒擔心，還將送來幾件她的衣物，看見它們就明白她已經去過我家。我一直擔心父親被我連累，便與胡薇薇約定，如果爹爹也在坐牢，讓媽咪送六個信封給我。

傍晚，我們的號子裡，偶爾有簷老鼠（蝙蝠）從鐵窗外飛進來，一般是貼著天花板急速地飛幾圈，然後飛出去。根據老犯們一代傳一代的經驗，每當這樣的情況出現，第二天一定有響動，不是走人，就是來新犯，幾乎是累試不爽。

十二月初，頭一天簷老鼠光顧報了信，第二天上午剛吃過早飯，陳管理員開門喊：「１０９５你出來」，胡薇薇有點矇了，空著一雙手赤著一雙腳，站到了走廊外面，陳管理補充說：「把你的東西拿出來。」她紅著臉又跨進了門：「喔，大犯人要走了嗎？」抱起她的家當出去，門關了，腳步聲遠了，房間空了。一會，風門洞突然打開，露出胡薇薇花一樣美麗的笑臉：「同志們，再見！」急匆匆地離去。她好勇敢，已經下了樓，為了向我們告別，撒了一個理由充分的謊再上來，還敢叫犯人「同志們」。

幾個月後，我收到母親送來的胡薇薇的兩件衣服：一件黑綢裙衫，一件白底粉紅花的短袖衣，另外有一條黑長褲，一條花內褲，同時還有六個信封。

這六個信封，像六顆子彈射向我的眼睛，我無法相信自己給它規定的含義，這太不可能了！我倒寧願相信信封是媽咪想念我鼓勵我給她寫信，是她自己想要送來的，至於六個，那純粹是巧合。

事實上，我一次兩次去廣州與父親完全無關，因此我無論如何也想不到他們會把父親也抓進來，在收到這六個信封之前，我其實已有三次發現父親也在這裡，但是，我始終固執地拒絕相信。

每週星期四上午是家屬給犯人送東西的時間，犯人在收據上蓋個血紅的指紋，算是家屬辛苦奔波得到的酬報。母親來得很勤，幾張草紙、半截肥皂，她都捨得跑一次，她看到指紋，我們看到東西，大家都放心。入獄後約三個月，管理員叫我出去收東西，我正翹著蘸滿印泥的拇指要蓋下去，突然發現收件人的名字是齊尊周，我這個木頭腦袋想：「你們怎麼這樣粗心，把我的名字寫成爹爹的。」

我第一次走風，那位文質彬彬書生氣十足的張管理員，不知是有意的還是忘記了，開門後沒有喊「１６８留下來」，我就混跡其中下樓走風去了。好久沒有享受走路的自由了，我跟在隊伍後面走著，像電影裡見過的一樣，一長排人搖搖晃晃為走路而走路，眼睛沒事幹也順便東溜一眼西瞧一下。

突然，我看見一個非常特殊的臉盆，它因為用得太久磕磕碰碰太多遍體鱗傷，像沒有帽沿的帽子，它沒有盆沿，盆口鏽蝕，缺缺窪窪割手。沒錯，我記得這是父親在集改隊用的那個臉盒，因為它沒有盆沿，水裝得稍微多一點，盆子端在手上軟搭搭的要變形。那條掛在破臉盆上有咖啡色花的毛巾，是母親從家裡寄去的，父親把大毛巾剪成三塊來用。還有，放在臉盆裡那條當包裹用的疤上重疤的黑呢褲也是父親的。無疑，父親就在這裡。

六二年春，二十一房剩的人不多了，１０８１（夏樹屏）還沒有走，她是真正的老犯，已經在那裡一年半了，我則升為準老犯。一天，我注意到樓下房間一個男人低沉的講話聲和清嗓子的咳嗽聲，這是我非常熟悉的父親的聲音。我對１０８１講，這像是我爸爸，他們怎麼把他也抓進來了，他根本不知道我的事情？下午，正好１０８１被劉管理叫出去談思想。同往常一樣，我是個被他們重點看管的犯人，幾乎每個出去談話的都會被問及「１６８怎麼樣，她說了些啥仔」，然後被告之「不要理她，她壞得很」，這些話最後直接間接地傳進了我的耳朵。那天，１０８１被問到這個問題時，心裡有些虛，因為我們確實交談了不少彼此的案情。她告訴我她的父親是三五反時「畏罪自殺」的「老虎」，她和一個姓黃的女人說了攻擊三面紅旗、「自然災害」的反動話，犯了造謠污蔑罪。我也講了我的。此時，１０８１不知該怎樣才應付得過去，她說：「她最近睡不著。」以為這句話無關痛癢。誰知劉管理問：「為什麼？」夏樹屏慌了，總應當交待個理由吧。順口說：「她聽見樓下傳來的聲音像是她的父親。」回房後，不到十分鐘我們全部搬到26房。

事實證明，父親早已坐牢，可我不相信，就像不相信石頭裡長出雞蛋，雞蛋裡找出骨頭。

收到「六顆子彈」後的那個夏天，我親眼看到「石頭裡長出雞蛋，雞蛋裡找出骨頭」。

那天上午九點半左右，我這個老資格犯人端起茶桶在風門洞口接開水，那是為早餐供應的。突然，我的眼睛透過風門洞，穿過走廊的欄柵，看見下面天井中間，兩個男犯提著馬桶的耳朵往廁所走去。其中一個上身赤膊，下面穿一條淺藍色內褲的就是我的父親。我認識他，無論從哪個角度看去，我都能一眼認出。他真真正正地進來了！

在裡面關了一年不見太陽，父親變得很白，白晰的皮膚在夏日的陽光下閃亮。提著馬桶的那隻手用勁往上，鎖骨異乎尋常的高突，與肩頭形成一個三角形的深槽，起碼可以裝進一大碗水。兩條沒有肉的長腿像兩根細木條，正在一步一挪地朝廁所間走去。「他瘦得多可怕呀。」我想。我不知道這之前父親是爬著去受審的，不然，我會為他現在不僅可以直立行走，還有氣力倒值日馬桶而慶幸不已了。

清潔班的水已經滲完，風門洞無情地關上了，要不然，我還可以看到父親倒完馬桶往回走的情形，那我就能看到他的臉了。父親這個剎那間的鏡頭已經永存在我的腦海裡，那怕現在已經三十六、七年過去，它始終是那麼清晰。事後，我緘口不語不露聲色，坐在觀音菩薩的「蒲團」上，思緒起伏，難以釋懷。最後，我對自己說：「他們只是為了提審的方便把父親關在這裡，不是真的逮捕。等把事情弄清楚，就會釋放他回家。」我的心安了下來。後來知道，無獨有偶，當時父親也是這樣以為的。

在監房裡，我這個最年輕的犯人穿得最厚，大公安棉襖裡還有一件穿了八年已經很破舊的黑花小棉襖，我把大公安棉褲紮在小棉襖外面，起初，褲腰剛剛吃得住。可是，坐牢的時間越長，肚皮就縮得越小，每天兩次猛喝水和不斷上「廁所」拉水造成肚皮的大膨脹與大收縮，我的棉褲不然就是扣不攏，不然就是往下掉，弄得我時時在提褲子。

一個老犯悶不作聲地幫我用粗線繩做成一個連環扣，六七個扣像鏈條連成一串，穿在褲腰扣眼上，褲子就有了個活動褲腰，七八個扣眼供選用，掉褲子的醜態就不會畢現了。吃飽喝脹之後，門牌當然別想扣了，隨著肚皮的膨脹，你可以選擇扣眼，一扣一扣往外放。一個個都成了懷胎婦人，有的懷得鬆，有的懷得緊，一趟一趟馬桶打擠過後，扣眼一扣一扣往裡收，最後人人都是楊柳細腰。

我奇怪在這個不准有褲腰帶和皮帶的監房裡，除了有活動扣眼外，幾乎每個女犯都有繩子紮頭髮。那個老犯得意地示範給我看，把藏在「枕頭」（換洗衣服、內褲等打的包）裡的大半截襪子拿出來，當場表演抽紗搓線，細線變粗線。「你好聰明能幹喲！」我問，管理員准許嗎？她說半尺以下她不管，超過半尺，查房時她就搜走了。我問為什麼？她說：「怕你吃掛麵。」做了個上吊的動作。原來如此，我想，我才不吃這種掛麵哩。

活了二十歲，我第一次照了那麼多鏡子，而且百照不厭。

鏡子就是我們的馬桶。這個直徑二尺的大馬桶，桶底敷了薄薄一層灰黑色的東西，拉點尿在上面就成了一面不走形的好鏡子。過去我讀書，都是頭晚睡覺前三扒兩爪把辮子梳好，第二天起床只用梳子在頭頂上刮兩下亂毛了事，根本沒時間照鏡子。況且，照鏡子是愛美，愛美是可恥的，我們接受的是這樣的教育。

現在沒有人說你，大家都一樣，想照不想照，揭開馬桶蓋，就看見馬桶裡的你自己。加上每個人都與馬桶結下非同尋常的緣分，關係親密，拉屎尿要去，吐痰要去，洗屁股要去，不照十次八次過不了一天——當然，這個鏡子指的是馬桶尚未污染之前。

普通鏡子是彩色的，馬桶鏡子是黑白的，鏡相是黑灰色背景上的炭精畫。所以，每個人都變得輪廓突出線條分明，就像今天許多中國女人一勞永逸地紋眉毛紋眼圈紋唇線一樣。

從鏡子裡，我看到一張「紋」過所有線條的臉，年輕而有生氣，那雙微微上斜的眼睛老是隱藏著笑意，笑的時候，兩排雪白整齊的牙齒使我滿臉生輝。那頭亂糟糟的短髮逐步長成為我衷心嚮往的「馬尾巴」，它是用不到五寸長的來源於襪子的線繩紮起來的，頭髮太多，線繩太短，老是鬆垮，我很情願每天用幾根手指頭梳理它許多次。隨著臉上堆的肉一點一點消失，面孔一圈一圈變小，眼睛一天一天變大，人好看了一點。我對「鏡子」裡的她說：「喂，我喜歡看你。」

在看守所裡，我還有一個意想不到的收獲，那就是洗澡，洗得很乾淨很徹底的澡。它不是在澡堂，而是在監房，在馬桶旁。很多事我們都在「廁所」裡幹，那裡是獄卒視線的死角，我們「自由的解放區」，就像全世界不分東方西方，那麼多數不勝數的自由「抒情詩」自由「抒情畫」，都出現在廁所裡一樣。管理、警衛「啪」一聲打開風門洞：「還有一個喃？」「在解溲！」「啪」一聲關上風門洞，算是批准。

出生以來長大懂事之後，我從沒正常地洗過澡。那個十二平方米的房間睡六個人，洗澡上四樓陽臺，我冬天怕冷夏天怕鬼。住讀一中，澡堂冬天無熱水，我兩三個月洗一次澡算是對得起爹媽的了。身上除了露出來的部分看上去是乾淨的，看不見的地方則創記錄的藏污納垢。和許多人一樣，做了見不得人的事，別人沒發現，你心安理得若無其事，等到問題公諸於眾，你才羞得無地自容，想辦法補救。這次進來，情況就是這樣，劉管理是第一關，她搜身時對我的裸體不屑一顧，我混過去了，到了監房，除了閉眼睡覺外，十幾雙眼睛你瞪著我，我瞪著你，什麼怪相都要給瞪出來。

我時刻保持警惕遮掩我身上的骯髒，骯髒正與日俱增，我第一次為此擔憂起來。

那天，一個解完溲的女犯拴好褲子順便打開茶桶想舀一點水沖手，她高興地發現今天水有多的，便對在「蓮花」上打座的另一個女犯發問：「喂，來不來，今天有水。」她猶豫，其餘的人鼓勵，她去了。像在打啞謎，我不知道她們要幹什麼。

原來，是幫她「洗澡」，「大哥莫說二哥，你我都差不多」，身上都暗藏機關著哩，程度不同而已。

這種澡當然是非同監外的，被洗的女人把上身脫光，雙手撐在馬桶邊上，身體躬成7字，兩個奶子像長茄子懸吊在胸前。幫忙洗的女人，舀滿一瓷碗水，工作就開始了。

她翹著手指把蘸的水，塗滿7字上的那一橫，然後在她雙手的推揉下，那些發漲變軟的污垢——臭汗與髒泥合成的痂痂，慢慢地集結成細小的麵條掉落下來。不一會，上下左右整個背部包括頸後、腋下兩側和手臂的上方都「洗」得紅紅亮亮，乾淨極了。我們沒有電視看沒有音樂聽沒有書籍讀，有的是時間沒辦法消磨，看人表演洗澡是多麼地其樂無窮啊。只需要一小瓷碗水，完全不用肥皂，把身體洗得一乾二淨，這簡直是做無本生意啊。

這個幫忙洗澡的人興趣正濃，她攤開雙手問道：「還有沒得人要喝水？」沒人答腔，「沒得呀？好，哪個要洗，桶裡還有，我一不做二不休。」形勢大好，機會來了，我撐起雙手想站起來，又有點猶豫。大家像發現頭髮裡有一個蝨子，硬把我捋了出來。

平時，我像戴了一副白手套，戴了一副白臉殼，目下，我硬著頭皮暴露出我的黑上身，大有「我不入地獄，誰入」的勇氣。當那些「黑面條」紛紛揚揚地落在馬桶蓋上，落在我雙腳的周圍積起厚厚一層，我只聽見「頭髮們」，「嘖嘖嘖」、「哎喲，哎喲」地叫個不停，好像肚子痛，好像挨了打。做清潔時，我把所有的黑麵條滾成兩個大湯圓。又引起一陣快樂的驚嘆，她們說：「168，168呀！」

在這個非同尋常的地方遇到許多人，我感覺比在學校讀住讀還有趣。

真的洗澡來了，我們像被真空機一下子吸出了房門，抱著自己的毛巾和換洗衣褲跑進了樓下十房。裡面那個木盆真夠大，直徑起碼一丈，十挑水裝不滿，在蒸騰的熱氣裡，我發現那麼多蚯蚓似的大蟲，一條接一條豎排在「紅鼻子」白白的肚皮上，令我驚嚇不已。來不及多想，和大家一樣趕快佔個位置，向日葵花瓣似地圍著大腳盆洗澡了。每個人搶著用毛巾把水澆到自己身上，打肥皂搓擦，沖水，再重複，動作快得像有人在催命。幸好，我要洗的範圍大大縮小，洗得不能說乾淨得可以下鍋，至少表層痂痂清除。只是大家的毛巾在一個盆裡攪蕩，我很怕傳染上說不出口的怪病，比如與我「同床」過的女人的「刨南瓜病」。幸運的是，這麼多年來，儘管一直有亂搞男女關係、妓女、妓騙、詐騙、破壞軍婚、違犯婚姻法、通姦之類的犯人與我交往接觸，什麼事也沒有發生過。後來想想，她們只不過多同幾個男人睡了覺，比起毛澤東不肯治療滴蟲病，睡了那麼多女人，實在個個是貞潔女子，哪有那麼多怪病好傳染的。

在看守所二十一個月裡，這樣的大澡只洗過一兩次，和現代文明發明的衣物乾洗機貢獻一樣巨大，監獄裡創造的人體「乾洗澡」也同樣功不可沒，我後來又洗過幾次乾澡，多數是自己動手，偶爾有人幫忙洗背。我的身子再也沒有機會負載那麼多的黑痂痂麵條了。

胡薇薇走後不久，陸陸續續又走了好幾個，房間裡顯得空蕩冷清了不少，十二月二十日傍晚，一隻蝙蝠飛進來，圍著天花板上吊著的燈泡轉了幾圈，從小鐵窗飛了出去，「呀，明天又要走人了。」一個犯人說道。我相信剩下的五六個犯人之中，每個人都認為蝙蝠為自己帶來了希望，除了我之外。我斷定根據我作的坦白交待，我要坐十五年至二十年的監獄。所以，我安之若素穩如泰山，蝙蝠與我無關。

二十一日清晨，剛吃過早飯，管理員的鑰匙就叮噹噹地響了起來。門打開，沒有叫人出去，而是送人進來。一個年紀很輕個頭高大背部微曲，頭髮裡滿是白粉的女人張張惶惶地走了進來。五分鐘後，清潔班遞進一大盅稀飯。新犯說：「我不要，我吃不下。」眾老犯大喜，分而食之。一個老犯關心地問她：「你是麵粉廠來的吧，看你一頭麵粉。」「喔，不是的。」她答道：「這是六六六粉，昨天晚上重慶市大逮捕，我關在『薪豐巷』（重慶市中區一個流動性大，級別低的拘留所），那裡正在鬧（毒死）蝨子，滿壩子坐起是人，每個人都『鬧』。」「就像這麼端起六六六粉往頭上撒呀！」「阿（是的）。」

正在講話，門又開了，一個時髦漂亮的年輕女人出現在門口。她長長的頭髮燙得很入時，穿著一雙粉紅色的半筒雨靴就要踩進來。「喂，喂，把鞋子脫在外頭。」老犯提醒。關上門之後，她喜笑顏開地說：「沒得啥子，偷了一隻雞。」我嚇一跳，怎麼偷一隻雞就抓進來了？1081拍拍我的肩頭，小聲說：「投機，不是真的偷雞。看來，這次大逮捕是專門針對投機倒把的。」五分鐘後，清潔班又送來一大盅稀飯，新犯瞟了稀飯一眼說：「你們哪個想吃就吃，我從來沒有吃過這麼清的稀飯。」當然，我們又快樂公平地分而食之了。

第三個新犯是個一米七五高的極瘦的中年女人，她的眼睛出奇地大而且鼓出來，嘴巴出奇地闊，暴牙講話的聲音也出奇地響。她說：「哎呀，昨天晚上每個派出所的壩子都坐滿了逮捕的人，我們解放碑派出所壩子太小，借解放碑民辦中學的，讓我們在學校籃球場坐了一夜。」像見到至親好友，知心話兒說不完。她正好坐在我旁邊：「哎呀，你好年輕喲，啷個也進來了？也是投機倒把呀？」我搖了搖頭。她說：「反革命？好，年輕人，有志氣。」然後，坐得靠我更近了。她拿起我的手，用指頭在我手上寫了一個獄的繁體字。她邊寫邊說：「好生看看，監獄的獄字是啷個寫的。你看，言字的兩邊，一邊是反爪，抓人」，她把她的手指彎成一個爪。接著說：「一邊是犬，咬人。言夾在中間，還不夠，上面再壓一座大山。哎呀呀，你看言的處境可怕不可怕！因言獲罪，自古如此啊。」她豐富的面部表情一片恐怖，瞪大得要彈出來的眼睛滿是驚惶，想想她拆寫的獄字，的確叫人不寒而慄。她大約昨晚在籃球場坐了一夜，心中的怨憤滿貫，還打算繼續說下去，我輕輕碰了她身子一下，叫她膽子不要太大。後來知道她的名字叫劉瑛，一位難得的心直口快的女人。

清潔班又端來一大盅稀飯，這位大發議論的新犯只喝了兩口就請我們幫忙了。

想不到蝙蝠接二連三地送來了新犯，接二連三地送來了稀飯，唏哩嘩啦地一下子來了十幾個，地鋪即刻延伸到馬桶邊上，比我剛來時還多兩個人。我們老犯看在稀飯的面上，對新犯表示極大的歡迎，儘管整個房間一下子又擁擠嘈雜躁動不安起來。

對我們而言，我們正處於「各盡所能各取所需」、「敞開肚皮吃飯」的真正的共產主義好時光，「共產主義是天堂」，「天堂」裡的犯人們，此刻非常努力地吃稀飯，把肚皮撐大再撐大，快樂地享受無邊的口福。

但是，我們很快發現，「天堂」也有難處，那就是爹媽給我們的肚皮容量不夠大，稀飯還在不停地來，誰也不捨得把它倒進馬桶，我坐牢不到三個月，「容器」還沒有撐展到足夠大，已經裝不進去了。

157叫張木蘭，一位前額寬闊，五官極為標致，身材高挑，走起路來腰枝扭動的女人。「紅鼻子」說她是「操王估鏢」的，我不懂，她解釋說「王大姐」，我還是不懂，她大聲說：「妓女，懂了嗎？」我覺得很奇怪，157臉上又沒有刻字，你「紅鼻子」怎麼知道？

張木蘭對我很友好，她告訴我她只比我大兩歲，額頭上有好幾條大皺紋沒有關係，等她出去有錢了，她可以找到地方，幫她像熨斗燙衣服那樣把皺紋燙平。她用手在額頭上做了一個燙平的動作。張木蘭講話的時候喜歡眨動她美麗的大眼睛，我覺得很好看，只是次數眨得稍微多了一點，而且對人講話的時候，最好不要老是把眼光溜過去看別的人就好了。

此時，張木蘭勸我說：「168，你我兩個最年輕，多吃點，怕啥仔，屙兩泡尿就完了。而且機會難得，不吃好可惜喲。」我覺得她講得很對，便努力地一喝再喝，已經很脹了，還在喝，最後，我覺得我要脹死了。我大喊：「157，我的肚皮要爆了，快點，把我的褲子解開？」我的褲子已扣在最後一扣，它正成為一道鐵箍把我的肚皮緊緊勒住，我感到呼吸困難出不了氣了。張木蘭趕過來安慰我：「168，不要著急，我來幫你解。」扣眼死死地鉤住扣子，堅決不鬆動。張木蘭鉤著背，眼睛貼近我的肚皮，想看清楚如何下手。她說：「168，你把肚皮稍微收縮進去一點點，我就馬上解開了。」像工程師詹天佑發明的火車掛鉤，要脫鉤，必須先退後。可是，我做不到，或者說我想像上做到了，實際上一點也做不到。張木蘭近乎哀求地說：「168，莫要慌，真的，只要求你肚子收進去一點點，只要一點點，就有辦法了。」我現在需要的是脹大，而非收縮，要我收縮，就是要我的命。我吼道：「不得行，根本不得行，哎喲，我要斷氣了。」她改用牙咬，哪能夠得到。大家被我的呻喚嚇慌了，不知如何是好。突然張木蘭發現，公安褲上原來的扣眼脹裂了口，裡面的白棉花隱約可見，偉大的曙光已經出現，張木蘭順勢把扣眼扯斷鐵箍崩裂。褲子創造奇蹟，它居然沒有掉下來，可見「胎兒」之大。

難題解決了一點，我直挺挺地貼牆而立不能低頭，稍一低頭，稀飯就像虹吸管裡的水那樣自動從嘴裡流出來。

原來，太飽常常比太餓更痛苦，正好像太富往往比太窮更不幸福一樣。

寫到這裡，我笑得不能自己，同時，眼淚也奪眶而出。

一月六日，我在看守所渡過我廿一歲生日。除了我自己，沒人知道。我靜靜地等待有什麼徵兆，以便得到有關我命運的預示。

早飯過後不久，猛然間一隻蝙蝠飛了進來，我心裡一樂，這麼早就來傳遞信息了，莫不是個好消息。像所有飛進來的蝙蝠一樣，牠首先在房間裡貼近天花板急速地兜圈子，一圈一圈不停地兜了很多很多圈，是我所見過的圈數兜得最多的一個。大家說：「這隻簷老鼠飛累了沒得喲。」我想牠是找不到出口正在焦急地尋找，心裡也特別幫牠著急。最後，不像以往的，牠不出去了，一動不動棲息在牆角了。午覺起來，我看牠還縮在那裡，毫無去意，心裡很不高興。等到吃完第二餐飯，所有的東西即將要拿出去了，牠還不動，像已經死在那裡了。我很生氣，抓起我的大膠梳朝牠蹲的地方狠狠擲去，罵道：「你這個狗東西的，不想走了嗎？」一擊而中，牠撲一下飛了出去。一個犯人說：「這裡頭好舒服嘛，牠啷個想走喲。」另一個犯人說道：「再舒服都不是久留之地。」我舒了一口氣，心想：「待得雖久，總算出去了。」我不害怕坐十五年二十年監獄，但是絕不想坐一輩子。

經過那十天終生難忘想起來就發抖的審訊，我好像是「曾經滄海難為水，除卻巫山不是雲」了，對於我，世界上已經不存在難以攀越的險峰，不存在不能戰勝的困難了。

進來之後，我沒有來過月經，我對它說，我不希罕你，一輩子不來都沒得關係。牙齦長了個大膿包，像塊硬糖頂在那裡難受極了，我對它說：「好啊，你也趁火打劫，落井下石，看你有好結果。」我學那幾個老犯，在掃帚柄上取一段竹篾，在牆上磨製成竹針，朝「硬糖」戳去，亂戳亂戳，戳了許多洞，吐出大口的膿血，好了。

過去，我討厭自己頭髮太多，用洗衣粉洗頭，水都放綠了，洗了之後，頭髮一綹一綹地脫落，可要不了多久，它九九歸原，又是一頭濃髮了。這次，頭髮也造反了，紛紛下掉，不計其數。我說：「哈哈，你也樹倒猢猻散要與我分道揚鑣了？好，要走就走，絕不挽留。」我把五個指頭插進頭髮林裡，使勁地不停地拽，「經不起考驗的跟我滾，滾！」我口中唸唸有詞，所有的動搖分子全部剷除。

監房每天有醫生打開房門查看，那位六十多歲，個子特高，人特瘦的姚醫生，眼神朦朧，面孔浮腫，背部佝僂行動蹣跚，其實他自己首先就是一個大病人。那時候，不分監內監外，中國人都是害的一種病，「餓癆病」。這種病醫生治不了，他的處方簽不是糧票。不過，這裡面的醫生有特殊的作用，發覺有垂死的病人，可以寫報告提請保外就醫或監外執行，常常很有效。當時，有的犯人坐久了，沒有走的消息，嘆氣說：「出去出去，蓆子裹起兩頭出氣」，或者說：「立起進來，橫起出去」，就是擔心死在牢裡。所以，大家看見姚醫生進來，就像見了親人，甚至膽敢開忘記犯人身份的「我們都是好人」的玩笑。

那天，他走了進來，像數人頭似地把每個人看了一遍，正打算走，我站起來說：「報告姚醫生，請你給我開點瀉藥嘛，我解不出大便。」他顫巍巍地轉過身子看了我一眼，回答：「不行，監獄裡不開瀉藥。」我明白他的意思，但我有我的大困難。我說：「不要緊，我這麼年輕。」「年輕也不能吃瀉藥。」他退出去鎖上了門。頭天晚上，「黑嘴皮」女人上廁所，尿還沒有拉完就虛脫了，急得幾個女犯在風門洞大叫：「報告管理員，二十六房有個女犯昏倒了。」當晚就沒有回監房，大約是送回農村去了。

我很著急，六、七天光進不出不是人過的日子。本來在這個房間裡，大家行動一律公開，吃穿不說了，上廁所也是面對群眾，「大工作」之後，不必為留下嗅覺方面的災難抱歉，彼此有來有往，互不相怪。但是，像我這樣的情況，不是我嚇大家，而是大家把我嚇回去了。所以既然醫生不肯管，我只有乘大家都睡去，自己救自己了。那塊「鐵餅」橫梗在門口怎麼都不出來。白天，我如坐針氈，難受已極；現在，汽車已經發動，輪子只打空轉，更加痛苦。為了助它一臂之力，我脫掉外面的大棉衣，兩隻腳蹲到馬桶上加油，耐心地堅持。發動了一次又一次，它「死豬不怕滾水燙」，沒有回應。我把小棉襖也脫掉，再加油，滿頭大汗，半小時過去，一無所獲。一個犯人睜開眼睛，望著高高在上的我說：「我都睡了一覺了，１６８，你還沒有解出來呀？」另一個也醒了，同情地說：「喔，１６８，你解個溲比我生娃兒還困難，我生娃兒就像屙節硬頭屎，震一下就出來了。」另外一個邊翻身邊說：「小心，莫著涼了。」

我的耐心已經告罄，開始憤怒起來。好，你不出來，我幫你出來，我用手指頭摳。我以為這是一件輕而易舉的事，其實不然，相當不然，它用軟功夫對抗。

終於，經過不懈的努力，解決了大部分問題。我把０９０一位姓羅的工程師叫醒，請她幫我舀水——正是冬天，水有多餘——沖洗我做了「手術」和著血污的手指。好像一場考試，解開了一道難道，我帶著勝利者的傲慢宣佈：「我有辦法戰勝你，六天摳一次，一個月五次，嚇不倒我。」

我相信「正弦圖像」是人生命運的數學表達形式。當事情壞到或者好到極點的時候，你一定不要過份頹喪，或者過份張狂，接著那個極點，事情就朝著相反的方向轉變，所謂樂極生悲，否極泰來，人生就在這波浪式起伏的正弦圖像中渡過。所不同者只是週期長短、振幅大小的區別，因此造成命運的大起大落與無風無浪的差異。

就在我屁股摳得火熛火辣痛的第二天清晨，極點就開始朝相反的方向運動了。

那天，大約是司務長沒有買到別的菜，早飯是罐罐乾飯加一桶泡蘿蔔煮的酸鹹菜湯。平時，大家抱怨稀飯不經餓，現在，稀飯變成乾飯，又嫌它體積縮得太小，損失似乎太慘，一定要用增大喝水量來彌補。實際上我們忽略了這個事實，平時把水和米煮在一起，今天是把水混進了菜裡，一隻襪，襪一隻，是一回事。

不管三七二十一，吃乾飯就要喝大量的水墊底，我把那碗陳年老蘿蔔熬的湯倒進我的大綠臉盆裡，把分得的開水倒進去，也把分得的冷水倒進去，臉盆差兩公分裝滿。

喝完了水，吃完了飯，肚子成了地球儀。不到半小時，「地球儀」裡開始翻騰咆哮，不斷發出令人難堪的吼聲。最後上「廁所」，嗶哩啪啦送，一番辛苦全部獻給了馬桶。她們說我是開水加冷水喝了鴛鴦水，鴛鴦水利便。從此汽車發動運行無阻，再不需要我自己做「手術」。

進去四個月之後，看守所允許家屬送吃的了。母親擔心父親和我被餓死在牢房裡，她每週必來，每次必送炒麵、高級點心、紅燒肉、雞蛋等等，房內個別人的家屬也有送食品來的，但是次數很稀少。像媽咪這樣，不僅在我這個監房，就是整個「東莊」和「上莊」也是絕無僅有的。

享受這麼好的食物，「解放」後我還是第一次，可惜是在監獄裡，以坐監作為代價換取口福。使我為難的是，大家擠在一個房間裡面，吃東西的時候，無論你怎樣躲藏，都絕對躲不過每一雙眼睛，我不忍心自己一個人吃，讓大家流口水，我不願意重複黃審訊他們折磨過我的殘酷的把戲，我把所有的東西分給大家一起吃。

當時來了一個年輕女犯，她說是從柏林來的，我想怎麼德國首都的犯人也關到石板坡來了。後來才知道重慶市江津縣有個柏林鎮。她看到我的東西就流口水，說是懷孕了，吃不下牢裡的飲食，要求用罐罐飯換我的高級點心或者紅燒肉。其他女犯說她在外面搞投機倒把，票兒容易找，好的吃慣了，說她資產階級思想嚴重。我覺得在那個「狗吃牛屎圖多」的飢餓時代，沒有人會放棄三兩乾飯選擇兩口就啃完的高級餅子，她肯定有病。我給她吃好的，她的菜飯由大家均分，媽咪給我送來吃一個星期的東西，我兩天就分完了。

這件事傳到劉管理耳裡，她把我叫出去，告訴我說你媽送東西來是給你一個人吃的，不是給大家的，監規上明文規定，不准贈送物品不准互相拉攏，你這樣做是在拉攏人是違犯監規的，今後不准再犯。我回答：「我不是不知道這些東西好吃，我也不是吃不下它們，我是……」我不想講了，面對他們，我能說什麼。回來後，我一直想不通，給點東西吃怎麼就拉攏人了？拉攏人做什麼？這種話太放屁！

犯人們也在七嘴八舌勸我，這個說：「１６８，想一下你媽媽好艱難喲，到石板坡的路都遭她走爛了喲。」另外一個說：「１６８，你媽媽每個星期四，落雨落雪落刀都來，腳都跑大了。」還有一個說：「１６８，將來你要好生孝順報答你媽媽喲。」

我開始減少喝水量，利用吃飯時間做賊似的把母親送來的食物雜在牢飯裡一起吃。不說身體胖了起來，起碼停止了消瘦。六二年秋初，殷所長向犯人宣佈：「困難到此為止。」我們的定量由原來每天六兩提高到七兩，早上三兩下午四兩，都是罐罐飯。同時，停止接受犯人家屬送食品，我又開始灌水葫蘆了。對我們來說七兩和六兩沒有差別，就好像船太大了，增加一個人或者減少一個人並不能改變船的吃水度一樣。

人物、事件時間一覽

時間	事件
一九一一年一月二十九日	母親張則權於江蘇松江縣誕生。
一九一二年十月十一日	父親齊尊周於海南島文昌縣誕生。
一九二六年秋	父親赴上海求學。
一九二七年	祖父母先後病逝於柬埔寨。
一九三四年四月	父親到「杭江鐵路局」作練習生，開始鐵路生涯。
一九三九年十月七日	父親與母親在昆明結婚。
一九四一年一月六日	齊家貞在廣東省韶關出生。
一九四四年五月十九日	大弟興國在貴陽市出生。
一九四五年五月	父親參加由「組借法案」撥款項目的考試，選拔去美國實習深造。
一九四六年七月	父親完成實習並成為「美國鐵路高級管理人員協會」會員，回中國後任首都「南京公共汽車管理處」處長。

一九四七年十一月三十日　二弟安邦在南京出生。

一九四八年春末　全家從上海搬去南京，住在玄武湖「蓮花精舍」廟裡。

一九四八年十月五日　三弟治平在上海出生。

一九四九年一月　父親辭去南京職務，全家搬回上海。

一九四九年二月　父親受成渝鐵路局局長鄧益光堅邀，舉家遷到重慶，任運輸處處長。

一九四九年十月十九日　四弟大同在重慶出世。

一九四九年十一月三十日　重慶「解放」。父親任「西南鐵路局」運輸科科長，兼「重慶大學」鐵路運輸系正教授。

一九五一年一月八日　父親早晨上班沒有回家，被「西南鐵路局」軟禁。

一九五二年八月　父親被「西南鐵路局」開除，送「重慶二塘公益磚瓦廠」勞改，四個月後發判決書，歷史反革命三年。

一九五二年八月十二日　全家從鐵路局宿舍被掃地出門，搬去市中區和平路112號二樓。

一九五三年八月　齊家貞考入重慶市第廿一中學。

一九五五年十二月　父親滿刑，在勞改單位「松山化工廠」留隊就業。

一九五六年八月　齊家貞初中畢業，考入「重慶市第一中學」。

一九五六年底　父親辭職回家，等待「高級知識分子應聘」結果。

一九五七年八月　父親以「出國謀生」為由申請護照出國。

一九五八年十月　父親被「安排工作」送去「集改」，修「小魚沱鐵路」大橋等。

一九五九年九月　齊家貞高中畢業，賣了母親的手錶第一次去廣州。

一九六一年七月　齊家貞賣血作路費，第二次去廣州。

一九六一年八月　大弟興國進「重慶通用機器廠」當學徒。

一九六一年九月二十九日　父親與齊家貞同時被逮捕，朋友朱文萱、尹明善、吳敬善同時被拘留。

一九六二年十月　母親被阻止去武漢與柬埔寨華僑親戚齊惠蓉、齊惠蘭姑媽見面。

一九六三年四月　「重慶市中區法院」判處齊尊周十五年，齊家貞十三年，先後送到「四川省第二監獄」勞動改造。

一九六五年秋　二弟安邦、三弟治平離開重慶去四川江油、瀘州開采石油。

一九六九年一月　小弟大同去四川石柱縣當農民，接受貧下中農再教育。

一九七〇年八月二十六日　齊家貞被提前釋放，在「省二監」留隊「就業」。

一九七一年九月十一日　齊家貞從就業隊釋放回和平路家，在街道工業打帆布包，後來做縫紉機修理工。

一九七二年九月四日　母親病逝，父親仍在獄中。

一九七四年九月二十九日　父親坐滿十三年（減刑兩年）釋放，在「省二監」留隊「就業」。

一九七五年三月　父親離開「就業隊」，安排在「重慶長江儀表廠」當噴漆工。

一九七九年二月　父親與我在「重慶市中區工業局」電視大學班，分別擔任英文、高等數學輔導老師。

一九八一年夏末　「重慶市中區法院」正式立案受理重審父親和我的反革命集團案。

一九八二年九月四日　母親逝世十周年之日，「重慶市中區法院」對父親齊尊周和齊家貞宣布無罪。

一九八四年九月三日　我進「電視大學黨政幹部專修班」讀書。

一九八四年十月中旬　父親經香港赴法探親。

一九八五年一月十五日　父親應「美國鐵路高級管理人員協會」之邀，從巴黎到美國開會。

一九八七年八月三十日　我離開中國，到澳大利亞就讀英語初級班。

一九九一年一月　父親獲准定居美國。

一九九一年二月　齊家貞獲准定居澳大利亞。

一九九一年四月　我第一次踏上美利堅國土，探望父親。

血歷史56　史地傳記類　PC0359

新銳文創
INDEPENDENT & UNIQUE

黑牆裡的倖存者
——父女囚徒鎮反文革記事（上）

作　　者　　齊家貞
責任編輯　　劉　璞
圖文排版　　詹凱倫
封面設計　　陳怡捷

出版策劃　　新銳文創
發 行 人　　宋政坤
法律顧問　　毛國樑　律師
製作發行　　秀威資訊科技股份有限公司
114 台北市內湖區瑞光路76巷65號1樓
電話：+886-2-2796-3638　傳真：+886-2-2796-1377
服務信箱：service@showwe.com.tw
http://www.showwe.com.tw
郵政劃撥　　19563868　戶名：秀威資訊科技股份有限公司
展售門市　　國家書店【松江門市】
104 台北市中山區松江路209號1樓
電話：+886-2-2518-0207　傳真：+886-2-2518-0778
網路訂購　　秀威網路書店：http://www.bodbooks.com.tw
國家網路書店：http://www.govbooks.com.tw

出版日期　　2014年1月　BOD一版
定　　價　　430元

Printed in Taiwan

國家圖書館出版品預行編目

黑牆裡的倖存者：父女囚徒鎮反文革記事 / 齊家貞著. -- 一版. -- 臺北市：新銳文創, 2014.01
冊；　公分. -- (新銳文學叢書) (史地傳記類；PC0359-PC0360)
BOD版
ISBN 978-986-5915-98-8 (上冊：平裝). -- ISBN 978-986-5716-00-4 (下冊：平裝)

1. 齊家貞 2. 回憶錄 3. 文化大革命

628.75　　102026988

讀者回函卡

感謝您購買本書，為提升服務品質，請填妥以下資料，將讀者回函卡直接寄回或傳真本公司，收到您的寶貴意見後，我們會收藏記錄及檢討，謝謝！如您需要了解本公司最新出版書目、購書優惠或企劃活動，歡迎您上網查詢或下載相關資料：http:// www.showwe.com.tw

您購買的書名：＿＿＿＿＿＿＿＿＿＿＿＿＿＿＿＿＿＿＿＿

出生日期：＿＿＿＿年＿＿＿＿月＿＿＿＿日

學歷：□高中（含）以下　□大專　□研究所（含）以上

職業：□製造業　□金融業　□資訊業　□軍警　□傳播業　□自由業
　　　□服務業　□公務員　□教職　□學生　□家管　□其它＿＿＿

購書地點：□網路書店　□實體書店　□書展　□郵購　□贈閱　□其他

您從何得知本書的消息？

□網路書店　□實體書店　□網路搜尋　□電子報　□書訊　□雜誌
□傳播媒體　□親友推薦　□網站推薦　□部落格　□其他＿＿＿＿＿

您對本書的評價：（請填代號　1.非常滿意　2.滿意　3.尚可　4.再改進）

封面設計＿＿　版面編排＿＿　內容＿＿　文／譯筆＿＿　價格＿＿

讀完書後您覺得：

□很有收穫　□有收穫　□收穫不多　□沒收穫

對我們的建議：＿＿＿＿＿＿＿＿＿＿＿＿＿＿＿＿＿＿＿＿

＿＿＿＿＿＿＿＿＿＿＿＿＿＿＿＿＿＿＿＿＿＿＿＿＿＿

＿＿＿＿＿＿＿＿＿＿＿＿＿＿＿＿＿＿＿＿＿＿＿＿＿＿

＿＿＿＿＿＿＿＿＿＿＿＿＿＿＿＿＿＿＿＿＿＿＿＿＿＿

請貼
郵票

11466
台北市內湖區瑞光路 76 巷 65 號 1 樓

秀威資訊科技股份有限公司 收

BOD 數位出版事業部

....

（請沿線對折寄回，謝謝！）

姓　　名：________________ 年齡：________ 性別：□女　□男

郵遞區號：□□□□□

地　　址：____

聯絡電話：(日)______________________ (夜)______________________

E-mail：____